尾行者たちの街角

探偵の社会史①

永井良和
Nagai Yoshikazu

世織書房

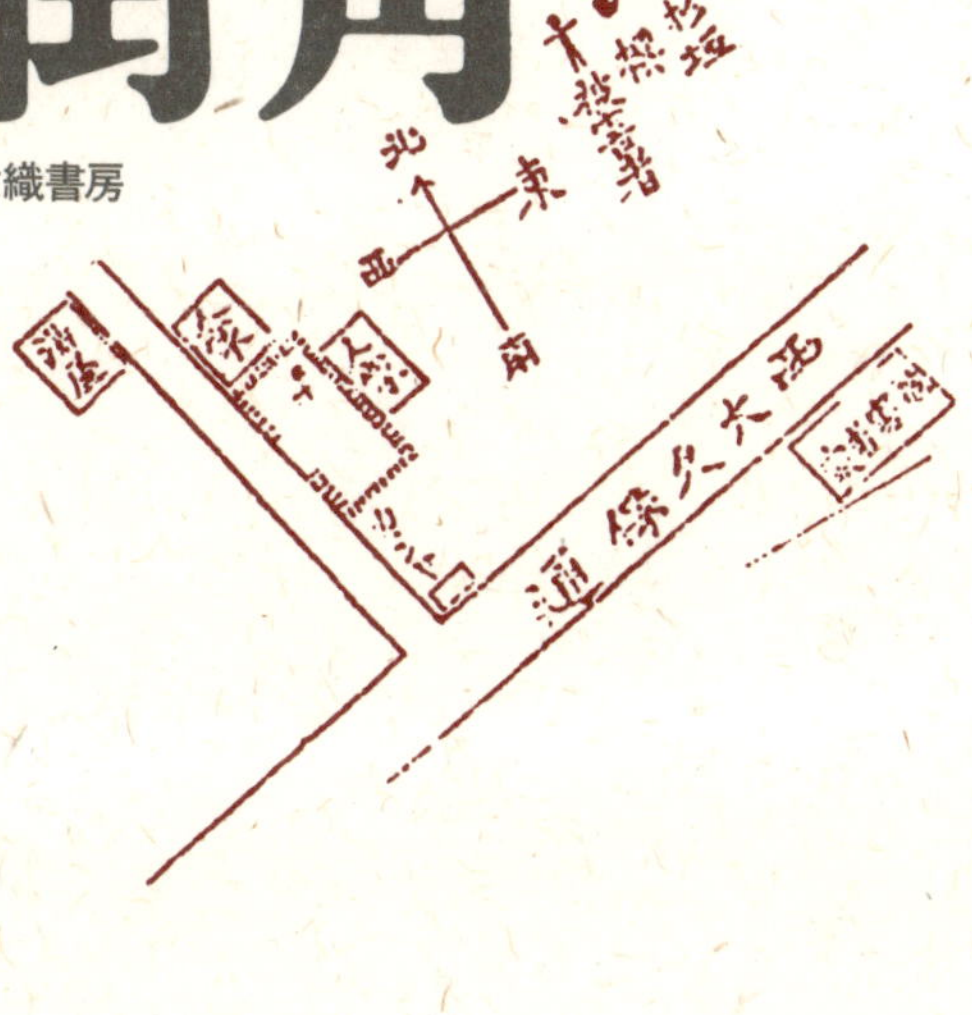

探偵の社会史 1

尾行者たちの街角・目次

序 —— 3
第一章 出歯亀冤罪 —— 11
第二章 変態性欲と犯罪［窃視症という病］—— 55
第三章 カンから科学へ［犯罪捜査の近代化］—— 95
第四章 探偵学の時代［捜査技術の通俗化］—— 141

第五章　興信所と探偵事務所［街角の調査員たち］――――193
終章――――235
註　251
文献一覧　287
あとがき　303

一　資料の引用に際しては、なるべく原文を尊重したが、読者の便宜を考慮して仮名づかい・数字表記・用字などを適宜改めた。必要に応じて句読点を補い、ルビも加除した。明らかな誤記・誤植も著者の判断で訂正している。引用文中の〔　〕は、引用者（永井）による補足あるいは省略であることを示す。

二　過去における差別あるいは植民地支配にかかわる表現で、今日では不適切とされているものでも、引用文中と、それに関連して言及する個所においては改変しなかった。

探偵の社会史❶尾行者たちの街角

序

女は心持顋《あご》を襟巻の中《なか》に埋《うづ》めて、俯目勝《ふしめがち》に凝《ぢつ》としてゐた。敬太郎は自分の存在をわざと眼中《ちう》に置かない様な此眼遣《めづかひ》の底《そこ》に、却つて自分が気に掛《かゝ》つてゐるらしい反証を得たと信じた。彼が先刻《さつき》から蚤《のみ》取眼《とりまなこ》で、黒の中折帽を被《かぶ》つた紳士を探《さが》してゐる間《あひだ》、此《この》女は彼と同じ鋭《する》どい注意を集めて、観察の矢を絶えず此方《こつち》に射懸《か》けてゐたのではなからうか。彼は或《ある》男を探偵しつゝ、又或《またある》女に探偵されつゝ、一時間余《あまり》を此処《こゝ》に過《す》ごしたのではなからうか。けれども何処《どこ》の何物《なにもの》とも知れない男の、何《なに》をするか分《わか》らない行動を、何の為に探《さぐ》るのだか、彼には何等の考えがなかつた如く、何処《どこ》の何物とも知れない女から何《なに》を仕出《しで》かすか分《わか》らない人として何の為に自分が覘《ねら》はれるのだか、其所《そこ》へ行くと矢張り丸で要領を得なかつた。

〔夏目漱石「彼岸過迄」〕(1)

この田川敬太郎は、かねて「警視庁の探偵見たやうな事」をしてみたいと思っていた。そこへ、ある人物の行動調査を依頼される。彼は、神田小川町の電停で〈中折帽の男〉がやってくるのを待つ。そのとき、ひとりの女に注意をひかれる。停留所にいながら、彼女が電車に乗る気配はない。敬太郎は、その女が自分をつけているのではないかと疑いをもった。——引用したのは、電停での敬太郎の心の動きを描いた部分である。

敬太郎も、この女も、探偵ではない。しかし、敬太郎は〈中折帽の男〉について窃かに探ろうとしている。その男の尾行に臨もうとしている。

女のほうは敬太郎が探るべき人物その人を待っていただけであることが、やがて明らかになる。しかし、電停にいた時点では、その様子から、敬太郎を探偵しているのではないかという疑念が導かれた。

漱石は、探偵という職業や行為に対して複雑な思いを抱いていたと指摘されることが多い。また、追跡妄想が高じた時期もあったようだ。だから、冒頭の風景は、漱石の尋常ならざる精神が生みだした創作であるとみなすこともできなくはない。

だが、そうだろうか。街で隣り合わせた人が誰なのか。私のことをどのように思い、何をしようとしているのか。このような問いに対して、私たちは確かな答えを用意できない。

人びとの移動性が増大することによって、都市では匿名的な出会いが頻発した。隣にいる人物が何者かわからないという状況がふつうのことになったのである。また、人口増加はさまざまな都市問題を生み出した。お互いによく知らない者どうしが終生の伴侶として暮らしはじめることもあったし、家族からはじき出された個人が都市のなかに埋没してしまうこともあった。多発する犯罪の現場では、さっきまで見ず知らずだった者どうしが、加害者と被害者という役割に投げこまれる。出会いは、人の境涯を大きく左右した。

都市における不安定な関係をいくばくかでも安心なものにすべく採用された方法、それが〈探偵〉的な認識のかたちである。本書では、都市化の進行という社会状況のなかで、〈個人〉がどのように把握されたのかを跡づける。

探偵という主題を立てるとき、それはおもに探偵小説を素材にした文学作品論のかたちをとることが多い。たとえば、中島河太郎や伊藤秀雄らによって通史を書く試みがなされてきた。乱歩はじめ作家じしんの手になる回顧もある。しかしながら、それらについての言及は最小限度にとどめ、文学以外の分野に広く目を向けることにする。探偵ブームは、文学という領域にだけ認められる現象ではない。小説が時代を映し、時代が小説を生んだとするなら、同時代に並び立った〈探偵〉を主題とするさまざまな現象に意を注ぐ必要があろう。本書でとりあげる具体的な同時代現象は、警察制度における犯罪捜査の科学化、大衆文化における探偵ブームの勃興、そして興信所や私立探偵の成立と展開などである。

警察や興信所などの調査主体が活用したのは、〈探偵〉という情報収集のテクニックであった。必要な情報を、相手に気取られずに手に入れること。――それが拡散した現象に通底する基調音である。

＊

「探偵」の語義をいくつかの辞書から拾いあつめると、おおむね「こっそりと調べる」という意味に集約できる。特徴的なのは、〈対象となる個人にわからないように〉して、その被調査者に関する情報を収集する点である。明治時代の辞書には「シノビノモノ、オンミツ」などの語釈のみが与えられているから、もともとはそういった具体的職種をさしていて、そこからひろく調査活動をさすようになったと推測できる。

一九三一（昭和六）年に『探偵常識』という本が出版されている。著者は、「探偵術研究会」なる組織を主宰する宝来正芳(2)。宝来は、「探偵」という語に広狭の二義があることを示す。広義には「事物の真相及情況等を窃かに探ること」であり、狭義には「犯罪並犯罪人を探策偵知して犯罪事実を明瞭にし、犯罪人を検挙し又審判の資料を提供すること」とある（一三頁）。

重要なのは「窃かに」という副詞だ。調査者は、その調査活動を悟られないようにしなければならない。そのためには、身を「隠す」ことが可能な物理的セッティングなり、専門的知識や特殊な身体技術が必要だ。しかしながら、床下にしのび屋根裏を走るような〈忍者〉的身体技法は一般の人びとのものではない。古い時代には、特殊な人だけが〈探偵〉的な情報収集を行ないえた。

ところが、その方法が一般の人にも利用可能なものとなる。「都市」というセッティングのおかげだ。群衆に紛れることによって、われわれは苦もなく身を隠すことができる。尾行の技術も、忍者の訓練に比べれば格段にたやすく身につけられる。都市はすべての人にとっての隠れ家となった。

ただし、尾行する側が一方的に有利というわけではない。逃げる側のほうでも雑踏を利用することが可能だからだ。逃亡者と追跡者のどちらが有利かという評定は、意味がない。都会の雑踏は、逃亡にも尾行にも利用できる。

そして、住人たる都市生活者は、街を生き抜くための方法として〈探偵〉的なふるまいかたを会得していく。都市化という現象が、探偵技術を一般に普及させたとみなすこともできよう。

次に、「尾行」ということばについて。『探偵常識』と同じく一九三一（昭和六）年に書かれた『犯罪捜査論』のなかで、著者の樫田忠美が「尾行」の定義を与えている。尾行とは、「犯人若くは犯罪を為す疑いある者に追随し、其の動静を偵察すること」である、と。

注意すべきは、尾行の実践に二種類の区別があるという点だ。通常は、「犯人をして尾行しつゝあることを悟らしめざる様細心の注意を払う」必要がある。しかし、社会主義者や反政府運動家など「要視察人」を尾行するばあいには「尾行しつゝあることを悟らしめざる」ような方法をとらない。「要視察人の尾行は主として予防警察の目的に出づるものにして、之に尾行せることを知らしめ、犯罪の遂行を困難ならしむるもの」であるからだ〔三八〇頁〕。

ここから、国家権力による「尾行」にふたつの種類があることが理解されよう。犯人逮捕のための尾行と、犯罪予防のための尾行である(3)。このうち後者、すなわち「要視察人」に対する尾行は、「予防」といいつつ実際には社会的制裁の一端としても機能した。

〈探偵〉という言葉の本質はそういった制裁的な部分にはない。だが、国家による秘密裡の情報収集活動の時代を前史として、大正以降の〈探偵の時代〉が訪れたということはおさえておくべきだろう。〈探偵＝尾行という方法〉が大衆化していくのは、映画や小説をとおしてだけではなかった。都市生活者たちの興味は、フィクションのみならず、実際の出来事としての「事件」に向けられ、警察が採用する「方法」についての強い関心となってあらわれる。それは、〈隣にいる人物がいったい誰なのかわからない〉という状況への対処として、行動決定の支えとなる情報収集作業を洗練したいと考える人びとの欲望の発露だったとはいえまいか。

拡大する都市のなかで見えなくなっていく個人。人間社会が初めて体験する急激かつ大規模な人口集中。そのなかで、不可視になった個人をどうとらえていけばよいのか。〈探偵という方法〉は、ひとつの解答である。

都市化すなわち人口の増加・集中や、異質性の高まりなどの生態学的な要因の変化に連動して、〈探偵という方法〉は社会生活のさまざまな場面で採用されていった。やがて、国家権力の作用とは別に、個人の私的な利害関心のために供されるようにもなる。

＊

本書の構成は以下のとおりである。

尾行や覗きといった行動が社会的にどのような反作用を招いたのか、またそれらの行動はどういった規制を受けるようになったのか。第一章と第二章では、これらの点について、「出歯亀事件」を軸に据えて明治末の世相のなかに探る。そして、二十世紀前半の日本社会がたどった道筋をみきわめていくのが狙いである。

つづく第三章では、〈探偵〉的な情報収集をもっとも組織的に活用した警察の近代化、犯罪捜査の科学化について概観する。第四章は、警察で蓄積されたノウハウが一般の人びとに普及していった過程を追うことにしたい。そして第五章では、興信所や私立探偵など民間人による〈探偵〉的な情報収集の諸相を概観する。

個人の監視やスパイ活動といった行為はおうおうにして「権力」側のものだとイメージされやすい。しかし、実際にはあらゆる人にとって行使可能な実践である。本書では、この点に留意しつつ、〈探偵〉的方法をめぐって官民のあいだで起こったことに言及する。一連の作業によって、〈探偵〉的方法が現代社会において引き起こしているさまざまな問題を考える足がかりを提供したい。

第一章　出歯亀冤罪

まず「出歯亀事件」から始めたいと思う。

「デバカメ」とは、「覗き」をする人物に対してつかわれる言葉だ。ユーモラスな語感をもつが、ふつうは侮蔑の念を投げつけるときに用いられる。

現代の日常生活ではあまり使われなくなった。デバカメという語があることさえ知らない人もしだいに増えているようだ。だが、尾行という行為を考えるためには、この言葉を出発点においてみるのがよい。デバカメなる語にまとわりつくさまざまな挿話が、尾行する者や、それを非難する者の位置関係を明らかにしてくれるからである。

覗きの代名詞

近年刊行された辞書を引いてみよう(1)。

でばかめ【出歯亀】『名』(明治四一年(一九〇八)、女湯のぞきの常習者で、出っ歯の植木職池田亀太郎という男が、性的殺人事件を起こしたところから)女湯をのぞくなど変態的なことをする男、転じて、好色な男の蔑称。(用例略)

(『日本国語大辞典 第十四巻』一九七五年)

でばかめ【出歯亀】(俗語)女湯などをのぞく変態的な男。明治時代、出っ歯の亀太郎という、のぞき常習者のあだ名からという。Peeping Tom

(『日本語大辞典』一九八九年)

でばかめ【出歯亀】(明治末の変態性欲者池田亀太郎に由来。出歯の亀太郎の意)女湯をのぞくなど、変態的なことをする男の蔑称。

(『広辞苑 第五版』一九九八年)

言葉の意味と来歴のおおよそは理解できる。しかし、この池田亀太郎とはどのような人物だったのだろうか。また、その男は、現代の辞書に名をとどめるほどの、いかなる行為をしたのであろうか。

さらに辞書的・事典的な解説をみておこう。『江戸東京学事典』(一九八七年)では「都市の犯罪」の項のなかに登場する。執筆者は赤塚行雄である。

〔一九〇八年〕東京新宿で出歯亀《でばがめ》事件が発生する。風呂帰りの二八歳の電話局長夫人が空地で強姦され絞殺される事件である。犯人は以前、卑猥ないたずらをして警察から注意されたことのある植木職人の池田亀太郎（二四歳）であった。日ごろから銭湯の女湯をのぞくのが趣味で、劣情を抑えられぬまま犯行におよんだのだった。性犯罪がすくなくなかったこの時代、出っ歯の亀さんこと出歯亀は痴漢の代名詞として定着してしまう。この語呂のよいデバガメという言葉を、民衆が性犯罪に対し忠言と自戒をこめて話題にしたためだろうが、首都を中心に水紋がひろがるように情報が流れていた〔後略〕

〔『江戸東京学事典』四五七頁〕

この記述には、ひっかかるところが二か所ある。ひとつはデバカメではなくデバガメとしている点。もうひとつは亀太郎の年齢で、事件当時の彼の実年齢は三十五歳であった。単純な誤植か、あるいは校正漏れの可能性もあろう。しかし、さほど長くない文章のなかに二か所も疑問点があるとは。出歯亀という語は、またそれにかかわる挿話は、九十年の歳月を経て忘れられつつある。事件から遠く隔たった者は、デバカメであろうとデバガメであろうと、そこに大きな差異を認めない。亀太郎の正確な年齢も問題ではなかろう。変態的な男を蔑む言葉として有効に機能しさえすればよいのである。

『江戸東京学事典』にかぎらず、亀太郎の年齢を誤って記述する文献は複数存在する。明治文化研究の基本文献である石井研堂の『明治事物起原』も「二十五歳」と書いている(2)。年齢が一定しないのは、後世の著述家たちが事件当時の情報を確かめずに文章を書いた結果だと考えられなくもない。

けれども、この言葉がたどった来歴にある種のこだわりをもちつづけた人がいる。次に紹介するのは、一九九八年に亡くなった加太こうじが残した記述である。

濡れ衣

出歯亀事件　一九〇八年三月二十二日、当時は閑静な新興住宅地で、人家よりも空地が多かった東京市外西大久保の原っぱで、二十七歳の官吏の夫人が暴行されたうえ絞殺された。幸田ゑんという その夫人は銭湯帰りの夜道で難に合ったのである。容疑者として、すぐに池田亀太郎という植木職人で二十四歳の独身者が逮捕された。池田亀太郎はおどけたところがある無知な若者で、銭湯の塀の節穴などから女湯の脱衣場をのぞいて、何回か警察につかまったことがある。被害者の行く銭湯は亀太郎がノゾキをする場所だと警察ではチェックしていた。亀太郎は酔って銭湯の塀の節穴から女湯をのぞいて、幸田ゑんの裸体を見て劣情をおこして、帰り道に尾行して犯行にいたったと発表された。ところが、亀太郎は数年間入獄しただけで、犯行に比しては軽い刑で出獄した。一説では犯人がわからなかったのでノゾキ常習の亀太郎に罪をかぶせて、警察の面目を立てたが、鬼の目にも涙で亀太郎の刑を軽くしたのだといわれている。亀太郎は出っ歯だったので〝デバカメ〟と異名されていた。亀太郎のことが新聞などで報じられたのちに、女湯のぞきの痴漢をデバカメというようになった。テレビドラマなどで江戸時代なのに女湯のぞきをデバカメというのはまちがいである。現在の西大久保は高層建築や商店が立ち並ぶ市街地で野原はほとんどない。

〔『明治・大正・昭和　事件・犯罪大事典』三八四頁〕

事件の経緯などについては、これまでの辞書的説明をやや詳しくしたに過ぎない。しかし、加太の文章の後半は犯人とされた池田亀太郎が「冤罪」だった可能性を示す。さまざまな国語辞典の編集作業のなかで、切り捨てられてきた事実の断片。――加太は、それらの断片を拾いあげている(3)。「出歯亀冤罪説」をもっとはっきりとしたかたちで書きとめているのは、小沢信男である。『あの人と歩く東京』に収められた「真説池田亀太郎伝」という一文は、この男が「濡れ衣」を着せられた背景事情について、当時の新聞記事をたどりながら推理するものだ。亀太郎のアリバイを証明すべく、小沢は、事件当夜の足取りを実際に歩き直している。そして、亀太郎がかぎりなく「シロ」に近いという心証を抱く(4)。

小沢が亀太郎の無罪を思うとき、その根拠となったことがらがいくつかある。ひとつは、新聞記事に残された亀太郎の声。後述するように、公判の経過を報ずるなかで新聞は無実を主張する亀太郎の姿をなんども描いている。ふたつめに、長谷川伸の遺稿『私眼抄』に書きとめられた「出歯亀冤罪」という小文。関係者の名前が伏せられたり、誤記も認められるものだが、このなかで長谷川は「真犯人」が別に存在することを匂わせる。亀太郎にアリバイがあることを証明できたはずの人物が、かかわりあいをおそれ口を閉ざしていたという事実も発掘されている。

小沢は、長谷川伸が怪しいとにらむ若者の存在を気にとめながらも、じっさいのところ真犯人は確定できないとみる。むしろ小沢が重視するのは、亀太郎が獄につながれて以降、母親の暮らしが「ゆるやかになった」という記述だ。長谷川は、「老母の面倒をみてやる」という条件を出されたので、犯行を「自白」したという「風評」が存在したと書いている。小沢の推理はこうだ。亀太郎はシロだったが、母親孝行のために罪をかぶった。地域社会もそのことを知っており、出獄後の亀太郎を迎え入れたのではないか。――やがて、大久保界隈が都市化の波に呑みこまれるうちに、人びとの記憶はまとまったかたちを失う。そして亀太郎は、「覗き」を楽しみとする変態性欲者「デバカメ」の語源として現代の辞書に名をとどめた(5)。

辞書的テクストから読み起こし、加太や小沢、それに長谷川とたどる作業をつうじて、「池田亀太郎冤罪説」の水脈を確認することができた。

なるほど、出歯亀事件そのものは明治末の風俗史において異彩を放つ興味深いエピソードといえよう。だが、風俗史の一挿話として、あるいは変態性欲者の一例として「出歯亀事件」が扱われるときの、その手つきはいささか荒っぽい。「覗き」にかかわる犯罪があったということをわかりやすく示すことができればそれで十分、といった粗雑さだ。しかし、当事者・池田亀太郎や、被害にあった幸田ゑん子にとってはどうだろう。たとえば亀太郎の立場からすると、逮捕から収監までのあいだに、ひとつひとつの事実を争う刑事裁判のプロセスがあった。「冤罪」の可能性は、漠然とした「噂」だったわけではない。裁判のなかで亀太郎じしんが言葉にしている。この文脈のなかで考えるならば、亀太郎の年齢や綽名の読み方など些細な事実についてもおろそかにはできまい。

痴漢の代名詞となったデバカメという言葉を、それが固有名詞として用いられていた時代にまでさかのぼってとらえなおしたい。そして裁判の経緯を、現代の辞書や事典よりは、もうすこし丁寧にトレースしておこう。

西大久保惨殺事件

日露戦争後の政情や社会は不安定な様相を示していたが、そのなかにあって着実に進行したのは「都市の膨張」という社会現象である。

明治のなかごろまでは、東京西郊にもゆったりと時間が流れる田園地帯が残されていた。「出歯亀事件」の舞台となった豊多摩郡西大久保村もそのような近郊集落のひとつである。ところが、一帯の地域社会は突然の人口急増を経験することになった。『新宿区史』に掲載された統計をみると、事件が起こった一九〇八年と前年とを比較したとき、大久保の人口は四千九百四十三人から九千五百八十一人へとほぼ倍増しているのがわかる(6)。

新聞の伝えるところによると、事件の四、五年前には土地の相場が一坪二十五、六銭から三十銭だったのに対し、事件当年は八円から十七、八円にまで高騰していたという。三十倍ないし六十倍という値上がりぶりである〔国民・一九〇八年六月二十九日〕。そういった郊外居住をはじめたのは多くが中流階級であったと推測されるが、おりからの建築ブームのなかで多くの建設関係者・作業員たちも「無届在住者」として地域に入った。学生・書生といった身分の独身男性もこのあたりに下宿する。陸軍の学校や射撃場などがおかれた戸山ヶ原周辺には、その日暮らしの人びとも数多く住みついた。じっさいには右の統計が示す数字以上の「膨張」現象が生じていたのだ。

ではまず、事件の概略を新聞報道から再構成しておこう。ここでは『国民新聞』『時事新報』『東京朝日新聞』『東京日日新聞』『東京二六新報』『日本』『都新聞』『萬朝報』『読売新聞』の九紙を参照した(7)。

事件の被害者となった幸田《こうだ》ゑん子(8)は、笠原三平という元・小学校教師の娘である。幼いときに母を亡くしたため、牛込の親戚の家で育てられた。のちに大著『西洋史新講』や城郭研究で知られるようになる歴史学者・大類伸《おおるいのぶる》と「姉弟同様に」暮らしたという(時事・一九〇八年三月二十五日)。学校へも、大類の家から通った。伸の母が箏曲萩岡の門人だったため、ゑん子も幼いころから琴を習い始める。十五歳で名取という上達ぶりを示し、その腕前は人にうらやまれるほどだった。二十歳のころ名古屋の会社員と結婚したが、夫が芸者を落籍したことから不和となって離婚。ゑん子は大類の家に戻る。笠原家と幸田家の間に別の縁組みがあったのを機に、彼女も幸田恭と再婚することになったようだ。ゑん子が幸田の家に迎えられたのは事件の前の年の春であり、暮れには恭の子どもを身ごもっている。

一九〇八(明治四十一)年三月二十二日。事件当日。日曜だったので夫は家にいた。彼岸の五日目でもあり、ゑん子は昼間、親戚の家までつかいに出かける。夕方になって帰宅し、食事を済ませると七時を過ぎていた。後かたづけを終え、いつもより少し遅かったが風呂に行くことにする。この年の初めに開業した森山湯（藤の湯）である。家からは、さほど遠くない。ゑん子が出かけたのは午後八時ごろだといわれている。

この夜で自分の人生が終わるとは、よもや思っていなかったろう。彼女が恭のもとに嫁いだのは前の年の三月二十三日。事件の日で満一年になっていた。はじめの結婚こそ不縁に終わったが、再婚相手は年俸四百八十円の電話交換局長である。出産も控えて、幸せな生活がつづくはずだった。

ゑん子はその夜、なぜかふだんしている結婚指輪をはずし、別の指輪に代えていたという。丸髷に結い、綿入れの上に羽織を重ね、午後九時ごろだろうか、森山湯をあとにする。風呂あがりの彼女を追う人影があった。

夜の十時を過ぎても戻らぬ嫁を、家人が心配しはじめる。森山湯では、ゑん子はとうに帰ったと言う。駐在所に捜索を願い出、近所の者にも声をかけて周辺を探した。翌日の午前二時ごろになって、加藤九七という巡査が近くの空地で口に手拭を押し込まれた女性の死体を発見する。あたりには、石鹸箱や糠袋、白粉の小瓶があった。提灯をかざしてみると、八重桜や青桐の木立のなかに、ゑん子の白い顔が照らし出された。

新宿署の当直・森田茂則警部、東京地裁の清水孝蔵検事らが現場にかけつけ検視を行なった。二十三日午前、司法解剖のため遺体は帝国大学に送られる。鑑定を担当したのは法医学教室の助教授・三田定則と助手・松島不二の二人である。手指で首を絞められた「窒息」が死因とされ、暴行の事実も確認された(9)。午後、遺体は幸田家に引き取られる。

警察は現場を調べ、聞き込みを開始。怪しい男は片端から拘引された。大久保界隈では表面化していない強姦事件が少なくなかったので、それらの事件で被害を受けた女性も探し出され、事情を聞かれている。

三月二十四日、新聞が一斉に事件を報じる。

翌二十五日、幸田ゑん子の葬儀が地元の全龍寺で営まれた。家族や近所の者、交換局員らにくわえ、ゑん子に琴を習っていた弟子たちも参列している。なきがらは村人の手によって埋葬された。戒名は「妙光院自性貞操大姉」という。

この後、地裁が亀太郎に対して判決を言い渡すまでの約半年間、「西久保惨殺事件」について数多くの記事が書かれ、人びとの関心を集めることになる。

千鳥足

池田亀太郎は一八七四(明治七)年、本郷湯島で父・徳蔵と母・ひさの間に生まれた。父はザルや味噌こしをひさいで暮らしを立てていたが、亀太郎が四歳の時に亡くなり、母は植木職人に再縁する。が、その継父もやがて死亡。母と亀太郎は東大久保に移り住み、亀太郎は火消しや植木職や鳶職を生業とした。事件当時は母に加え、四人目の妻・すず、娘のひさ(祖母と同名)、そして居候といっしょに生活していた。住居は義父の代から世話になっている材木商の裏長屋だった。

事件当日、亀太郎は朝から四谷荒木町まで家壊しの仕事に出た。仕事の帰りに四谷大木戸の居酒屋「尼ケ崎」に立ち寄り、焼酎を飲んだあと家に向かう。その足取りがはっきりしていない。亀太郎がたどった足跡は裁判のなかでふたとおりに分岐する。

ひとつは、〈犯人＝亀太郎〉の足跡である。判決によれば、酔った亀太郎は四谷から麹町横町を経て西大久保をめざしたことになっている。途中、自宅をとおりすぎ、抜弁天から大久保通りへ、さらには戸山ヶ原の近くまで歩いた。そして、森山湯の塀の節穴から女湯を覗き、ゑん子の裸体に魅せられ、彼

「西大久保惨殺事件」現場付近

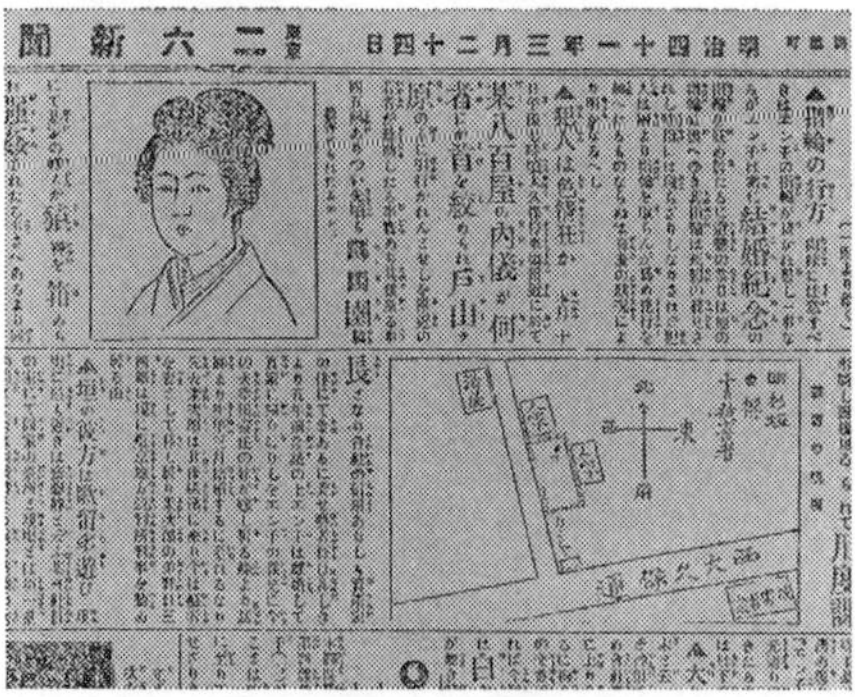

二六新聞

明治四十一年三月二十四日

事件を伝える新聞記事

女を尾行し、空地に連れ込んで凌辱しその生命を奪ったというものである。

裁判のなかで亀太郎は、警察の調べとは別の足どりを主張した。これについては後述することにしよう。

亀太郎が新宿署に拘引されたのは、事件から一週間以上経った三月三十一日の昼である。亀太郎に「襲われた」という女性の情報から疑いの目が向けられた(10)。

当初の容疑はゑん子に対する暴行致死ではなく、往来妨害について違警罪が適用されたようである。したがって、亀太郎を拘引した後も警察の捜査は終結していない。彼の拘引後にも別の容疑者が引致されているし、新たな暴行事件さえ起きている。署内でも、亀太郎を犯人だと思わない者が少なくなかった。

そもそも、捜査はうまく進んでいなかった。怪しい男を引っ張っては釈放するのくり返しで、確たる方針があったとは思えない。犯人がなかなか捕まらないため、住民は気味悪がって夜の外出を控えた。森山湯には客がつかず、しばらくして廃業になっている。大久保から逃げ出す人たちもあらわれて、人口増を見込んで建てられた借家にも空きが目立ち始める。たまりかねた住民からの投書が新宿署に相次いで寄せられたという。そのような事態を新聞が書き立て、警察の責任を問うた。犯人逮捕に金時計や賞金をかける新聞まであらわれる(11)。

警察は事件翌日から「変装探偵」という方法を用いていた。担当の捜査員を学生や車夫や大工に変装させ、現場付近で情報収集にあたらせたのだ。宮崎市蔵という刑事などは、女装して捜査に加わっている。あまりに無理があったのだろう、三月三十日には、囮となる女性を雇い入れ夜の大久保で容疑者をおびき出そうとした(12)。

だが、この「囮捜査」によっても大した成果は得られなかった。三十一日には府会議員有志が警視庁に出向いて抗議している（時事・四月一日）。『都新聞』などは警察の手詰まり状況を報じ捜査方法をあからさまに批判した。「拙劣なる探偵術／警官の窮策、児戯にひとしき女の囮」と題された記事に曰く「隅田川にて海豚を追廻す如き探偵術に引懸らぬは勿論の事なり」（四月三日）。複数の新聞が同様の筆致で責める。『都新聞』はさらに、記者じしんが変装して警察の囮捜査の実態を取材するという連載記事まで準備した。警察は、完全に面目をつぶされたかたちとなる。

「出歯亀」事件

別件で拘留中の亀太郎が「自白」したのは、新聞による警察攻撃がピークを迎えた四月四日だった。自白後も本格的な取り調べが夜を徹して続けられ、そのまま仮予審にすすんだ。清水検事の聴取書は四日午前四時三十分に新宿署内で作成されている。翌五日の午前、亀太郎は検事局に送られ、予審判事の原田鑛によってさらに取り調べを受け調書をとられた（『新編史談裁判 第一巻』）。この日の夕方には雨の降る事件現場で実演、夜になって新宿署に戻された。

四月六日の新聞は各紙とも「大久保事件」の犯人逮捕を報じる。いずれも、亀太郎の行状や風評、家族の様子や関係者の談話などを掲載して興味本位の読み物に仕上げている。風呂覗きの悪癖があること、何人かの女性につきまとったり暴行しようとした過去があることなどが書き添えられた。猟奇事件にふさわしい変質者が、警察の努力によって捕縛されたというストーリーである。

彼の綽名が「出歯亀」であることも書かれた。「西久保惨殺事件」の呼称は、「出歯亀事件」に変わる。

〈犯人＝亀太郎〉は警察で受けた訊問のなかで、先に示したような道順をたどって犯行現場に行き着いたことを「自白」した。しかし、〈無辜の人＝亀太郎〉はまったく異なった道筋を歩いたと申し立てる。

東京地裁刑事第二号法廷で開かれた第一回公判（六月十三日）での発言が翌日の『時事新報』ほかいくつかの新聞に掲載されているので、亀太郎じしんが裁判のなかで陳述した事件当夜の足取りをみてみよう。

四谷荒木町での家壊しが終わり、愛住町へ。親方・高野源吉の家に寄って茶を飲み、翌日の仕事について話をした。源吉の妻から五十銭銀貨一枚を借りる。仕事仲間の小嶋勝五郎に帽子を貸す約束をしていたので、愛住町を北へ歩き、暗闇坂下の小坂建築工場まで届けに行ってやる。その後、大木戸の居酒屋で豆腐を肴に焼酎を飲み十七銭を払う。草鞋が破れてしまったので通りがかりの荒物屋で新しいものを買い、麹町横町で散髪もした。朝、仕事に出かけるとき、女房に髪が伸びたといわれたからだ。そのついでにもう一軒で焼酎を引っ掛ける。

泥酔状態の彼は、通い慣れたはずの家路を間違ってしまう。北裏町から大宗寺横町へ、そして新宿電車庫まで歩いてようやく誤りに気づく。引き返して浜野邸を北に。前田邸を通りすぎ、西向天神あたりへ。久左衛門坂(13)下の銭湯「東宝湯」に行こうかどうしようか、迷ったあげくやめにする。坂を上ってふたたび天神境内へ。そして家に帰って眠りこんだ。妻のすずは先に休んでいたが、起きて膳を整えてくれた。だが、それを食べたか食べないかさえはっきりせぬまま亀太郎は眠った。娘のひさが泣いていたようだ、とおぼろげな記憶をたどっている。

卵と蕎麦

なぜ、亀太郎は犯行を「自白」したのか。長谷川伸は、彼が獄につながれたあと老母の暮らしが楽になったらしいとの話を書きとめた。警察と亀太郎のあいだになんらかの「取引」があったという見かただ。しかし、新聞報道を調べてみると、ほかにも「自白」の理由らしきことがらをあげることができる。それらはいずれも警察の取り調べのなかで起こったことと関連する。

ひとつは拷問に耐えかねたというものである。亀太郎は担当弁護士の澤田薫に、拘留中に細引でなぐられたり拳固で身体をもてあそばれたりしたと訴えている。『都新聞』のたとえを借りれば、「八丁堀式申上げちまへ流」の糾問、ということになる〔六月二十四日〕。ムチだけでなく、アメにあたるものもあった。亀太郎は、天ぷら蕎麦や、煙草、卵などを与えられたらしい。無期徒刑が相当とされた強姦殺人を「自白」する報酬としてはささやかにすぎるが。

いっぽう、警察内の複数の人物に甘い言葉をかけられ、それで籠絡されたのだという発言もある。

——具体的には、とりあえず犯行を認めても後で証言を変えることができるとか、いずれ真犯人が捕まれば釈放されるなどといったものだ。あとのほうは、宮崎市蔵刑事の言葉だったと公判廷の亀太郎は主張している。もちろん、裁判で法廷に呼び出された警察側の証人たちは、そのような事実はなかったとすべて否定した。

具体的な「取引」が表にあらわれないのは当然だろう。また仮にそういう「取引」があったとしても、対等の立場でかわされたものではない。亀太郎は拘留中に暴力を受けたかもしれないし、法律を知らないことを利用されてまんまと自白に追いやられたのかもしれない。新聞記事には、警察署という「藪の中」で起こった可能性のあるいくつかのことがらが示唆されている。

それらの事実ひとつひとつを現在の時点で検証することは不可能である。亀太郎が真犯人であったのかなかったのか、今となってはわからない。しかし、警察の中でどのような取り調べが行なわれているのかを、人びとは知っていた。裁判の結果や新聞の書きようから、亀太郎のためにいくばくかを割り引く構えが備わっていたのである。亀太郎が警察のなかで直面したであろうことを想像できるだけの経験なり知恵なりが、当時の人びとにはあった。

亀太郎をとりまくさまざまな事情は近隣の人びとの記憶にとどまり、地域社会の崩壊とともに忘れられそうになりながらも、長谷川らによって繋ぎ止められて、やがて小沢の「冤罪」説に結晶したのかもしれない。

予審終結

四月二十五日、原田判事による予審が終わった。亀太郎は東京地裁で重罪公判を受けることになる。各紙に掲載された判決文には伏字や省略があるので、宮武外骨の『滑稽新聞』一六三号所載の記事によって補ったうえ引用しておく。

主文　本件は東京地方裁判所の重罪公判に付す

理由　被告亀太郎は女湯を覗きつゝ手淫を為し之を楽しむの癖あり且つ其湯屋より婦人を追跡して之に戯れたる等の事ありしが明治四十一年三月廿二日被告は四谷荒木町に於て材木運搬の仕事を為し同区塩町二の二十番地飲食店石井いそ方等に於て飲酒の上其帰途同日午後八時三十分頃府下豊多摩郡大久保村大字西大久保五十四番地森山湯事森山宗松方の女湯を板塀の節穴より覗きしに恰《あたか》も同村同大字三百九番地幸田ゑん子が入浴を終り脱衣場にて着衣せんとする姿を観て手淫を始めゑん子が右湯屋を立出でたる跡を数十間尾行し遂に春情に堪へず突然後方よりゑん子の頸部を扼みつゝ路傍なる同大字四十七番地空地に引摺込み同人を仰位に倒し其抵抗を凌ぐ為め同人の携へ居る手拭を口中に押込み且つ手にて同人の咽喉を扼みつゝ暴力を以て姦淫を遂げ而して其咽喉扼塞の為其場に於て同人を窒息死に致したるものなり

右犯罪の証憑十分にして被告の所為は刑法第三百五十一条末段に該当する重罪犯なるを以て刑事訴訟法第百六十八条に従ひ主文の如く決定す

斎藤光は、概念としての「出歯亀」の原型として次の六要素を抽出する。すなわち窃視者・手淫者・追跡者・強姦者・殺人者・変態性欲者という六つの人間類型である〔「人々の世間的気分・出歯亀前夜」〕。「出歯亀」という言葉が指し示す内容は、言葉の使い手や説明のしかたによっていくつかの要素が選択強調されることになる。この章のはじめにみたとおり、現代の辞書では窃視・殺人・変態性欲に関心が集中している。別の場合には「覗き」だけが取りだされるし、さらに別の場合には六要素すべてが含まれる。そういったイメージの基本的なかたちを右の予審判決文にみておくことができよう。すなわち、「女湯を覗き」「手淫を為し」「尾行し」「暴力を以て姦淫」し、「死に致」らしめる、というのが「出歯亀」という概念の原型なのである。なお、このような行為が「変態性欲」として扱われていく背景については次の章で確認していきたい。

ともかくも「犯人」は捕まった。警察はかろうじて威信を保ち、近隣住民の不安もひとまず解消される。あとは正式な裁きを待つだけとなった。

だが、事件は「出歯亀」の名を冠せられることで意外にも人口に膾炙した。この手の犯罪としては破格の扱いを受け、「出歯亀」という言葉がひとり歩きをはじめる。当初は新聞などが西大久保事件の見出し語として使っていた。そのうちに、他の似たような事件についても出歯亀という言葉が用いられる。亀太郎逮捕後の六月、同じ西大久保で女性が切りつけられる事件が起こった。これは「第二の出歯亀」と呼ばれている。都内で起こった暴行事件には、「芝の出歯亀」「高輪の出歯亀」「本所の出歯亀」

「清水谷の……」「三田の……」「番町の……」などという名称が順次与えられていった。東京だけでなく、さらに全国に飛び火する。福島、宇都宮、桐生、入間、横浜、津、金沢、下津井、高松、長崎、都城などの事件が東京の新聞紙上でも紹介された。「デンマークのデバカメー」は横浜で起きたデンマーク人による少女暴行事件につけられた見出しである（萬・七月二日）(14)。

出歯亀主義

全国で起こった類似事件に「出歯亀」という言葉が充てられる。亜流が簇出したことによって、池田亀太郎には「元祖」あるいは「開山」などという称号が冠せられるようになった。

注意すべきは、強姦や強姦未遂だけでなく、湯屋覗きや便所覗きなどの軽犯罪にも「出歯亀」という表現が採用されたことであろう。また主体は男性に限らず、男性に言い寄る女性や、男湯を覗く女性にも用いられている（「横浜の女出歯亀」〔国民・六月二日〕、「出歯亀女学生」〔萬・八月十二日〕など）。色仕掛けで詐偽をはたらくグループは「出歯亀倶楽部」と命名された。「出歯連」といういい方もある。つまり、強姦・殺人といった凶悪犯罪を指すというよりは、性に関連した犯罪を微罪・重罪を問わず指し示す言葉として広く用いられたのである。

「出歯亀」という言葉は、マスメディアが当時の社会風潮を大雑把につかまえるときに便利な用語でもあった。明治末には文壇を中心に「自然主義」が流行であり、それは文学の用語であるにとどまらず、社会風俗現象をつかまえる言葉となった。

この年の春、文学史上に記録される事件が起きている。ひとつは『文芸倶楽部』に連載され「肉体小説」の異名をとった生田葵山の「都会」発禁事件であり、いまひとつは平塚らいてう・森田草平の心中未遂事件（煤煙事件）であった。「自然主義」は文学の範疇をこえ、やがて自由な恋愛や「規範」なき性行動などの象徴として用いられるようになる。屋外での男女の濃密な接触も問題視され、『読売新聞』は夜の日比谷公園が「堕落男女の野合場」になったと非難し、『都新聞』は上野界隈の情況を「自然主義の大横行」と描写した（読売・七月十一日、都・七月二十五日）。そして、事件は、そういった論調が勢いをもっていた時期に起こった。ために、「自然主義」の語が通俗的な用法では「出歯亀主義」と互換的に使われたのである。馬屋原成男によれば、出歯亀事件の年から明治末にかけて多くの筆禍事件が起こったという。難解な文学上の主義主張に、具体的でわかりやすい説明のかたちを与えたのが亀太郎の事件であった（『日本文芸発禁史』）。

「出歯亀」は「覗き」や「変態」を指す独立した名詞となる。さらには「出歯る」というかたちで動詞としても用いられた。新聞の用法をみると、女性に言い寄る、覗く、強姦する、などの意味で使われている。当時のありさまは、森鷗外が『ウィタ・セクスアリス』の冒頭で出歯亀事件について書き残している部分をみればおおよそ了解できよう。「そのうちに出歯亀事件といふのが現はれた。〔中略〕どこの国にも沢山ある、極て普通な出来事である。西洋の新聞ならば、紙面の隅の方の二三行の記事になる位の事である。それが一時世間の大問題に膨張する。所謂自然主義と聯絡を附けられる。出歯亀主義といふ自然主義の別名が出来る。出歯るといふ動詞が出来て流行する」（『鷗外全集　第五巻』八七頁）。

このような認識は森ひとりのものではない。『瀼曹記事《ほう》』一八巻七号に寄せられた法声散史による「どようぼ誌」には「自然主義の語、殷《さかん》に社会の害用するところとなり、今や淫猥の代用語として新紙之れを怪まず、甚しきに至りては之れを出歯亀なる醜語に一致せしめんとす、寔《まこと》に了見違の極と云ふべし、ゾラ、モーパッサン若し霊あらば其感果して如何ぞや、願くは相当の新字を案出して暫く自然主義なる語を現世に忘れしめよ、個は別に大久保附近の地主若くは差配より依頼を受けし次第ならねど固より一家の私言にあらじ」とある〔一二六頁〕。自然主義の語を知る少なからぬ人びとが同様の感想を抱いていたようだ。

このような状況は、新聞がつくり出したものといっても過言ではない。具体例を引くときりがなくなるので、ひとつだけあげておこう。亀太郎が公判のなかで自白内容を全面否定したときの記事の見出しには「出歯亀出歯らずと言張」る、と書かれている〔国民・六月十五日〕。語源となった人物じしんの行為を示すために用いられた、極端な例といえるだろう。当時の雑誌には、「今日出歯亀の名が広く世人に膾炙し、出歯る、出歯つた等の如き新動詞を造るやうになつたのも彼等記者輩に預つて罪ある事と思ふ」との感想がある〔『滑稽界』一八号〕(15)。

澤田薫

亀太郎の裁判で弁護を担当したのは、先にも書いたように澤田薫という弁護士である。東京地裁での第一審、そして控訴院での第二審で弁護にあたった。澤田は、法廷で亀太郎のことを「出歯亀」と呼んだといい、この言葉の普及に一役買ったとされている。

澤田は一八八三(明治十六)年、青森県の生まれ。艶書『阿奈遠加志』の作者として知られる会津藩士・澤田名垂の玄孫にあたる。弘前の東奥義塾から日本大学に進み、一九〇七(明治四十)年に卒業して十一月の弁護士試験に合格する。その直後の担当が亀太郎の事件で、亀太郎よりはるかに年下だった(16)。彼が亀太郎についたのは、「大久保村役場員等の懇請」による。村役場の人びとは事件の犯人が他にいると考えていたらしい(二六、国民・四月十六日)。しかし、亀太郎は予審判決後の五月六日の段階でもなお、澤田に対してゑん子を殺したと言っている(国民、時事・五月八日)。彼は、地裁での公判が始まる直前の三度目の面会(六月三日)になって犯行を否認しはじめたようだ(時事・六月十四日)。

冤罪の可能性があるとにらんでいた澤田は、もうひとりの弁護士・井本常作とともに、自白のみによる断罪を非難しつづけた。とくに澤田は、病気を装った審理の引き延ばしや予審判事の喚問請求、裁判官の忌避申し立てなど芝居がかったといえるほどの頑張りを見せている。この過程で澤田は判事を忌避するのだが、その理由書を所定期間内に提出しなかったことから停職一か月の処分を受けた(日本・十二月十六日、十七日)。

審理では、弁護士の勢いに押されて検事側の旗色が悪くなると、「風俗壊乱の虞」があるとして傍聴禁止の措置が取られた。湯屋覗きや強姦という事実は、おおっぴらに語れるものではないという立石謙輔(17)判事の判断である。立石は、裁判所部長に昇進して初めて裁くのがこの事件だった。進行も覚束なかったのだろう、新聞記者に経験不足を指摘されているくらいである(萬・六月二十四日)。傍聴禁止

澤田薫弁護士
(『弁護士百年』より)

と権威を支えに押し切ろうとしたようだ。

新聞記者も含めて、傍聴席の人間はすべて法廷の外に追い立てられ、あとは「密室」で審理が進む。新聞記者はどこからか情報を仕入れて翌日の紙面にそれらしい記事を書いているものの、法廷内でどのようなやりとりがあったのか、はっきりと知ることはできない。このことも、〈亀太郎が陥れられている〉という推測に影響を与える。

亀太郎と証人とが直接対決する場面の迫力。出歯亀見たさに裁判所におしかけた野次馬たちの生態。第一審の模様は各新聞が読み物に仕立て紙幅を割いて報じた。

この第一審は四回の公判で結審し、八月十日に判決が出された。二人の弁護士の努力も甲斐なく、無期徒刑という結論だった(18)。亀太郎は、傍聴席にいた警視庁の刑事を睨みつけたという〈時事・八月十一日〉。しかし、ついには看守に手錠をかけられ、法廷の奥に連れられていった(19)。

公判があると必ず傍聴しにきていた母・ひさもすでに大久保の借家を出て、知人のところに身を寄せる暮らしだった。妻のすずは、幼い娘を連れて実兄のもとで働き始める。亀太郎の家族は早くも離散していた。

ところが、秋を過ぎ冬を迎えて、亀太郎にとっては予期せぬ追い風が吹き始める。

花井弁護団

十月に予定された控訴審は、弁護側の都合などで延び延びになっていた。十二月になってようやく動きがあり、『萬朝報』が次のように記事を掲載した。

出歯亀の運命を決すべき口頭弁論は既報の如く昨日の筈なりしも元来この事件ハ被告自白の外何等証拠の認むべき無し、証拠無き自白程危険なるもの無しとハ法に携はる者の誰しも口にする所ならずや、強姦致死事件必ずしも重大問題にハ非ざらん左れど大久保に於ける惨劇は全国に喧伝せられ亀太郎ハ千万人の嘲笑冷罵の的となり而かも公判廷に於ける被告の態度といひ拷問云々の申立といひ果して彼が犯人たるか否かハ速に断じ難きものあるに裁判ハ非常の速度を以て進行す、翻つて之を見れバ寔《まこと》に天下の大疑獄たるの感あり、爰《ここ》に当代法曹界の名流たる花井卓蔵、飯田宏作、卜部喜太郎、渡邊輝之助、横山勝太郎の諸弁護士司法権の神聖を保持せんが為打揃ひ奮起つて従来の弁護士とともに亀太郎の為に弁護の労を執ることに決し遂に昨日の開廷ハ延期せられ新春来るを待ち

て目覚しき弁論を開始することとなれり〔十二月十三日〕

突如として、亀太郎にたくさんの弁護士がついた。それも、明治法曹界を代表する花井卓蔵ら錚々たるメンバーである。第一審を闘った澤田、井本両弁護士に加え、右の記事に名のあげられた五名、さらに添田増男、柳本信俊が入って総勢九名の弁護団がつくられる。花井たちがなぜ弁護団を結成するにいたったのか、その詳細は定かでない。もちろん、亀太郎じしんや母・ひさの懇願によるものではあろう(20)。

しかし、大御所連がわざわざ登壇するにはそれなりの理由があったと推測できる。

冤罪の多発

この時期、法曹界では刑事裁判の近代化が大きな課題であった。冤罪事件の多発や拷問による犯人のでっち上げといった不祥事は、弁護士たちにとって看過すべからざる事態にちがいない。そして、裁判で冤罪を雪《すす》ぐことは弁護士という職業の社会的存在意義をアピールする絶好の機会でもあった。おりしも、ふたつの冤罪事件が話題になっている。野口男三郎《おさぶろう》事件と、饂飩屋殺し事件である。

一九〇二（明治三十五）年の春、東京で十一歳の少年が殺された。発見された死体の左右の尻の肉が切り取られていたため、「臀肉切り事件」の別名で呼ばれるようになる。警察は、尻の肉を食べれば霊験薬効があるという迷信にとりつかれた犯行と睨んで捜査したが、犯人捕縛にはいたらなかった。三年後、事件は急展開する。薬屋の店主を殺害したとして逮捕された野口男三郎という人物が、臀肉切り事件の犯人でもあるのではないかという嫌疑をかけられ、男三郎もいったんこれを自白。ところが、東京地裁での審理では自白を翻し、犯行を否認した。一九〇六（明治三十九）年に出された判決は、薬屋殺しについて死刑、臀肉切り事件など他の件については証拠不十分で無罪というものであった。

「臀肉切り事件」は猟奇性の高さから世間の耳目を集め、流行歌にさえなっている。「美しき天然」のメロディにのせて唄われた「袖しぐれ」は、男三郎の妻が獄中の夫に宛てた手紙の体裁をとったものだ。「もはや郎君《きみ》には刑場《しおきば》の／露と消えぬる運命に／陥りたまふことなるか／聞くも悲しき音信《おとずれ》や／情の絆を切り離す／むごき法律《おきて》のうらめしや」とつづき、世の紅涙をしぼったという（『演歌の明治大正史』）。

野口は異常人物と見なされたが、司法関係者らは証拠不十分とされた容疑部分について冤罪の可能性があると考えていた。この事件を担当していたのも花井卓蔵である。野口の死刑が東京監獄で執行されたのは、亀太郎が東京地裁での審理に臨んでいた期間にあたる一九〇八（明治四十一）年七月二日。野口の裁判に疑問の余地があったことは、亀太郎の裁きを見守る人びとの頭の中に残っていた(21)。

もうひとつの「饂飩屋殺し事件」について。一九〇六年一月、東京で貧しい饂飩屋が殺され、その数日後、薪炭を商う家で母子が強盗に殺害される。犯人が見いだされないまま春になったが、窃盗で服役中の福本藤吉という男が両事件の犯行を認めた。しかし、共犯者と名指しされた児玉彦吉は濡れ衣だと主張する。一審の東京地裁が二人に死刑の判決を下したところ、福本のほうが自白はウソだったといいだした。福本は、娑婆で生きていくのはつらいから、饂飩屋殺しを自白する代わりに北海道の監獄で暮らしたいという浅はかな筋書きを描いていたようだ。死刑という判決に怯えたのであろうが、監獄暮らしのほうが楽だと思えるような厳しい渡世でもあった。控訴審で事件当日の二人のアリバイが証明され、弁護士・布施辰治の努力もあって、検事側は公訴放棄。東京控訴院は二人の被告に逆転無罪の判決を言い渡した。

この無罪判決が出たのは、一九〇九（明治四十二）年二月二十五日である。亀太郎に花井弁護団がつき、控訴審の準備が進められていたころだ。

弁護団は、亀太郎の一件を冤罪ととらえ、警察や検察、さらに裁判所の不手際を責める戦術に出る。たとえば、ゐん子殺害このかた事件に関与してきた清水検事は、野口男三郎事件の担当検事でもあった。ゐん子殺しの捜査に加わった警視庁の宮内宗之助警部は、饂飩屋殺しの「容疑者」を検挙した人物だった。また、亀太郎の控訴審を担当する坂崎儐裁判長は、饂飩屋殺しについて苦渋の逆転無罪判決を言い渡す役回りだった(22)。弁護団にしてみれば、目前の敵はすべて脛に傷持つ身だったのである。また、控訴審直前には、放火の容疑者が警視庁内で拷問を受けたとする「生爪剝ぎ取り事件」なども表面化した。「冤罪」を生み出す構造が露呈していたとみてよい。

控訴審

同時に、亀太郎の無実を示す証拠を揃えることも必要だった。これに関しては、柳本信俊弁護士の活躍を抜きに語ることはできない。柳本は、山梨県塩崎村役場に勤務しながら明治大学の講義録で法律の勉強を始め、裁判所の書記を経て明治大学の学生となった。一九〇八年、弁護士試験に合格し、花井に見いだされてその後ろ盾を得る〔『菊あはせ』〕。

柳本は、弁護士になる前から亀太郎の事件に関心を抱き、いずれは自分が担当して無罪を勝ち取ろうと考えていた。そして、わざわざ大久保村に引っ越して、事件現場や幸田家の周辺を調査し、情報を集めて準備を始める。弁護士登録を受けるやいなや、それらの証拠を引っ提げて花井の門を叩き亀太郎の弁護に加わったのである(23)。

犯罪捜査や刑事裁判の旧弊を批判することで新時代における弁護士の存在を喧伝しようとする花井たち。若い正義感であくまでも亀太郎を救い、法曹界でのデビューを飾ろうとした澤田や柳本。彼らのさまざまな思惑が交錯するなかで、亀太郎を弁護するチームがつくられた。――そのようにみることができる。

さて、事件の翌年、一九〇九(明治四十二)年の動向を追ってみよう。

控訴審は東京控訴院で三月十一日からスタートした。主任弁護人の横山は、自白以外に証拠がなく、自白内容と検事調書に記載されていることがらとが一致しているかどうかを現場臨検で確かめたいと口火を切った。つづいて立った花井は、「本件ハ極て大疑獄として世間の疑惑甚しきに依り余ハ寧ろ被告の冤罪を雪がんよりハ世間一般の疑を解き有罪無罪に拘らず正き裁判をし国民をして法律と法廷の信頼を厚からしめんとして弁護の労を取るものなり」と気炎をあげている〔萬・三月十二日〕。

この時期の新聞記事のいくつかに、興味深いフレーズを見てとれる。亀太郎とは関係のないまったく別の事件を扱ったものだが、「過ぎし饂飩屋殺しの失態と云ひ池田亀太郎の強姦致死事件と云ひ警察署に於ける被告の自白に就ては頗る疑はしき事ばかり」〈都・四月二日〉とか、「饂飩屋殺しの犯人として自白を基とし死刑の宣告を受けたる福本児玉の両人が実は真の犯人に非ること控訴院にて判明し又池田亀太郎の大久保村に於ける惨殺事件も近時多数の反証現はれ一審判決を破棄せられんかとの噂もあり警察署に於ける被告の自白に信を措き難き今日」〈東日・四月二日〉とかいった表現が用いられているのである。すなわち、亀太郎の事件を冤罪事件の典型とする書きかたになってきたのだ。弁護士たちだけでなく、世論さえ亀太郎を支援するかのような情勢だった。

しかしながら、審理は事実を争うレベルではなくなっていた。裁判所は裁判所で権威の失墜を回避しなくてはならない。三月十一日の公判で坂崎裁判長は、証拠調べは地裁で終了しているとして、次から次へと要求される証人喚問や証拠調べをほとんどはねつけた。とくに、弁護側が強く求めていた現場臨検を却下している。

四月四日。それならば、ということなのだろう、弁護団は新聞記者に声をかけて独自の実地踏査を敢行する。『国民新聞』『時事新報』『東京朝日新聞』『日本』『萬朝報』の五紙の記者が同行し、『時事新報』と『日本』、それに『萬朝報』は翌日の紙面でその様子を報告した。一行は、まず全龍寺のゐん子の墓所に詣で、その後、亀太郎の二通りの足取りについてそれぞれに要する時間を測定した。また森山湯（この時には経営者が替わって梅の湯となっていた）の板塀にあったとされる節穴について、後から開けられた可能性がないかを確かめている。

控訴審ではあわせて五度の公判が開かれ、ゑん子の解剖を担当した松島不二や、亀太郎が自白した夜に新宿署で当直していた巡査・新川幸次郎への訊問などが行なわれた。

多数の弁護士や協力者の助力があったにもかかわらず、最終的には控訴院の判断も地裁と同じだった。四月二十九日、坂崎裁判長は無期懲役の判決を下している。事実認定についても第一審と同一とされた。形式的なことだが、前年から刑法が改正されたことにより、正確には原判決が取り消され改めて新刑法のもとで無期懲役の判決ということになっている。しかし、無期刑には変わりはなかった。

被告側はただちに上告した。

真犯人からの投書

大審院での第三審を待つ間に、不可思議なことが起こった。添田弁護士宛てに、匿名の手紙が舞い込んだのである。内容は、次のようなものだった〔萬・五月十九日〕。

お上へ申上候幸田ゑん子を殺したのハ全く私に御座候出歯亀ハ悪い癖の為目を附けられ無き事迄も
申上、実にしど《ママ》きごうもんにてかはいさうに候、私が出ない為めに御上へ御迷惑掛て済みません、
何れ私自首仕り候間、出歯亀の無じつの罪御ゆるしなされそうろ
五月十七日

（こゝに何か字ありて消してあり）

（こゝに警視署様と書きて消してあり）
東京裁判所長様内
添田弁護士様

記事は、「何人かの悪戯ならんも知れねど」と真偽の判断を留保している。また、これは『萬朝報』以外の新聞では扱われていない情報だ。あまりにタイミングがよすぎるので、弁護側の細工ではないかとかんぐりたくなるような手紙ではある。しかしながら、この記事を読んだ人びとのなかには、冤罪の印象をより強くした者もいただろう。

控訴審以降の『時事新報』や『萬朝報』の記事は、いずれも亀太郎冤罪をアピールする文体で綴られている。けれども他紙を参照すると、無実ではないかと書くものもあれば間違いなく犯人だと書くものもあって記述は揺れている。そもそも新聞記事は、公判を傍聴した記者が得た主観的な印象や、伝聞にもとづくものである。また、第二審以降は審理そのものがほとんど報じられなくなった。

とはいえ、当初から亀太郎に有利な見方はあった。それらをここでまとめておく。

まず、酒好き女好きとはいえ正直者でお人好しの亀太郎に人殺しは無理だという意見がある。また、現場の様子からみて顔見知りの犯行である可能性が高いという見解もあって、ゑん子の素行を疑う者もいた。ごく近しいものが犯人であるかのような憶測も生まれている。大久保付近では類似の事件が続いており、亀太郎ではなく怪しい二人組が犯行を重ねているらしいという噂も記録されている。ふりかえってみれば、逮捕第一報のときから亀太郎の所為だと断定できないとする新聞は複数あった。妻・すずや母・ひさも取材した記者に対して無実を訴えており、彼女たちの言葉が詳しく掲載されている。

以上は、一般に喧伝されていた憶測や、関係者への取材をとおして得られた情報群である。これとは別に、裁判のなかで交わされた公式の弁論内容が、新聞を通じて明らかになっている。亀太郎の犯行であると断ずるにはいささかの躊躇があるとされた、それら疑問点についても列挙しておこう。

亀太郎の帰宅は犯行時刻より早かったのではないか。

ゑん子が殺されたのは、風呂を出た直後ではなくもっと遅い時間ではなかったか。

殺害は、死体の発見現場とは離れた別の場所ではなかったか。

事件現場に残されていたのはゴム底足袋の足跡だったのに、当夜の亀太郎は草鞋が破れたためふつうの足袋のまま歩き回っていた。亀太郎はゴム底の足袋をもっていなかった。

森山湯の板塀にあったという節穴は、事件の後に新たに穿たれたものではないか。

ゑん子の首には、絞めたときに残った手の指の痕が残されていたと解剖所見に記されているのに、調書の亀太郎の言葉のなかには手で首を締めたという部分がない。

亀太郎は、覗きで満足してしまうのだから、強姦までして欲望を遂げようとはしないはずだ。

——これだけですべてではない。おもなものをあげたに過ぎないのだが、裁判所はこれらの疑問について検証しようとはしなかった。

止むなき服役

六月二十九日。大審院は、上告理由を認めず棄却、という判断を示した。翌日の『都新聞』は、こう書いている。

久しく世を騒がしたる大久保村の強姦致死の犯人出歯亀事池田亀太郎は世人の想像に反し有力なる反証なかりしを以て一審無期刑を言渡され控訴に於ても理由なしとて同じく無期刑を宣告されたるが昨日大審院に於て上告棄却の判決ありて愈々事件終了し該犯人は出歯亀の所為と認められて服役の止むなきに至れり〔六月三十日〕

「服役の止むなきに至れり」とは、記者の感慨にとどまらない。

第三審にあたる大審院では、審理らしい審理がなされなかった。弁護団も、書類上の不備や量刑の妥当性をめぐって判決の見直しを訴えたに過ぎない。控訴審での逆転ができなかった時点で、無罪をかちとるのは困難だと考えたのか、担当した弁護士も、澤田、柳本、横山の三人だけだった〔『大審院刑事判決録』〕。亀太郎の第三審の時期には、政財界を揺るがす大疑獄・日糖事件が露見して、裁判所・弁護士ともそちらにかかりきりになっていった。花井も、日糖事件で逮捕された議員らの弁護に立って熱弁をふるう毎日を送っていたのである。「被告の冤罪を雪がんよりハ世間一般の疑を解き」たかった花井にとって、勝ち目のない亀太郎の裁判には力が入らなかったのか。

第一審、第二審のなかで、先に見たようなさまざまな疑問が提出されながら、それらを解明していく努力は払われなかった。もとより、犯人として亀太郎が捕縛されるまでの捜査も粗雑なものである。現在のわれわれの感覚からすれば、足跡や指紋の照合をすればはっきりするではないかと口をはさみたくなる。強姦事件なのだから精液の鑑定があってしかるべきだ、とすぐに思いつく。

では、どうしてそれらの確認手段がとられなかったのか。答えははっきりしている。当時はまだ、それらの技術が実用化されていなかったのである。その背景事情については、第三章で詳しく説明することにしよう。

粗雑な捜査。性急な判決。申し訳ていどの証人喚問はなされたが、物的な証拠調べは行なわれなかった。現場検証も、逮捕直後の取り調べのなかで一度行なわれたきりである。地裁で澤田弁護士が要求し、その後も弁護団が求め続けた歩行検証さえなかった。けっきょくは、「自白」のみにもとづく裁判だったと認めなくてはなるまい。控訴審こそたくさんの弁護士がついて心強かったかもしれないが、大審院の審理では放り出された感じがしただろう。日糖事件の発覚によって引き起こされた大状況の変化が、亀太郎にとっては不利に作用したといえる。

七月二日。妻のすずは、娘と義母をともなって東京監獄に向かった。亀太郎との別れである。母・ひさが、最初に面会した。亀太郎の両の目には涙が浮かんでいる。「どうぞ私が無事出る迄壮健《たっしゃ》で居て下さい、屹度《きっと》孝行をして是迄のお詫を致します」。ひさは、「親一人、子一人の、頼りない身」がこんなことにつながった、「皆な妾《わたし》の若い時造つた罪の酬《むく》ひ」だ、と嘆いた。

幼い娘が、妻・すずの背に負われている。亀太郎は、その娘の行く末を頼み、詫びるだけで精一杯だった。「出歯亀の娘」と世間には言わせたくない。すずは、用意の離縁状を差し出す。亀太郎が拇印を捺し、家族は「涙の中《うち》に立ち別れた」(萬・七月三日)。判決から一週間。七月六日の午後二時、亀太郎は小菅集治監に送られている(同・七月七日)。

後半生

その後、亀太郎はもういちどだけ風俗史の舞台に登場する。一九三三(昭和八)年になって、牛込原町の銭湯を覗いていて早稲田署の刑事に逮捕され、それが『東京朝日新聞』と『東京日日新聞』で記事になったのである。

複数の記事から、服役後の亀太郎の人生をたどってみよう。彼は十五年を小菅監獄で暮らした。改悛の情著しいと認められ、一九二一(大正十)年ごろ仮出獄となったらしい(24)。

亀太郎は、仮出獄した囚人の社会復帰をたすける免囚保護会のひとつ「真成会」でしばらくのあいだ世話になり、やがてもとの植木職や鳶職で食べていけるようになった。彼が厄介になった鳶職の親方に、牛込・富久町の清水定次郎がいる。「犯行」の夜、亀太郎が大木戸の居酒屋でいっしょに酒を酌み交わした人物の綽名は、たしか「酔っ払いの定」だと伝えられる。あるいはこの「定」が定次郎であったかもしれない。

亀太郎は「暗い過去の記憶を消すために〔……〕前歯の出ッ歯三本ほどを抜いてもらひ、素直にやつてゐた」という〔東日・五月五日〕。好きな酒を飲むゆとりもできて、靖国神社の草取りを生業とする女性と再婚した。それが、五月三日の晩酌の後、仕事の勘定を受けとりにいく途中、「松の湯」の裏手で逮捕されたのである。亀太郎は、立ち小便をしていただけだと言い張った。が「何分あの前科ですから、さう認められても仕方ありません」と最後はあきらている。松の湯は早稲田署と半丁離れていないところにあった。

捕まえてみたら出歯亀だったということで、警察も驚いただろう。だが、微罪だったので、ひと晩だけ留め置いて釈放とした。亀太郎が警察署をあとにしたその夕方、同じ松の湯で別の男が覗きをして捕えられている。早稲田署は、板塀の穴を放置していた松の湯に警告を出した。

還暦まであと一年という年にあたる。亀太郎の頭はほとんど白髪になり、少し禿げてもいた。取材した記者の質問に答えて植木職の親方はこういった。「よく働くお爺さんですよ」、と〔東朝・五月五日〕(25)。そして、これがわれわれの知ることができる亀太郎の最後の消息である。ゑん子殺害が、冤罪だったのかどうか。母や妻や娘はどうなったのか。彼の口から直接に聞くことはできない。

亀太郎が無実であると言い切る証拠もないが、有罪であったことを裏づけることも不可能だといえよう。もし冤罪であったとすれば、彼は卵十個と蕎麦一杯で人生を棒に振ったことになる。いや、牢につながれた歳月を耐え得たのは、年老いた母の暮らしを支えるという自覚があったからこそなのかもしれない。

強盗亀

余談になるが、ちょうど同じころ愛媛県でひとりの強盗殺人犯が逮捕されている。その名を池田亀五郎という。亀五郎は一八六六（慶応二）年の生まれで、一八八八（明治二十）年の窃盗を皮切りに以後二十年間にわたって犯罪をくり返した「巨賊」であった。

彼が犯罪史上特筆されるのは、列車で押送中に逃亡した一九〇二（明治三十五）年から一九〇七（明治四十）年の逮捕まで、山に潜みあるいは野を駆けて捜査を攪乱し、その間にも強盗や傷害、強姦などの犯行を重ね住民を恐怖に陥れたことによる。地元で伝えられる手まり唄にも「強盗亀《ゴードカメ》」という名で登場する。

『愛媛県警察史』によれば、亀五郎が生涯に犯した罪は、凶悪犯といわれる五罪種のうち放火を除く殺人・強盗・強姦・傷害の四種にわたり、取調べによって判明したものだけでもその数は四十一件にのぼる。亀五郎の生涯と犯罪については、愛媛新聞記者だった客野澄博が当時の裁判記録や警察の書類などにもとづいて詳細な記録を公にした『『明治警察の秘録』』(26)。

同じ亀五郎について、強い関心をもった作家がいた。松本清張である。

松本は、「明治の犯罪史に池田亀五郎の名は顕れていないが、それは彼の舞台が、東京や大阪などから程遠い四国の片陬《すみ》に限られていたからである」とみる。そして、「亀五郎犯罪誌」という文章の末尾を「亀五郎の犯罪がもう少し中央に近ければ彼はもっと有名になったであろう。悪名を残すにも地域差による運不運があるらしい」と結んでいる。

出歯亀事件で名を残した池田亀太郎と、強盗亀こと池田亀五郎。名前が似ていることによって生まれた混乱がじっさいにある。たとえば『警視庁百年のあゆみ』では、亀五郎が愛媛県で逮捕された時の写真に「池田亀太郎」というキャプションが付され掲載されているくらいだ〔一三九頁〕(27)。この、一字ちがいの二人が起した事件のうち、亀五郎の凶悪犯罪がその後の日本社会でポピュラーな話題にならなかった理由は何だろうか。もちろん、「もう少し中央に近ければ」という「地域性」を考慮すべきであろう。しかし、犯行の程度や回数、警察を敵にまわした狡智といった点で、犯罪者としては亀五郎のほうがはるかに「格上」のはずだ。

斎藤が「出歯亀」概念の原型として抽出した六要素を、ここで使ってみる。六つの類型のうち、亀五郎にも認められる要素は、強姦者・殺人者・変態性欲者の三つである。とすれば、亀太郎の「個性」は、これらを除いた部分、窃視者・手淫者・尾行者、という要素に求めることができよう。とりわけ、覗きや尾行という行為が、亀太郎の事件を他の暴行事件から区分するうえで重要だ。

もちろん、メディアの発達した東京での事件だったということが亀太郎をより有名にした原動力であり、それを否定はできない。だが、おかしみを誘う彼の容貌や、覗きというコソコソとしたふるまいは、亀太郎を獰猛凶悪な人物とみなす姿勢をぐらつかせる。さらに冤罪だったかもしれないという人びとの思いが、彼の名をある種の親しみをもって記念し、日常語彙につけ加える心性につながったとみることはできまいか。

池田亀五郎〈前列中央〉
（『警視庁百年の歩み』より）

〈写真下に付されている説明書き〉
犯人池田亀太郎（前列中央）と新宿警察署員
明治41年3月22日出ッ歯の亀太郎は湯屋で婦女の裸姿をのぞきみたことから同女を暴行のうえ絞殺した　事件以来脱衣場のぞきを「出歯亀」という俗語が生まれた

湯屋の風俗

亀太郎の名が記憶された背景について、もう少し考えてみよう。ひとつには、凶悪な犯罪の捜査が難航し、逮捕を待ち望んでいた人びとのあいだで犯人に対する関心が高まったことがある。また、結果として逮捕された人間があまりにも個性的なキャラクターだったためもある。「出っ歯」という身体的な特徴や、湯屋覗きを楽しみとするという日常は、強烈な印象を与えよう。いっぽうで、裁判の過程で冤罪ではないかという疑いが生じ、亀太郎に同情が寄せられたことを無視するわけにはいかない。猟奇的な性犯罪であったことと、冤罪の可能性を残した事件であったこと。出歯亀事件に、このふたつの側面をみることができる。そして、当時の文脈においてとらえるならば、出歯亀事件が人びとの記憶に残った理由を、覗き＝デバカメという「行為」の特殊性のみに帰属してしまうことにはためらいを覚える。先ほどは、亀五郎との対比で尾行と覗きとが亀太郎の事件の特徴だと書いた。だが、覗き＝デバカメという行為は、これも当時の文脈ではけっして特殊なものではなかったのである。それはむしろ、ありふれた行為だったという点を確認しておきたい。

事件が起こった春、靖国神社の大祭で「醜行者が続出し」女性たちを驚かせた。『国民新聞』は記者を派遣して、警視庁が色情狂をどのように取り締まるつもりなのかを取材させている。だが、応対に出た岡田第二部長の談話は、記者の意気込みを軽くいなすようなものだった。岡田はいう。「従来出歯亀一流の人物は相当あつたので別段怪しむ必要もありません唯世間で無闇に騒ぎ立てたものだから飛んだ大騒ぎになつたのでせう湯屋覗き抔《など》も昔の方が当今よりも甚だしい下に据風呂があると二階の上や側方から大きな穴を開けて覗いた相だから更らに一層の風俗壊乱である従つて今更方針の上に変りはない」〔国民・一九〇八年五月十二日〕。つまり、昔のほうがひどかったくらいだ、というのである。

江戸時代の湯屋は、多くの場合男女混浴であった。なかには、「覗き」を遊びの要素として含むものが存在しており、それは明治になってもつづいていた。湯屋がそういう場所であることを、おそらくは多くの人びとが知っていたはずである(28)。

『公衆浴場史』などの文献によれば、混浴規制が本格化したのは築地居留地に外国人が住まうようになってからのことだ。明治になって五、六年のあいだに、東京府は混浴を禁止し、浴槽の仕切り営業を課し、二階の目かくしを厳達し、湯屋入口に暖簾を下げ道路から見通せないよう指導し、裸体で往来することを禁ずるなどさまざまな措置を次々に発していた。そして、一連の規制がほぼ出そろった一八七四（明治七）年に池田亀太郎が生まれている。しかし、亀太郎が子どもの時代や若いころにはまだまだ規制は徹底していなかった。さすがに混浴は少なくなっていただろうが、ちょっとしたことで女湯のようすが見えてしまうというのは日常的な体験であったはずだ。警視庁の「湯屋取締規則」改正によって、銭湯が建物のつくりを根本的に改造しなくてはならなくなったのが一八八五（明治十八）年(29)。このとき亀太郎は十一歳である。さらに警視庁令で七歳以上の混浴を厳禁したのが一八九〇（明治二十三）年で、亀太郎が十六歳になる年だった。

風呂に入っている女性の裸体を見るという経験は、亀太郎が若いころまでは特殊なものではなかった。それが、ゆっくりとではあるが規制されていく。その流れと、亀太郎の人生は少しズレて重なっていた。かつての行動の自由が失われていく感覚を、同世代の男たちはもっていただろう。自分もそうしてしまうかもしれない、という共感のようなものを亀太郎に対して抱いたかもしれない。もちろん、あくまで推測に過ぎないのだが。

『警察講演訓示集』という本がある。一九二六（大正十五）年に刊行され、増補や改訂を受けて一九三三（昭和八）年には第十七版を数えた。タイトルからもわかるように、警察で必要とされる訓示の事例を紹介した本だ。警察署長は、一年をつうじて職員や市民を前に訓辞や講演、式辞など何度も話す機会がある。いちいち原稿を書いている暇はないので、その雛形を提供しようという趣旨で企画された出版物である。この本のなかに、湯屋営業者を対象に演述するべき内容も盛られている。時期は一月上旬に、署長あるいは巡査が話すのが適当らしい。入浴を好む国民性を口開けに、火災や盗難の注意を論じ、つづいて「風俗上の注意」に言及される。

浴場は男女共赤裸々となつて入浴するのであるから、風俗上の取締を要するのは勿論である、内務省令で男女満十二歳以上の混浴は絶対に禁止せられて居る、又男湯と女湯と互に見透し得らるゝとか、浴場内で男女交通し得るやうな設備は法の禁制する処であるが、中には殊更に此の便宜ある様に設備したり或は道路より婦女の裸体の見得すくやうにして客招きの具に供せんとする人が他地方には有つた、彼の東京新宿の出歯亀が湯上り姿のお艶に横恋慕して無残にも殺したのは其の湯屋の障子に穴があいてゐたからである、夫れから出歯亀が覗き込んで劣情を誘発し殺人罪を犯すに到つたのである、故に障子の破れ目は特に注意して是を防ぐべきである

〔中略〕

常に警察と連絡する必要のあるは板の間稼の疑ひある者及常時湯屋覗きの悪癖ある者で、是等は予め極秘密に警察へ通告して置いて貰ひたい、さすれば夫々適当なる措置をして未前《ママ》に之を防ぐばかりではない、一度事案勃発した際に迅速に検挙し得て湯屋の信用を一般に高める所以とならうかと

思います。〔一七二―一七三頁〕

この講演マニュアルがどのていど参照されたのかは不明だが、亀太郎を引き合いに出して防犯を啓蒙する習慣が、全国の警察と公衆浴場業者のあいだで保たれていた可能性は否定できない。

＊

亀太郎は、自白中心で、カンにもとづく捜査が主流だった時代の最後を生きた。犯人を特定するために血液型や指紋を照合する技術は用意されていない、その最後の時代である。冤罪が頻発し、それを批判する弁護士活動もようやく目立ち始めた。警察も、その後は科学的捜査法を積極的に摂取したし、刑事訴訟手続も合理化されていった。だが、亀太郎の裁判には、すべてが間に合わなかった。

ところで、亀太郎が第一審の判決を受けた直後に改正された警察犯処罰令は、一般の人びとが他者に追随する「尾行」を改めて「犯罪」と意味づけている。他方、警察が行なう「尾行」は捜査という技術のなかにとりこまれていく。すなわち、法によって正当性を与えられた者だけが、尾行を許されることになったわけである。この点については、第三章で詳しく述べる。

尾行という行為を考えるとき、われわれは尾行する者と尾行される者という「ふたり」の関係をまず想起する。しかし、尾行という行為の帰結は必ずしも当事者ふたりだけの問題ではない。本書では、「他者を覗き見る」ような経験のひろがりと、その行為がおかれる社会的な文脈について考えていく。

亀太郎に対する地裁での判決文には、「之に尾行すること数十間」という文言がある。この、他者の後ろを尾行するという行為そのものが、どのような足跡をたどったのか、それを追いかけていくことにしたい。

第二章　変態性欲と犯罪［窃視症という病］

他人の後をつけて歩いたり、他人の部屋のなかを覗いたりする行為は、「おかしい」。現代人の感覚からすれば、尾行や覗きはなんらかの意味で「異常」な行為だ。最近になって大きな関心を集めているストーキングという行動は、行為者じしんの精神的な異常のあらわれと見なされたり、処罰が与えられるべき違法行為であると考えられる。日常会話のなかでは、尾行する人や覗き行為に対しては「おかしい」「ビョーキ」という言葉が充てられ、「ヘンタイ」というレッテルが使われることも少なくない。

そういった「異常さ」は、かねてより医療や犯罪に関心を抱く専門家たちの興味を惹くテーマであった。

先に示したとおり、江戸期から明治初期にかけての銭湯では「覗き」が半ば常態化していた。褒められたことではなかったかもしれないが、ある程度の許容があったと思われる。それが、亀太郎の事件のころから、「覗き」に「色情狂」というレッテルが貼られ、凶悪犯罪につながる予兆と認められた。その後、「変態性欲」概念が知られるようになると、「覗き」には「窃視症」という名前がつけられた。本章では、この過程にかかわった専門家たちの動向を見きわめるべく、「心理学」や「犯罪学」などアカデミックなジャンルにおいて蓄積された言説をとりあげたい。「覗き」行為が「窃視症」という名の「病理」としてクローズアップされ、「変態性欲」の一カテゴリーとして定位されていく経緯を確かめるのがねらいである。

『変態性欲心理』

出歯亀事件から五年後の一九一三(大正二)年、クラフト＝エビングの著書『性的精神病質』(原著は一八八六年初版)が、『変態性欲心理』の邦題で翻訳出版された。「窃視症」の淵源をまずこの本のなかに探ってみる(1)。

クラフト＝エビングはこの本のなかで、「性欲」の変態的な発現のしかたを示す。そのうち、説明に多くのページが割かれているのは「色欲倒錯症」である。「色欲倒錯症」はさらに、「サディスムス」、「マゾヒスムス」、「フェティシスムス」および「顚倒症的色情感覚(同性色情)」に下位分類される。また、これとは別に「性欲生活と法律」の章において性欲異常から起こる「強姦」や「陰部露出症」による猥褻行為など具体的な性犯罪が扱われている。

この『変態性欲心理』が明治末から大正にかけての日本社会に与えた影響はきわめて大きなものだった。斎藤光によると、日本の一九二〇年代は、「変態性欲」なる概念がひとつの軸となって通俗的な性欲学の著作や雑誌記事が数多く発表された時期だという〔「性の研究」〕。たとえばサディズムやマゾヒズムなどこの本をとおして紹介されたコンセプトは、当時のアカデミズムのなかで流通しただけにとどまらず、今日われわれの日常的な会話にさえあらわれる言葉である。また「変態」という言葉も、元来「常態」の対義語にほかならず、それじたいにマイナスのイメージはなかった。しかし、現代の日常語で「ヘンタイ」といえば、マイナスの評価を帯びたものととらえられる。

では、「覗き」についてはどうだろう。クラフト＝エビングは、覗きを変態性欲として論じているだろうか、答えは否である。いわゆる「覗き」に相当する症状について、『変態性欲心理』にはこれといった記述がない。われわれは「覗き」を「ヘンタイ」と結びつけるのに、「変態性欲」という枠組みをつくったクラフト＝エビングには〈覗き＝変態性欲〉という考えが欠落している(2)。出歯亀事件のころまでには、「変態性欲」という言葉じたい、ほとんど流通していないのである。したがって、亀太郎の行動を非難する際にも、「色情狂」とか「色魔」、「色餓鬼」などという蔑称が用いられた(3)。いや、「変態」という言葉がなかったからこそ、亀太郎の「覗き」ていどの性的な逸脱行動を適確にとらえることができず、「出歯亀」という表現がその代名詞としてさかんに使われたという解釈も成り立ちえよう。出歯亀を「変態性欲」という言葉と関連づけるのは、事件よりも後の時代に属することだ。

では、窃視症が変態性欲として語られるようになったのは、いつ、どんないきさつによるのか。

視眺色情

それから少し後、一九九一（大正八）年に出版された榊保三郎の『性欲研究と精神分析学』ではどうだろうか。榊は、クラフト＝エビングだけでなく、エリスやフロイトなどの著作も参考にしてこの本を書き上げていて、同書は本邦におけるフロイト学の端緒に位置づけられる重要な著作でもある(4)。

榊の『性欲研究と精神分析学』では、「変態性欲」のなかに「フェティシスムス」、「サディスムス」、「マソヒスムス」、「同性愛」などの項目が掲げられている。記述のすすめかたは必ずしもクラフト＝エビングにしたがったものとはいえないが、例証などを多く引用しており、強い影響のもとに執筆されたと考えてよい。枠組みにいささかのちがいを認めることができるけれども、列記されるカテゴリーには大きな変化がない。

しかし、さまざまな研究書を参照したためであろう、『変態性欲心理』に記載されていなかった概念で、榊が独自に追加したものが少なからずみられる。そのなかに、「露出、視眺色情」という言葉がある。それぞれは、Exhibitionismus および Voir の訳語であると付記されているが、その典拠は示されない。また、概念の記述そのものも不十分だ。視覚が性欲を昂進させることや、陰部露出症のような例が示されるにとどまっている。「露出、視眺」と分かち書きされてはいるが、〈見せる／見る〉は榊の把握のなかでは未分化で、両者が個別に詳しく論じられることはなかった。「露出」に対応するようなかたちで、「視眺色情」が用語としてのみ書きとめられたに過ぎない。

榊が下敷きにしたフロイトは、一九〇五年に発表した『性理論三篇』のなかで「覗き」すなわち「窃視症」について書いている。そのいわんとするところはこうだ。「眺めること」は性的な行為である。文明が進み人間が身体を衣服で被うようになると、それを剝ぎとり隠されたものを見たいという性的な好奇心が目覚めていく。この好奇心は芸術的な方向に昇華することもあるが、正常な人でさえ途中の段階で停滞してしまうばあいがある。性的な意味での「眺める」行為の目標が「倒錯」すると、他人の性器や排泄を見ることだけに向けられたり、逆に自分の性器を他者に見せたりするようになる。

このうち、排泄行為を覗くケースについて「窃視症 voyeur」という用語が充てられた。フロイトは窃視症について多くを語っていないし、また『性理論三篇』のなかで「窃視症 voyeur」という言葉が使われるのもこの一か所だけで、あとは「窃視欲動 scopophilia」となっている(5)。

榊がフロイトから「窃視症」というアイデアを輸入した可能性は高い。しかし、榊も「露出、視眺」という控え目な紹介にとどめ、それ以上に展開した形跡はない。クラフト゠エビングの変態性欲論においても、フロイトの性理論のなかでも、積極的な位置づけがなされていなかったからであろう。概念としてはすでに知られていた可能性のある「覗き゠窃視症」についてとりたてて論じる熱意を、彼の議論のなかにうかがうことはできない。だが、少なくともここで、「覗き」が性欲の変態的な発現という位置を占めたことにはなろう(6)。

そして、こういった「変態性欲」についての諸研究に影響されながら、増加する犯罪学の文献のなかにも「覗き」という行為が一定の場所を与えられることになる。

陋劣なる行為

大正期を迎えると、性や犯罪についての研究書に亀太郎の事件が「事例」として掲載されはじめた。榊の本より少し前、一九一五（大正四）年に羽太鋭治(7)と澤田順次郎(8)が共著で出版した『変態性欲論』をみてみよう。この本もクラフト＝エビングの影響のもとで書かれたために、「窃視症」という言葉は現われない。しかし、「色情狂」を論じるなかで、強姦について触れた部分と陰部露出症について書かれた部分、都合二か所に亀太郎が登場する。

まず、強姦のほうからみてみよう。羽太と澤田によれば、強姦という犯罪は「先天的色情狂」の結果として生じる。先天的色情狂とは「先天的障碍」に因るもので、障碍を重い順番に並べると白痴・痴愚・魯鈍となる。このうち「痴愚」は白痴より軽度で、導きようによっては善良な人生を送る可能性もあるが、「一時の感情」から放火や殺傷にいたったり、色欲亢進や飲酒によって「性的罪」を犯すことが多いという〔三九〇―三九一頁〕。

そして、この「痴愚」の事例として次のような記述がある。

第七例　女湯及び便所覗き

〇〇亀〇〇、男三十歳、植木職。常に女湯を覗くことを好み、又各所の共同便所にて、婦人の入りたるを根気よく覗く癖あり。遂に強姦致死罪にて、無期懲役に処せられたるが、或る人彼れに問ふに、何故に斯る陋劣なる行為をなすか。五十銭乃至一円の金あれば、一夜の歓は買はれるにあらずやと。亀〇〇答へて曰はく、金にて買はれざる女を覗くが、道楽の一なりと。(病的色情)〔伏字は原著のママ〕

年齢が誤っているほか、「各所の共同便所にて、婦人の入りたるを根気よく覗く癖」や、「或る人」と交わされた問答がどのような根拠にもとづいて書かれたのか不明である。だが、「覗き」そのものは「好み」や「癖」、「陋劣なる行為」ないし「道楽」という言葉で表わされている。事件は「低能者」が犯した犯罪例、「病的色情」が強姦に結びついたケースとして位置づけられた。

次に「強姦致死」の事例として扱われている部分をみよう。強姦致死にもさまざまな場合があるが、そのうち「強姦の際誤つて、窒息死に致したる」事例に相当する〔五九六頁〕。

第二例は出歯亀として有名なる、高《ママ》〇亀〇郎等にして、裁判の結果に依れば、強姦の際誤つて、死に致したるものゝ如し。亀〇郎は家に、妻あるにかゝはらず、先天の色情狂にして、夜間女湯を覗く癖あり。当夜も某湯屋にて、此の悪戯を為せしが、折柄入浴中なる幸〇え〇子の、美貌に心を動かし、その帰途を要して、之れを空地に連れ込み、其の携へたる濡れ手拭をもつて、え〇子の鼻口を押へつゝ、之れを辱かしめたるため、窒息して死したるなり。〔伏字は原著のママ〕

ここでも亀太郎の事件は、先天的な「病的色情」すなわち「痴愚」がひきおこした「強姦」であるとされ、その際の過失で殺人になった、とみなされている。

羽太・澤田の『変態性欲論』においては、「覗き」という行為は、愚かさに由来する色情の亢進が発現したものである。同書が「覗き」だけをとりあげて性欲の異常状態とみているとはいいきれないし、この時点では「窃視症」といった名前も与えられていない。「変態性欲」という言葉の射程に入っていたのは、強姦までだったといえよう(9)。

一九一六(大正五)年、羽太と澤田はふたたび共著で『最近犯罪の研究』を出した。ここでも性欲と犯罪との関連が説明されており、「色情狂」という用語が充てられる。しかし、内容はサディズムやマゾヒズム、フェティシズムなど、クラフト゠エビングの整理をほぼ踏襲したものといえそうだ。したがって、露出症についての記載はあるが、窃視についてはふれられていない。

それでも、亀太郎の事件についての記述を見出すことはできる。相手を抵抗不能の状態にしてなされる強姦についての記述部分で、「鼻口の閉塞」の項に現われる。「此の場合に於いては、初めは多少の抵抗はあつても、被害者は暫時にして人事不省となり、甚はだしきは全く絶息するに至ることもある。彼の出歯亀として有名な強姦致死の事件は、此の手段に依れるものの如くである」〔二六五頁〕。

これは、犯罪の原因を論じたというよりも、犯行手口を説明したものとみたほうがよさそうだ。亀太郎の「自白」の内容が、読者にとってイメージを喚起させやすい例として採録されている。

亀太郎の事件が、変態性欲と関連づけられて論じられてはいる。しかし、これまでみたところでは、

「覗き」という行為が抽出され、そのものに焦点があてられるというわけではない。変態心理学の領域では、フロイト理論の紹介をとおして「窃視症」という言葉が知られつつあった。いっぽう羽太や澤田ら通俗的性欲学者たちは、異常な性欲が犯罪現象に顕在化した例として、亀太郎の事件をとりあげた。しかし、それぞれは、まだそれぞれの動向のなかでみられたことがらである。

寺田精一とロンブローゾ

同じ一九一六年、犯罪学者の寺田精一が『婦人と犯罪』という本を書いている。『婦人と犯罪』は当初、大日本文明協会編輯の第三期刊行図書として世に出されており、本の背や扉、奥付には著者・寺田の名前が印刷されていない。代わりに、東京帝国大学の牧野英一が巻頭に「序文」を寄せており、そのなかで「寺田文学士の新著」であることが明かされる。また、協会が添えた「例言」では、当初イギリスのアダムの著書『婦人と犯罪』をもとに編集する予定であったが、一般の読者には適当でないと判断し、改めて寺田に稿を起こさせたと書かれている。そのころの寺田は協会の編輯嘱託の肩書をもっていた。協会の期待に応え、犯罪学の若き学徒であった寺田が書き上げたのが『婦人と犯罪』である(10)。

寺田は、女性が犯罪に関与するあらゆる局面を網羅的に論じる。したがって、関連する「要因」も実に多様だ。容貌の美醜、月経・妊娠といった身体的要素から、嫉妬・怨恨・憤怒や復讐・ヒステリー・癲癇・懐郷病など精神的要素、家庭・職業・経済状態や生活状態など社会的属性、さらには季節や迷信までもが犯罪に関連づけられて論じられる。学究肌だった寺田は、数多くの欧文文献をかなり丹念に読みこんでいたので、いきおい博覧強記的な記述スタイルに流れたのだろう。論点の整理がゆきとどいているとはいいがたい文章だ。

ところで、寺田は犯罪人類学者・ロンブローゾの名が日本で普及していく過程にかかわっている。戦前のわが国では、辻潤の訳した『天才論』が読書界でよく知られていたから、その著者としてロンブローゾを紹介したほうが通りがよいかもしれない。しかし、彼は世界的な影響力をもつ犯罪人類学者であった。その主著『犯罪人論』は、一八七六年の初版。原著はイタリア語で書かれた一巻本だったが、増補を重ね最終的には全三巻千九百ページに及ぶ大著になる。英仏独語に翻訳され、「生来性犯罪人」という考え方、すなわち〈犯罪は遺伝する〉との学説が注目を集めた。ロンブローゾの学説と格闘することで、同時代の社会学、人類学、法医学などが発展したという側面さえ見受けられる。

ロンブローゾの「生来性犯罪人」説は、ダーウィンの進化論やクラフト＝エビングの変態性欲論とともに、明治末の日本の思想界に大きな影を落としている。だが、日本では必ずしも原典が丁寧に読まれたわけではなさそうだ。ロンブローゾの娘・ジーナが『ロンブローゾの犯罪人』（一九一一年）という本を書いていたので、寺田はその英訳本に依拠しつつ、より簡便な一般向けの解説書を書こうとした。それが、一九一七（大正六）年発行の『ロンブローゾ犯罪人論』である。

「生まれながらにして犯罪者たる人物がいる」あるいは「犯罪は遺伝する」といった考え方は、当時の犯罪学のなかであるていどの説得力をもって流通していた。先にあげた澤田順次郎の著作なども、基本的なスタンスをロンブローゾと共有している。澤田らが書いた『最近犯罪の研究』は犯罪人類学的な観点に立ち、犯罪者の悪の徴候はその外見、容貌に現われるとの説を紹介している。たとえば「反歯」も、変質者の徴候としてとりあげられた〔四三二頁〕。亀太郎も、生まれつきの犯罪者ということになる。

この当時は、いやしくも犯罪を論じる者ならば、ロンブローゾの「生来性犯罪者説」を意識しないわけにはいかなかった。寺田が著作のなかでロンブローゾの記述を引用することも、たびかさなっている。ただし、寺田の犯罪観は先天的要因を重視する立場と明確な一線を画しており、「犯罪が遺伝する」というような極端な考えは採用しない。だが、クラフト＝エビングらの変態性欲論のなかに認められる先天論的説明を、ことごとく排除するわけでもなかった。

寺田が性欲関連要因としてあげるのは、「性欲的崇物」、「性欲的作虐」、「性欲的被虐」などである。いうまでもなく、それぞれがフェティシズム、サディズム、マゾヒズムに対応するものだ。そして、それにつづいて「展覧狂並窃覗狂」が扱われる。

「窃覗狂」の登場

「展覧狂並窃覗狂」の説明は、『婦人と犯罪』のなかでひとつの章を与えられている。見せる行為と覗く行為とがセットで扱われる点では、榊の記述と変わるものではない。しかし、寺田はそれぞれについてわざわざ節を設けて詳細な解説を付している。

まず、「展覧狂」の概要についてみておこう。展覧狂とは、「陰部を公然と露出し、性欲の興奮と満足とを得んとする」ものをさす。また、ブロッホやフロイトなど、展覧狂を「作虐」の一ヴァリエーションとみなす説なども紹介する。しかしながら、それがたとえば強姦などにつながることは少なく、風俗を壊乱する罪に問われることが多いというコメントも付している〔二七一―二七五頁〕(11)。

フロイト、という名前もはっきり書かれている。寺田は、『性理論三篇』をドイツ語原典かあるいは英訳で読んでいた可能性がある。時期的には、その存在を知っていたとしてもおかしくない。「展覧狂」すなわち露出症が、論じるに値する主題であることは明白だったはずだ。

寺田は、「展覧狂」につづけて「窃覗狂」という概念の紹介へと進む。現在は「窃視症」というのが一般的だが、寺田が採用したのは「窃覗狂」という文字だった。「ヒソカニノゾク」という言葉の持ち味をよく残した訳語だ。ただし、こちらのほうは必ずしもフロイトから導入したわけではなさそうである。

「展覧狂」の対概念としてあらわれた、「窃覗狂」についての記述を詳しくみていくことにしよう。「窃覗狂」とは「展覧狂とは反対に、他人の陰部を窃に覗き見んとする癖を有するものである」。しかし、隠れて行なうものだから一般に注意を惹くことはまれである、と寺田はいう。

そして、窃覗狂について「初めて説述したのは仏蘭西のコフィニョン」だという指摘がつづく。コフィニョンは、具体例としてパリ・シャンゼリゼの近くにあるカフェをあげ、そこに「男女の便所が覗かれるやう」な仕掛けがあることを示している。寺田は、このコフィニョンなる人物こそが、窃視症を初めてとりあげたと書いている。しかし、具体的な典拠は示されていない。さらに、パリの売春宿で「便所が透明な硝子で見られるやうになつて」いる例も紹介する。こちらのほうは、タキシルという人物の著作からとされているが、これまた出典は注記されないままである。

この時期のパリのカフェや娼家などに、ガラス張りの便所（tabouret de verre と呼ばれる）があったという記録は多くの文献で言及されている。だから、それらを適当に編集し執筆したとみることもできよう。寺田は、おそらくフロイトの「窃視症」という概念化を知りつつ、具体例としてコフィニョンやタキシル、さらに別の文献にあった事例を用いたということではないか。とりあえず、そのような推測が成り立ちうる。

『性犯罪者』

しかしながら、当時の文献を調べていくと、寺田の書いた「窃覗狂」の説明にきわめて近い記述が存在した。ドイツの犯罪心理学者・ウルフェンの著作である。とくに、一九一〇年に刊行された『性犯罪者 *Der Sexualverbrecher*』のなかに、寺田による窃視症の解説と、構成も内容もほとんど重なるような部分を認めることができる。七百ページを超える大著『性犯罪者』は八章から構成されており、そのうちの第六章に「ミクソスコピー、ヴォアイエール」すなわち性的な覗きについての節が立てられ、説明に約四ページが割かれている。寺田の記述は、ほぼこの四ページの要約であると見てよい(12)。

窃視症を説明するにあたってウルフェンは、「ミクソスコピー Mixoscopy」と「ヴォアイエール Voyeur」というふたつの用語をとりあげている。同じ覗き行為であっても、両者にはいくらかの違いがある。ミクソスコピーについてはモルから、ヴォアイエールはコフィニョンからそれぞれ導入されたことが示されていて、ミクソスコピーが他者の性行為そのものに興奮するのに対して、ヴォアイエールは裸体や生殖器、排泄に強い関心を示すタイプというように、おおよその区別がなされる。だが、その差異は明確とはいえない。

ウルフェンは、こういった行為が法に抵触しているものの、窃視者が罰せられるか否か、どういった罪状で罰せられるのかは、いずれも状況によると指摘する。また、行為が覗きだけにとどまらず、脅迫などに発展するケースも例示されている。このうち、警察官がアベックを尾行して覗くといった事例は、寺田の『婦人と犯罪』にも採録された。

パリの風俗についての描写もあって、それがコフィニョンとタキシルからの引用であることも確認できる。つまり寺田は、ウルフェンが引用したコフィニョンとタキシルを孫引きしたのだ。ただし、そのウルフェンも出典を明示しているわけではなかった。

このコフィニョンとタキシルについても、わかる範囲で書いておきたい。まず、コフィニョンは、フランスの著述家 Ali Coffignon を指す。パリの風俗を記したイラスト入りの著作が五冊あり、そのうち「窃視症」についての事例が紹介されたのは、一八八九年に上梓されたとみられる『パリにおける頽廃 *La Corruption à Paris*』である。第二十二章にサディズムを論じた箇所があって、ここで覗きについて言及がなされている(13)。いっぽうのタキシルとは、Leo Taxil であろう(ウルフェンは Taxill と綴っている)。タキシルも数多くの著作があるフランス人だ。ウルフェンが紹介した事例は、一八八四年に出版されたと推定される『現代の売春 *La Prostitution contemporaine*』においてタキシルが示したものであった(14)。

窃視と犯罪

では、寺田はウルフェンの研究を祖述しただけなのだろうか。

寺田がウルフェンの業績を高く評価していたのは事実である。寺田の仕事の集大成であり、戦前戦後を通じて長く日本の犯罪心理学界のバイブルであった『犯罪心理学』に、「ウルフェンの著書は、頗る多方面から観察されて居り、ロンブローゾの犯罪人論以降の斯学に関する大著である」と記していることからも、それと知れる〔四―五頁〕。しかし、寺田ならではの味つけが加えられているのもまた事実である。とくに、日本の事例を、どのように組み込んでいくかというところの匙かげんに注意したい。

便所覗きの例をひととおりあげたあと、寺田は日本の銭湯について言及する。徳川末期の江戸の湯屋では「浴客を二階に上げて遊ばしめ、女湯の天井に小さい穴を開けて、裸体の女を覗見せしめた」、と〔二七六頁〕。これは、第一章の最後にみた『公衆浴場史』などの伝える事情とほぼ同様の認識を示している。ほかにも、江戸末期の見世物の例をあげており、こういった具体例の追加が、「窃覗狂」についての寺田なりの解釈のありようを示しているとみてよい(15)。

風呂覗きや便所覗き、さらには卑猥な見世物やストリップなど、選ばれた事例はいずれも「一般人が窃覗狂的傾向を有する」ことを示すものである〔二七七頁〕。寺田は、「窃覗狂」がことさらに異常なものだという書きかたをしない。「窃視狂」といういかめしい名称が与えられている半面、記述された具体例が稀少な現象だとは思いがたい。パリのカフェーにみられる特殊な設備はともかく、江戸の湯屋の天井の穴などは多くの人がそのからくりを知っており、また経験していた可能性もあるからだ。もちろん、そういった「覗き」行為は、犯罪に結びつき得た。だが、多くは「風俗に関する罪」や「猥褻罪」、「他人を侮辱する行為」にとどまる。それが必ず凶悪な犯罪にいきつくというのではない。

さらにこのあとにつづく部分で、寺田は再び国内の例をあげる。もちろん、ウルフェンの『性犯罪者』にはない部分である。「〔覗きの事例は〕我邦に於ても稀ではなく、嘗て女湯覗きが世人から注意されたことがあるが、これは明かに窃視に依る満足を得んとするものに外ならぬ」〔二七七―二七九頁〕。明示こそされていないけれども、「嘗て女湯覗きが世人から注意された」が、出歯亀事件後の世相を指すとみてまちがいはあるまい。

寺田は、覗き行為と強姦や殺人などの凶悪犯罪とをただちに関連づけるようには書いていない。「窃視に依る満足を得んとするもの」くらいにとどめ、さらりと流している。かなり慎重な扱いだ。あるいは、窃視狂と犯罪のイメージとが関連づけられるのは読者のなかでのこと、と予期していたのかもしれないが。

寺田はようやく章の末尾になって、窃視狂が犯罪に結びついた事例を記す。「睦ましげな男女が公園地や道路を相携へて歩いてゐるのを、後から附けて行つて邪魔をなし、或は男女の怪しげなる行為をなすを静に見届け、或は其談話を委細に聞き、急に其面前に現れて、其男女を狼狽せしめ、金銭を出さしめ、或は強迫する」というものだ。これなどは、もはや覗き行為にはおさまらない。当初から相手の弱みを握ろうとして尾行する、計画的な犯罪といえるだろう。

寺田は、夜の巡回に出る警察官が「性欲方面に幾分の異常を有し、又は性的満足を十分に得てゐない時」には、この種の犯行にいたることもあると書きとめている〔二七八―二七九頁〕。明治から大正にかけては、まだこういった不届きな警察官がいた。つまり、犯罪を検挙する巡査も、縛についた犯人も似たような行為をしていたのだ。両者の行為の「形式」にちがいは認められない。ただ、尾行者が正当性を認められた警察官であるかどうかによって、処遇はちがってくる。一般の人なら尾行は犯罪として処罰されるけれども、警察官であれば捜査の途上だと釈明する余地がある。不届き警察官は、それを利用したということだ。この、警察による尾行については別に述べる。

話を戻そう。性欲異常のひとつとして「窃視症」概念を独立に呈示し、かつ「出歯亀事件」やその時代風潮を具体例として記載する。そういった言説の原型を、寺田の犯罪学のなかに認めることができた。窃視症という概念と、事例としての出歯亀事件は、寺田精一の『婦人と犯罪』において出会う。亀太郎は、強姦殺人の「犯人」としてよりも、むしろ窃視症という病の「症例」としてとりあげられたのである。

まとめておこう。クラフト＝エビング『変態性欲心理』には「窃視症」という概念はなかった。それを提起したひとりはフロイトである。フロイトは、「露出／窃視」をひとつの性欲異常としてとらえる枠組みを用意した。他方ウルフェンも、コフィニョンやモルから「窃視症」という概念や具体的事例を導入した。それらが寺田精一という犯罪心理学者のなかで、「展覧狂／窃覗狂」というように対概念であるかのごとく用いられ、犯罪の原因として語られる可能性のなかにおかれた。

窃視症の定着

寺田よりやや遅れ一九二二（大正十二）年に北野博美が著した『変態性欲講義』でも、「窃視症」の説明についてページが割かれている。北野は雑誌『性之研究』の主幹をつとめた人物であり、一九二一（大正十）年、日本変態心理学会で「変態性欲」について講義を行なった。その内容をまとめたのが『変態性欲講義』である。

北野は、変態性欲の大枠をクラフト＝エビングに求めるが、ブロッホ、エリス、フォレルらの見解や事例についても参照したと述べ、クラフト＝エビングによる変態性欲の分類をあるていど改変してつかっている。フロイトや羽太・澤田、榊らの著作を参考文献に掲げていることから、「窃視症」についても解説のスペースが用意されたものと想像できる。「窃視症」は「性的行為の変態」のなかで「サディスムス」「マゾヒスムス」などといっしょに並べられており、やはり「陰部露出症」とセットにして論じられた。

「窃視症」は露出症の「正反対と見られるもの」であり、具体的には「異性の裸体、殊にその常に隠されてゐる部位や、乃至他人の交接等を秘かに窃視しようとする」ことだとされる〔二〇三頁〕。一般人にも認められる傾向だが、通常は道徳などによって抑圧されており、それが発現するのは「道徳観念の低き、多少精神病的徴候のある」ケースで、「性的欠陥者」が含まれることもある。ここまでは、クラフト＝エビングの図式でもなんとか説明できよう。

しかし北野は、「窃視」が窃視者の性的衝動に対する刺激になる、という指摘を補っている。窃視者の「リビドー（性生活に於ける飢餓状態）」との関係によっては「一層強き刺戟」になりうる、ともいう。「リビドー」の言葉から了解されるように、この部分は明らかにフロイトの理論を採り入れたものだ。ほかにも、窃視症が女性より男性に多く観察される点、女性の窃視は男性の陰部よりも「他人の交接」に向けられる傾向がある点などを添え書きしている。

また、窃視／露出について「共に生殖器に対する強き愛着的観念の表示」であると、フロイト的な解釈も披露する〔二〇五頁〕。〈衣服を着用すること〉と〈衣服に隠されたものを見ようとすること〉にあらわれる表裏一体の心理があって。それが「覗き」行為に表現されることもあれば、裸体芸術の創作にすすむこともある、というわけだ。クラフト＝エビングに依拠しつつも、この部分に関してはフロイトの理論を援用している。北野は変態心理学のなかである種の「接ぎ木」をした、とみてよい。

この時期になると、露出症と窃視症がひとつのセットとして定着するだけでなく、窃視症のほうにも相応の重みづけがなされるようになる。田中香涯が『変態心理』一九二一年三月号に寄せた「猥褻行為に関する研究（四）」には、「Yoyeur《ママ》と云つて、他人の性交をなす所を傍観し或は自己の性交をなす所を他人に見せて快を感じる如きものがある。前者をAktive yoyeurs《ママ》といひ、後者をPassive yoyeurs《ママ》といふ。」といった記述が見える〔三一五頁〕。これまでだと、まず露出症の説明があって、しかるのちに補足的に窃視症が解説された。それが逆転している。まず傍観する者が存在し、その受動態として露出症が示されている。

「デバカミスムス」

出歯亀事件が、通俗的性欲学および犯罪学の分野において決定的な位置を占めるようになったのは、一九二七（昭和二）年のことである。この年、「デバカミスムス」という言葉が登場したからだ。法医学者でありながら、一般読者向けに数多くの文章を書いた高田義一郎という人がいる。高田は、『新青年』一九二七年五月号から「闘性術」という論文の連載をはじめた。「闘性術」とは文字どおり「性欲」との闘いである。「之に対する最上の索は、之を知つて、之を恐れず、之を善用し、その横暴を退け、断じてその奴隷となること無しに、目指す地点に突進する」――これすなわち闘性術である〔一六九頁〕。性を知る必要から説き起こし、八月号では「自瀆篇」と「変態性欲篇」が掲載され、後者では「サディスムス」「フェチシスムス」について述べている。さらに九月号でも「変態性欲篇」をつづけ、「マゾヒスムス」についての記述へと進んだ。このあたりの論の進めかたは、他の変態性欲文献とほぼ同様である。そのあとに、「露出症とデバカミスムス」が論じられる。

　このときの高田は、Yoyeurs《ママ》に「覗見症」という訳語を充てている。田中と同じくYoyeur《ママ》にもPassive と Active の区別があることにふれるが、高田はこの用語法に注文をつけている。サディズムの対概念であるマゾヒズムを Passive Sadismus とはいわないではないか、能動／受動の区別にはあまり意味がない、と。おそらくは露出症/窃視症という対比のなかで、窃視症が Passive Exhibitionismus といったかたちで消極的にしか概念化されなくなることを避けたかったのであろう。高田は、Voyeur にも独自の名称を与えよと主張する。それが、「覗見症といふ称呼」である〔二一六頁〕(16)。だが、「覗見症」では物足りない。そして、次のような提案を行なう。「私は、その覗見症に Debakamismus の称呼を用ふべきことを提議」する、と〔二一六頁〕。高田が説明する理由に注目しよう。

デバカミスム〔ス〕は世界到る処に沢山有る。しかしその例が欧米に少くつて、日本に多いのは、変態者の分布の相違ではない、家屋の建築法に左右せられたに過ぎないのである。堅固な石材や鉄筋コンクリートで造つた、壁の厚い家では、鍵穴以外に覗く余地が無いのに反して、日本の障子や壁は指の先でさへ穴があく様に、弱々しく造られて居る。だから欧米では露出する方は出来るが、覗くことは如何に熱望しても困難で、覗見症の称呼を生じなかつたのである。しかし建築の関係上、多数の覗見症例を有する日本として、私は覗見症即ち、デバカミスムスの名の必要を感ずるのであつて、その称呼も亦サヂスムスやマゾヒスムスと同様に、その変態者中の代表的人物に因んだものである。Debakamismus の語源とすべき人物とは誰か。それは我が日本人である。

○

サドー侯爵は勿論、マゾッホも亦貴族に縁があつたけれども、この日本人は平民で、東京市外大久保の辺に植木屋を業として居た。私は日本がこの平民的、民衆的の代表者を有することを愉快と

信ずる者である。〔二一六頁〕

建築が堅固だからといって、欧米人は覗きを諦めるだろうか。むしろ、よけいに欲望をつのらせることもあるのではないか。――というような異論は当然ありえよう。しかし、そういった理屈をこえた情熱が、高田にこの文章を書かせている。わが日本には亀太郎がいる。わざわざ「覗見症」などといわずに、「デバカミスムス」でよいではないか。そういいたい一念でいっきに書いており、論理の破綻に目を向ける冷静さを欠いている。

高田は、日本の平民のなかに学術用語となるべき人材を見出して快哉を叫ぶ。このころ、亀太郎はようやく獄を出て世間のなかで暮らしを立てる場を探していたはずだというのに。

さらに『新青年』掲載の文章を読み進めていこう。高田は、次に亀太郎の予審判決文を引用して事件の概略を示す(17)。出歯亀という綽名の由来や、それが日常語に用いられるようになったことなども書きとめ、さらにこうつづける。

此の出歯亀に因んで、肉体覗見症を Debakamismus と呼び、之を Exhibition〔i〕smus と相対して、千古に伝へることとは、日本人のやってもいゝ仕事であらう。変態性欲を憎らしい程巧妙に分類した、碩学クラフト・エービングにして、之を見逃したのは全く建築の関係上、その例にぶつからなかつたからである。〔二一六頁〕

今のわれわれの感覚からすれば、なにかのパロディのような文章とも受け取れる。しかし、高田は大まじめだったのだろう。出歯亀という言葉を学術用語にする。——なるほど、高田の企てが成就して欧文表記が定着していれば、後世において「デバガメ」と過った読みをされずに済んだかもしれない。

高田は、この記念すべき一文を次のようにしめくくっている。「今後は欧米の斯学者を日本に留学させて、豊富なる我が国の Debakamismus の材料に関する研究に没頭せしめなければなるまい」〔二一六頁〕。一八八六（明治十九）年生まれの高田は、出歯亀事件のころは二十歳を過ぎたばかりだ。事件からよほど鮮烈な印象を受けたのであろう。

連載は単行書『闘性術』としてまとめられ、一九二八（昭和三）年三月に博文館から刊行された。しかし、風俗壊乱の理由で発売禁止の処分を受ける。博文館では大幅な削除を行なったうえで、タイトルも『統性術』と用字を改め八月に刊行し直した。巻頭には、「本書中に明記することの出来なかつた事項に関しては、専門的の立場から教科書として編述した拙著『法医学』」を参照せよ、とある(18)。「露出症とデバカミスムスの巻」という節が用意されていたことは見出しに示されているものの、この部分を含めて変態性欲篇の五十一ページ分を「当局の注意に依つて全部省略した」との注記がある〔一一四頁〕。『博文館五十年史』によれば、この年の刊行物のなかでは、乱歩の『淫獣』などとともに高田の本が好評だったとあり、よく売れたことがわかる。しかし、「デバカミスムス」は日の目を見ることができなかった。

いったん書店から姿を消した完全なかたちの『闘性術』はしばらくして復活する。一九三五（昭和十）年、博文館は『改訂増補　闘性術』を刊行した。しかし、一九二八年八月版で伏字となっていた箇所を旧に復して再刊しただけのものではない。節見出しをはじめ細かい字句の修正が施されている。改訂増補、と断わられているのはそのためだろう。たとえば、「露出症とデバカミスムスの巻」という節タイトルは、「露出症と窃覗症」に変更されている。『新青年』連載時（一九二七年）には「覗見症」といっていたのが、この間に何らかの事情で「窃覗症」という言葉に置き換えられたことになる。

ほかにも見過ごせない修正部分がある。たとえば、高田は連載時に亀太郎を「犯人」と書いていた。改訂増補版ではそれが「犯人」ではなく「犯人と認められながら最後まで否認し続けた男」あるいは単に「男」と改められているのである。ここにも、冤罪説の影響をみることができよう。ただし、Debakamismus を世界的な学術用語として登録すべきだという熱意にはいささかの衰えも感じられない。それどころか、連載時に「日本人のやってもいゝ仕事」と書いていた部分を、三五年版においては「日本人のなさねばならぬ仕事」であると改め、表現をエスカレートさせている（一七〇頁）。アカデミズムの暴走というか、風変わりなナショナリズムというべきか、なんとも不思議な人物だ。

さて、高田が使った用語をもういちど点検し直してみたい。『闘性術』単行本が発禁になり関連部分が削除されて再刊となった一九二八（昭和三）年から、改訂増補版が出される一九三五（昭和十）年までのあいだに、高田は『変態性欲と犯罪　犯罪と人生』（一九二九年）を書いた。武侠社から刊行された十五巻ものの「近代犯罪科学全集」の、その第一巻にあたる書物である。

このなかで高田は、「陰部露出症」と並んで「窃覗狂」について書いている。内容的には『新青年』に連載したものをかなり縮約したかたちになっているが、それはおそらく前年に『闘性術』単行本が発禁処分となったので慎重を期したためであろう。ともかく、ここでは「覗見症」が「窃覗狂」と言い換えられている。寺田精一と同じ用語だ。

高田は、一九二七(昭和二)年の夏に露出症と対比される概念として「覗見症」を使いはじめ、一九二九(昭和四)年には「窃覗狂」と書き、さらに一九三五(昭和十)年になると「窃覗症」というように揺れ動いた。「覗見症」を捨てた理由は不明だ。しかし、さしあたり可能性があるのは、寺田の『婦人と犯罪』が一九二八(昭和三)年に再刊されたことをきっかけに、高田も「窃覗狂」という言葉に乗り換えたという推定だろう。もっとも、「狂」がさらに「症」に変化した理由は定かでない。

ともかく、「デバカミスムス」の成立は一九二七年と考えてよい。亀太郎の事件からは、すでに二十年ちかい時間が経過している。「窃視症 voyeur」という概念は、十九世紀末のパリの世相を描いたコフィニョンから犯罪心理学者のウルフェンへと手渡され、寺田精一を経由して一九一六(大正五)年ごろには日本でも知られはじめた。そして寺田がほのめかした「出歯亀事件」との関連づけは、通俗性欲学や犯罪心理学のなかでじょじょに強化され、高田の著作においてはっきりとしたかたちをとるにいたる。これが、クラフト=エビングになかった「窃視症」という言葉をめぐる、その後の展開の一部始終である。いや、クラフト=エビングが扱っていなかったからこそ、こういった議論が起こってしまったのかもしれない。かくて、「デバカミスムス」が、変態性欲のリストに加えられた。

汲取屋

この話には後日譚がある。一九二八（昭和三）年、古畑種基ら金沢医科大学法医学教室のメンバーが中心になって、『金沢犯罪学雑誌』を創刊した。この雑誌は翌年から、日本犯罪学会の『犯罪学雑誌』となる。一九三一（昭和六）年発行の第四巻第一号に法政大学講師の陶山務が「窃覗狂の話」というエッセイを寄せた。少し長くなるが、その全文を引用する。

　東京の郊外に住み、十五六丁もゆけば、もう全くの田舎で、百姓家が点在してゐるといふのに、私の家では毎月、肥汲取料を四十銭も取られる。市内に住む友人にこの話をすると、たいていは本当にしない。だが本当だ。

　ところが、ある年の秋から冬にかけて、約半年近くも汲取料を無代で過したことがあつた。それは、妻の妹が郷里から出て来て、私の家の手伝をしてくれた時からのことだ。

　何でも、ある朝の七八時頃だと思ふが、この妹が用便中急に小窓が開いて、いきなり、ぬうと人の顔が現れたものだ。不意をくつた妹は、思はず、きあつと声を挙げて外へ飛び出た。その声を聞いて家中大騒ぎになり、私なども何ごとかと二階から慌てゝ馳せ降りたくらゐだつた。

　妹は、真蒼になつて、しばらくの間震へてゐた。妻は大変腹を立てゝ、汲取人《そうじや》に何か云つてゐた。

『どうも相済みません。誰か這入つてゐるやうなので、肥を汲むと云はうと思つてたんですぜ』とぺたぺた謝つてゐた。

この男は頭髪を、まるでとんぼの眼玉ののやうに、ぴかぴか光らせてゐた。馬鹿に額のせまい二十五六の若者で、見るからに変態性の好標本らしい顔をしてゐた。

私は妻に云つた。

『あの男は変態性欲の男だから、気をつけなくちやいけない。A子さんが、きあつといふ声を出した時、彼は尠くとも快感を味つたのだ。しかし、決して危害を加へるやうなことはない。これは、窃覗狂といふやつだ。今後十分を気つけて汲取人が来た時は、決して便所に這入つちやいけない』

妻は、妹にも注意を与へてゐた。

ところが、それから二週間ばかり経つた朝のこと、今度は私が用便中、便所の窓に妙な人影がさしたので、奴、ねらつてゐるな、と思ひ、いきなり窓を開けた。と、例の男はびつくりして私の顔を見た。

『やあ、旦那でしたか。………先達つてえらく失敗したんで、今日は一つ気をつけるために、よく中を覗つてゐたんですよ。ハハ………』と変質者らしい気味の悪い笑ひを笑つた。

『君は、大分変だね。度々そんなことをすると警察へ届けるよ』

男は、相変らず低頭平身して謝つた。そして、再びかういふ不都合なことはしないと云ひ、またお詫びとして当分汲取料は無料にすると述べて帰つた。

　翌日、この男は、羽織を着て、鶏卵を十個ばかり持ち、改めて謝罪に来た。

『この鶏卵はいけいことはないが、新しいから滋養になるぜ』と云つた。妻はいけい（大きい）といふ言葉が面白いといふので、笑い転げながら私に報告をした。いくら辞退しても無理に置いて行つてしまつたさうだ。

　それから、半年ばかり何のこともなく過ぎた。そして、この男は朝まだ暗い中に来て、きれいに汲取つて行つた。そのうへ、彼の云つた通り無料だつた。

『A子さんのおかげで、鶏卵はもらへるし、汲取料は無料《ただ》だし、こんなうまいことはないね』と私は妹をよくからかつた。

×

　その頃、程近いKといふ所の原で、××少将の令嬢が何者かに暴行を加へられて、絞殺された大事件が起つた。新聞の報ずるところでは、T村あたりの青年の仕業ではないかといふことだつた。私は、あの男ではないか、と直感した。しかし、それは全く違つてゐた。

　妹は、その後郷里へ帰ることになつた。妹が家に見えなくなつて、暫くすると、ある朝例の若者が勝手口にやつて来て、

『無料で汲取つてゐることが仲間に知れて、やかましくなつたので、どうぞ、もと通りに払つてもらひたいんですがね』と云つたさうだ。そして、嫌応《ママ》なく、また四十銭取られることになつてし

まつた。

×

ある犯罪心理学者に会つた時、この窃視狂者の話をした。そして、かういふ男のことを学術語では何といふかとたづねて見た。彼は、窃視狂は外国にはあまり沢山ないので、正しい術語はないとの話だつた。だが、高田義一郎博士の説によると、Debakamismus といふさうである。例の出歯亀事、池田亀太郎から出たといふことだ。しかし、私には何だか違ふやうな気もする。出歯るといふことは、覗き見るといふことよりも、むしろ暴行を加へるといふことの意味が多く含まれてはゐないだらうか。

だが、窃視狂といえば、私はすぐに

ふし穴や小桶が邪魔の日永風呂

といふ川柳が《ママ》おもひ出す。

しかし、東京には郊外でも近頃は、銭湯の改築がほどこされて、もうかういふ川柳は、たうてい味はれぬ憾みが多々ある。〔四四—四六頁〕

いつの出来事なのかはっきりしないが、東京近郊の変貌ぶりや、往時の汲取りのようす、さらには便所覗きの実例が記されている。また、覗き行為を警察に届け出ないばあいがあって、そのときには当事者どうしでどういった解決をしたのかという例にもなっており興味深い。変態性欲や、窃視狂という言葉の用いられ方についても参考となるエッセイといえよう。

そして、この小文が高田本人の目にも止まった。陶山は、「出歯る」という言葉の含意では、覗きよりも強姦に重心があると述べている。高田はこれをデバカミスムスという用語法に対する「抗議」と受けとった。一九三六（昭和十一）年刊行の『変態医話』のなかで、高田は次のように反論する。「博学なる陶山氏の抗議に対して、尚ほ我を張るのは悪いかも知れないが、私は〔中略〕矢張り窃覗症を Debakamismus と呼び続けたい。池田亀太郎は覗くことの常習犯であつたけれども、暴行をしたのはたつた一回のみであつた。一回の為に彼を『暴行者』と呼びたくない。むしろ欧米にもその比を見ない『覗く事』の常習者として、その名を永遠に伝へたい」〔二一九―二二〇頁〕(19)。

浪花の亀太郎

デバカミスムスについての記述は、敗戦後の犯罪学テキストにも登場する。以下で紹介するもののなかには、性や犯罪についての知識を一般に啓蒙するべく書かれた本もふくまれている。だが、一般向けとはいえ、それらはいちおう学術的な文章である。にもかかわらず、ここでも「出歯亀事件」についての事実が誤記され、誤りが定着していく過程をみてとることができる。

一九四七（昭和二十二）年、仙花紙に印刷された一冊の本が世に出された。浅田一の手になる『性的犯罪者』である。おそらく、敗戦後の混乱のなかで数多くの性犯罪が発生し、そういった現象に対する社会的関心が高まったために出版されたのであろう。

浅田は東京医科大学教授で医学博士。戦前から法医学者、犯罪研究者として知られた人物である。幸田ゑん子の解剖を担当した松島不二の後任として一九一四（大正三）年から東京帝大法医学教室の助手、そして講師をつとめている。大正期の代表的な猟奇事件「小口末吉事件」で司法解剖を担当し、長崎医科大学の法医学教室創設にも尽力した。その浅田の文章を引こう。

> 露出症の反対に覗く方は今から四十年近くも前大阪で池田亀太郎という低能の反歯の男が女湯を格子から覗いて興奮し、出て来た少女を強姦して殺したことから、出歯亀というコトバがヒロガッた。大阪では反歯のことを出歯という。出刃包丁というのも大阪堺の包丁作りで出刃の男で非常にウマイのが居て、包丁は出歯のに限るという所から名附けられたという。デバカメイズムというコトバを日本から外国え《ママ》普及させてもよい。〔八四頁〕

これが、学会の権威といわれた人の文章だろうか。ほんとうに浅田の著書なのかという疑問さえわく。しかし、どうやら彼自身が書いたもののようである。冤罪事件の当事者を守るべく架空の設定にしたというなら、「池田亀太郎」という実名表記は何なのか。一般向けの啓蒙書だから筆が滑ったのかもしれない。「デバカメイズム」についても、高田のアイデアの焼き直しである。イズムという英語的な発音表記にしているのは、敗戦後の風潮に迎合したのであろうか。

ただし、見るべき点がまったくないわけではない。浅田は、自らの思い出話も書いている。かつての知識人が洋行した際のこぼれ話であるが、書いている本人じしんを含んでいるわけで、正直な告白として評価できる。

大正十年パリに留学していた頃フォリー・ベルジュールとか、カシノ・ド・パリとかのレビューを見に行くと蟬の羽の様なウスモノをまとつて殆んど赤裸の娘が大勢出て来て足を頭までも掲げて踊るのである。帰朝すれば帝大教授になるという連中がオペラグラスでのぞいて大にデバカメイズムを発揮している。今は日本でもこういうショウやレビューは一向珍らしくないが、其頃は我々にも珍らしかつたのである。〔八六頁〕

この記載を信じるならば、デバカメイズムは「帰朝すれば帝大教授になるという連中」によって、早くからヨーロッパに輸出されていたわけだ。

さらに敗戦後の言説を追ってみよう。一九四八（昭和二十三）年に東京地方検察庁の検事・黒澤長登が著した『風俗犯捜査要領』は、犯罪一般を論じたものでもなく、また性欲についての心理学的研究でもない。もっと実務的な色合いが強い、現場警察官のための参考書である。この本では、猥褻罪や強姦罪についての説明とともに「異常性欲者」による犯罪が実例とともに示される。内容をみると、基本的には寺田の記載にしたがっており、「窃視症」の語を使っている。法令との関係などが説明される点で、先の浅田の本に比べれば堅実な構成だ。出歯亀事件の例示については、加害者・被害者を仮名にしたうえで、その概要をわかりやすく記述している。

一九五一（昭和二十六）年、あまとりあ社から井上泰宏『性の誘惑と犯罪』が出版されている。このときの井上は科学捜査研究所の所員だが、のちにウルフェンの『犯罪と性』を邦訳して知られるようになる。警察学校で教鞭をとり、日本犯罪学会の評議員もつとめた。

その井上による「窃視症」の解説は、四半世紀も昔に出版された松岡貞治『性的犯罪雑考』という本の一部を手直ししただけのものである。『性的犯罪雑考』は一九二八（昭和三）年に刊行された和装本で、「変態文献叢書」の一冊である。エログロナンセンス時代の読書嗜好に迎合した出版物といえようか。ここには「窃覗狂」についての一般説明がみられるが、内容はというと、ほとんどが寺田の要約といってよい。紹介される事例も酷似している。したがって、井上の記述は、ウルフェン、寺田、松岡と基本的に同じ内容といってよい(20)。

井上は、出歯亀事件についての記述を追加しているけれども、こちらのほうは黒澤の『風俗犯捜査要領』が伏せていた部分を実名に戻しただけで、ほとんど似た文章で書いている。ウルフェン＝寺田＝松岡から理屈を、黒澤から実例をとってきてつないだ、という印象を受ける。この最後の部分に、「出歯亀に因んで窃視症を Debakamismus とも呼んでいる」〔一二二頁〕とあって、当時の警察関係者の間では「デバカミスムス」という言葉が流通していたのではないかという想像を導く。高田の情熱は、狭い範囲ながら警察関係者だけには伝わっていたのかもしれない。

翌一九六〇（昭和三十五）年、井上は再び性犯罪に関する著作を世に送った。『性犯罪鑑識』と題されたもので、「全書　捜査・鑑識の科学」という五巻シリーズにふくまれる。他の巻も、科学警察研究所や鑑識の担当者によって執筆されている。

井上は、この本でも出歯亀事件をとりあげて紹介している(21)。前著に比べると、やや読みやすく手直ししてあるし、アベックを尾行して暴行や殺人におよぶ事例なども追加している。出歯亀事件を扱うスタンスそのものにさして注意すべきことがらはないが、窃視症についての一般的な説明のなかに興味深い記述がある。

> 窃視症　サディスムスとマソヒスムスとが相対立するのと同様に、窃視症（デバカミスムス）と露出症（後出）とは相反する性質をもっているものであって、窃視症がサディスムス的傾向を伴なうのと同じく露出症にはいつもマソヒスムス的要素がきわめて濃厚に含まれている。〔九八頁〕

これは、誤解を生みかねない表現だ。露出がサディズム的な要素を強くもつケースもあるだろうし、窃視がサディズムと結びつくこともありうるからである。

たしかにフロイトは〈窃視／露出〉をセットとして考える枠組みを示した。また同時に、それを〈サディズム／マゾヒズム〉というセットの近くに置いて記述している。フロイトは、人間の「目」もまた性感帯であるというような考えをもっていた。『性理論三篇』では、窃視／露出について説明するくだりで次のように書いている。「眺めることと眺められること」においてあらわれる倒錯では、能動的な形式と受動的な形式という二重の構成が特徴となる、と。そして、この二重性のもっとも重要な形態としてサディズム／マゾヒズムをとりあげ、その説明に進む。つまり、フロイト『性理論三篇』の読者にとっては、窃視／露出という「目」の欲望の二重性が、サディズム／マゾヒズムを理解するための前置きとなっているのである。窃視／露出は、サディズム／マゾヒズムの露払いのようなかっこうだ。

フロイトが示唆していたこの二重性の問題が敗戦後の犯罪学のなかで極度に単純化され、その結果〈窃視症＝覗く＝サディズム的〉／〈露出症＝覗かれる＝マゾヒズム的〉という図式が生まれてきたとみることができる。その橋渡し役となったのが、高田義一郎の通俗的な解説だった。日本の変態心理学、犯罪学が辿った興味深い道のりのひとつの到達点である。

亀太郎死刑

さて、いささかくどくなるが、もうひとつだけ研究者の業績をあげておこう。先の井上の文章とそっくりな文章を別のところで見つけることができた。沢登佳人・沢登俊雄による『性倒錯の世界 異常性犯罪の研究』（一九六七年）がそれだ。冒頭の部分だけを引用するが、これ以外の箇所でも偶然とは思えない一致が多い。

窃視症　サディズムとマゾヒズムとが相対立するのと同様に、窃視症と露出症とは相反する性質をもっているものであって、窃視症がサディズム的傾向を伴うのと同じく露出症にはいつもマゾヒズ

ムス的要素が極めて濃厚に含まれている。〔『性倒錯の世界』六三―六四頁〕

井上の『性犯罪鑑識』にも、沢登・沢登の『性倒錯の世界』にも参考文献表が掲載されておらず、何を参照して書いたのか特定できない。「あとがき」によれば、『性倒錯の世界』には沢登佳人・沢登俊雄以外に三名の共同執筆者がいたことがわかる。そして、窃視症などをふくむ「第一部」の執筆は、石堂功卓が担当したとある。

井上が書いた本にも、石堂が分担執筆した部分にも、出歯亀事件の例示がある。注目したいのはここだ。井上はそれまでの本で元号表記を用いていたのだが、『性犯罪鑑識』では表記を西暦に改めた。その際、どういうわけか明治四十一年を一九〇七年と書き誤る(正しくは一九〇八年)。そして、『性倒錯の世界』のなかの石堂の文章も、事件が起こったのは「一九〇七年」だと記している。この点から、『性倒錯の世界』が井上の『性犯罪鑑識』を参照したとみてよさうだ。

不可思議なのは、出歯亀事件例示の末尾部分である。『性倒錯の世界』のほうから引いておこう。

そのうちに再び春情をもよおし突然後から同女の頸部を手で押え、路傍の空地に引きずり込み、仰向けに倒し、その抵抗を防ぐため同女の所持していた手拭を口中に押し込み、かつ手で咽喉部を押え、暴力をもって姦淫をなしとげたのである。ところが、姦淫中に咽喉を扼塞したため、はじめは殺害の意思はなかったのであるが、その場で窒息死させるに至ったのである。〔『性倒錯の世界』六五

頁〕

石堂の文章では、井上の文章で漢字になっている部分が仮名に開かれており、読点の位置も両者では少し違っている。だが、それらは些細なものだ。石堂のほうには、「はじめは殺害の意思はなかったのであるが」と書かれているが、この部分は井上の文章にはない。そして、決定的なちがいは、石堂が締めくくりに加えている一文である。

死刑の判決がいいわたされたことは、もちろんである。〔六五頁〕

出歯亀事件について世間の「誤解」が広がっていくさまは第一章で確認ずみだが、事態はアカデミズムのなかでも同様である。事件にふかくかかわった法医学関係者や、刑法学者が書いた文章においてさえ事実の歪曲が起きている。

一九五九（昭和三十四）年には『警視庁史』が編まれている。この年に出版されたのは「明治編」だけだが、「一般犯罪」の事例として出歯亀事件がとりあげられている。もちろん、警察サイドに立って書かれたものだということは考慮しなくてはならない。が、事件を要約した文章には亀太郎が「犯行を自供したが公判廷では否認した」とあり、彼が自白内容を否定したことが記録にとどめられている〔五〇〇頁〕。したがって、『警視庁史』出版以降の研究者は、これさえ確かめておけば「冤罪の可能性」に気づくことができたはずだ。「無期徒刑」だったことも明記されている。

事件の「本質」、すなわち「冤罪の可能性」を語り継いだ人びとがアカデミズムの外にいたことを、もういちど思い起こしておきたい。

さいごに、現在つかわれている心理学の教科書や精神医学の辞典類にはどのような記載があるのか、簡単に確かめておこう。

デビソンとニールの『異常心理学〈第六版〉』(一九九四年)では、性障害と性同一性障害についてひとつの章をもうけており、そのなかで「性嗜好異常」も論じられている。ここに、フェティシズムやマゾヒズム/サディズム、露出症/窃視症が含まれるという構成になっている。窃視については、「男性であれば誰でも、相手に知られることなく裸の女性を見る機会に出くわしたら、きっと見るだろう」〔三五五頁〕といい、とりたてて「病気」とみなされるわけではない。ただ、このようなことにのみ著しい嗜好を感じるような場合が窃視症ということになる。

いっぽう精神医学の領域でも、標準とされる考え方に揺らぎを認めることができる。たとえば、一九八五年の『増補版 精神医学事典』では、「窃視症」が見出し項目になっているものの、欧文の綴りが示されるだけで、「性倒錯」の項を見よの指示が与えられていた。指示の先をみると、窃視症については、露出症やサディズム、マゾヒズムとおなじく、「性目標の異常」という説明が加えられている。一九九三年の『新版 精神医学事典』で「性倒錯(sexual perversion)」の項目を見ると、「窃視症(voyeurism)は通称 Peeping Tom、出歯亀といわれ」る、と説明される。ここには、「出歯亀」という言葉が残されているが、これから精神医学を学習する世代のことを思えば、今後の改訂で消えていく運命にあると判断していいだろう(22)。現在の辞典類の記述では、「窃視症（のぞき voyeurism）」は性倒錯、すなわち「性対象の異常」や「性嗜好の障害」の一種とみなされることが多い。しかし、狭義の「異常性欲」からは除外されている。ただ、その結果が社会によって違法とされるような行為となったとき「性犯罪」を構成するというわけだ。

出歯亀という言葉は、過去のものとなりつつある。窃視症が凶悪な犯罪と強く結びつけられる傾向も、そのピークははるかに昔のことである。ただし、「覗き」という行為が、今もってヘンタイという言葉の近くにあるのは事実である。

「窃視症」という概念が輸入される前の状況から、現在までの展開を駆け足で追ってきた。デバカメ＝窃視症＝変態性欲を結ぶ等号は、時代によって強くなったり弱くなったりしている。強さのピークは、高田義一郎が「デバカミスムス」を世界に喧伝しようとしたころだろうか。ただし「デバカミスムス」の語は、犯罪学や法医学といったごく限られた範囲で、限られた期間だけ流通したものである。より広がりをもっていたのは日常語としての「出歯亀」だった。「出歯亀」とは、「窃視症」という術語がない時代に、その空隙を埋めるために採用された用語だといえる。第一章では、亀太郎冤罪説や彼じしんのキャラクターが言葉の定着に与った要因だと述べたが、ここで「窃視症概念の不在」という事情も付け加えておく。逆に、出歯亀という言葉があったからこそ、窃視症という用語があまり必要とされなかったともいえよう。高田が、デバカミスムスのほうを学術用語にしようと提案したのも、あながち的外れとはいえない。

そして敗戦後も、「出歯亀」という言葉は生き残った。『広辞苑』にも記載されつづけている。だが、固有名詞としての池田亀太郎はだんだんと忘れられてきた。そのために、さまざまな「誤解」が生まれてきたが、それらは忘却にいたる過程で起こるべくして起こったことかもしれない。亀太郎が仮に無実であったなら、その名誉の「回復」は、彼の名が完全に忘れ去られることでしか成し遂げられないのだろうか。その日は近づきつつあるが、亀太郎やゑん子をとりまく事実だけはやはりきちんと書き残しておくべきだと思う。

＊

以上で、「変態性欲」としての「覗き」についての考察をひとまず終える。かくて、一般の人びとが誰かの姿を覗き見したり、その跡を尾行したりするとき、その行為は、法的逸脱（＝軽犯罪）か、あるいは病的な症状（＝変態）と見なされる時代が到来する。

これにつづく章では、出歯亀事件以後の時代を別の文脈から見直すことにしたい。たしかに、出歯亀事件は「近代と性」を論じるのに恰好のテーマかもしれないし、このコンテキストを閑却するわけにはいくまい。しかし、そのありがちな発想からはひとまず離れてみようと思う。なるほど、亀太郎の湯屋覗きは性にかかわる行為であったからこそ、変態性欲として扱われることになった。しかし、覗き行為が社会的非難の対象とされるのは、性にかかわるという理由だけによるのではない。覗きには、「ヒソカニ」という要素が含まれていて、これが人びとの心を穏やかならざるものにするという点を見落とすことができないからである。

第二章 カンから科学へ［犯罪捜査の近代化］

第一章でみたように、亀太郎を裁く法廷は十分な証拠調べを怠った。たとえば、現場検証や検死報告、指紋や精液の鑑定などがもっときちんと行なわれていたならば、より公正な手続きを期待できたはずだ。しかしながら、それは現代のわれわれが抱く感覚である。花井弁護団も自白以外の証拠がないことを述べたててはいるが、提案された検証方法のなかには指紋鑑定という発想が含まれていない。このあたりの事情を確認しておかなくてはならないだろう。

この章では、おもに警察・検察側の動向をみていくことにする。具体的には、個人識別法の実用化、法医学の確立、そして警察における実務教育の普及などについて明治末から昭和戦前期までの事情を明らかにしていきたい。

個人識別法

亀太郎の裁判で「科学」は何をしたのだろうか。ゑん子の死因が窒息であったとの鑑定は、誕生したばかりの法医学の貢献だろう。また、弁護団は亀太郎の犯行を否定するために、〈亀太郎は覗きで満足するのであって、強姦には及ばないはずだ〉という趣旨の説明を導入している。「不自然なる方法に拠て情欲を漏すものは必ずしも肉と肉の接触は要せず」という「法医学の説明」がそれである〔読売・一九〇九年三月十二日〕。これは、のちの「窃視症」概念に近いものだが、当時の状況ではすんなりと受け容れられるほど確固たる学説とはいえなかった。

したがって、裁判は「自白」の信憑性を軸にすすみ、現場検証や指紋の照合、精液の鑑定といった作業をみずに終わったのである。犯人が現場に残した物証が、亀太郎のものと一致するかどうかを確かめる作業はほとんどなされていない。先に示したように、科学的な捜査や鑑定の知識・技術は、亀太郎の時代にはまだまだ応用の段階になかった。

ある個人を特定の個人として識別する方法。現代のわれわれなら、まず指紋を思い浮かべる。理屈は子どもでもわかるほど簡単だし、じっさいの事件の報道でも、テレビドラマや小説などでも登場する。フィクションであるなしを問わない。個人を特定するために用いられる判別法として、ポピュラーなものだ。

だが、この技術が実用化されてからの歴史はさほど長くない。近代指紋法は、東西の文化交流が産み出した知識・技術である。警察庁がまとめた『警察指紋制度のあゆみ』やゾェデルマンとオコンネルの『現代犯罪捜査の科学』ほか、複数の資料から、その概要をまとめると以下のようになる(1)。

一八七四(明治七)年、ヘンリー・フォールズという英国人医師が来日した。フォールズは、東京の外国人居留地にあった築地病院に勤務するうち、日本で発掘される古い土器に往時の人間の指紋が残されていることに興味を覚える。そして、サルの指紋や現代人の指紋を調べるなかで、その収集と分析が人類学的な知見を導くだろうという予想を立てた。また、犯罪の現場に残された指紋から犯人の特定を行なうという「応用」も試みている。偶然の思いつきから始まったことだが、彼は以上のアイデアをまとめ、『ネイチャー』誌に投稿した。「手の皮膚条溝について」と題された論文は、一八八〇年十月二十八日号に掲載される(2)。

近代指紋法が創始されるにあたり、日本の土器がインスピレーションを与えたというこのエピソードは、のちに書かれた指紋法の通俗的解説書によくあらわれる。いかにも、日本人が好みそうな挿話といえよう(3)。しかし、もう少し早い時期に、別のイギリス人がインドで技術的な実用化を図っていたことを忘れてはならない。

英国政府職員のウィリアム・ハーシェルは、十九世紀後半のインドに駐在していた。彼は、建築資材の取引にかかる契約や年金受給の仕事にたずさわったが、書類のうえに個人を特定するための証拠を残すべく試行錯誤を繰り返す。当初は、手のひら全体の印象を採ったりしていたが、やがて指先の模様だけで十分だということに気づく。そして、指紋登録カードを作成するところまで行き着いた。勤務した刑務所では、採取した囚人たちの指紋を個人識別に利用するにいたっている。彼は、人の指紋が生涯不変であることについても経験的に知っていた。若いころの自分の指紋を保存して、それを老いてからのものと比較する実験も行なったらしい。

一八七七年には、ベンガル地方の全域で指紋を採取するよう刑務所長に手紙を出している。だが、指紋法の有効性について理解は得られなかった。膨大なデータの蓄積と、応用のためのシステムを構築しながら、彼の研究は日の目をみなかったようである。しかも、その成果を綴った通信文はフォールズと同じ年に『ネイチャー』誌に送られたが、掲載は二十四日遅かった。

フォールズの汎用性のあるアイデアの提起と、ハーシェルの二十年以上に及ぶ経験とが、あい前後して発表されたことになる。雑誌での発表順からいうとフォールズが僅差で先んじているが、内容を検討すれば「ハーシェルを現代指紋法の創始者と見做さねばならない」と、ゾエデルマンとオコンネルは結論づけている〔八三頁〕。

大場茂馬の留学

さて、フォールズが東京にいたのであれば、日本人が指紋法を知ったのは明治時代の前半ということになりそうだ。しかし、じっさいには、このあとに迂遠な道のりが待っていた。

大場茂馬という人物がいる。一八六九(明治二)年、山形に生まれた。英吉利法律学校(現在の中央大学)を卒業後、代言人を経て判事となり、神戸や名古屋の地裁に勤務した。『刑法各論』、『最近刑事政策根本問題』、『刑事政策大綱』などの著作をものし、晩年には大審院判事や代議士もつとめている。明治の半ばから大正初期にかけての法曹界の大物といえよう。近代学派の牧野英一と並び立つ、古典学派の代表であった。この大場が著した『個人識別法』（一九〇八年）こそが、日本の指紋法の歴史を開いた書物である(4)。

大場は、若いころから本場ドイツで法律の研究をしたいと願っていた。実家の資産に加えて、篤志家や母校の援助を得ることもでき、一九〇五（明治三十八）年の夏に渡欧を果たす。ミュンヘン大学で刑法学者のビルクマイヤーに師事して刑事政策の研究を行ない、ドクトルの学位を得た(5)。

話は欧州への旅の途上のことである。著書の序文に記された彼じしんの回想を中心に摘録しよう。大場を乗せたプロイセン号は、上海、香港に寄港したのち、シンガポールに到着する。短い滞在の間にも、彼はそれぞれの都市で警察制度や監獄のようすなどを見聞した。シンガポールでは、偶然にも日本人の案内役が付いている。関安太郎という熊本出身の男だ。事情は詳らかでないが、現地で傷害致死事件を起こしたらしく五年の懲役に処せられて収監中だった。が、服役態度がよかったために昼間は監獄の写真係という仕事を与えられていた。内部事情をよく知る関が通訳として案内してくれたわけだから、大場にとってはいろいろと助かっただろう。

関が撮っていた写真とは、囚人の個人識別に使われるもので、「ベルチヨン式人身測定法」によって整理されるべきデータであった。「人身測定法」（身体測定法と呼ばれることもある）とは、身体の部位の大きさを測定したデータと写真とを組み合わせた方法で、フランス・パリ警察の書記だったアルフォンズ・ベルチヨンによって実用化されたものである。当時のシンガポールはイギリスの統治下におかれていて、警察制度の面では本国の影響を強く受けていた。しかし、囚人の個人識別には、指紋法とベルチヨン式人身測定法の両方を併用する時代だったのである。この経験をきっかけに、大場は個人識別法を研究することになった。

別の船の事故のために寄港したエジプトでも、ベルチヨン式と写真、それに指紋法とが採用されているのを知る。大場は、エジプトのような「半開国」でさえ先進的な刑事政策がなされていることに、劣等感を覚える。「英国ノ文化ヲ羨望スルト同時ニ退イテ我邦ノ刑事制度ハ却テ半開国ノソレニモ劣レルニ非スヤ」と〔三頁〕。

ドイツで刑事政策の研究にたずさわってからも、大場は個人識別法に対する強い関心を維持した。ミュンヘンなどの警察で指紋法の実際について知識・技術をたくわえる。そして、一九〇七（明治四十）年、大場は異郷の地でひとりの日本人に会う。

それは、西園寺内閣の司法省民刑局長として欧米視察旅行に出ていた平沼騏一郎であった。のちに「大逆事件」の裁判にからむことになる平沼は、フランスの警察が無政府主義者をどのように取り締まっているのかという点に大きな関心を寄せていた。それに比べれば、ドイツでの見聞で収穫になると思えることはあまりなかったらしい。『平沼騏一郎回顧録』をみると、視察したさまざまな刑事・警察制度のなかで「一番大切なことは無政府主義の取締り」だった、と言明している〔二〇五頁〕。

しかし、イギリスで指紋制度について調べたことは、無政府主義対策に次ぐ成果だったといえよう。

ベルチョン式写真撮影装置
(『現代犯罪捜査の科学』より)

当時は「余計なこと」のように思われたが、犯罪捜査で実績をあげた。回顧では、その点を肯定的に評価している。とくに「一番効能のあるのは、〔中略〕前科があるか、どうかということを見分ける」方法としてである。「犯罪人は前科を隠」そうとするだろう。しかし、「指紋をとってあれば直ぐ分る」(二〇三―二〇四頁)。平沼は、この指紋という識別方法に注目した。

平沼は、ドイツに滞在して大場に会ったとき、個人識別法を修得して帰国するよう強く勧めたという。大場のほうは、カールスルーエ、ロンドン、ウィーンなどで研究を重ね、ハンブルク警察で運用されていた指紋法を実地で修得した。約一年にわたる欧米視察を終えた平沼は、一九〇八(明治四十一)年の二月、日本に戻っている。大場も同じ年に帰朝する。平沼よりやや遅い、三月の帰国だった。

この春、東京は出歯亀事件で大騒ぎになる。しかし、大場と平沼には世間話に興じている暇などなかった。ふたりは新たな制度の創設に向けて忙殺される。

刑法改正と犯罪人名簿

日本で近代的な刑法が公布されたのは、一八八〇（明治十三）年のことである。いわゆるボアソナード草案に基づいたもので、一八八二（明治十五）年から施行された。しかし、フランス的な自由主義の色彩が強いことに対する反動や、ドイツ刑法学の影響などから内容の見直し議論が起こる。その結果、一九〇七（明治四十）年に新刑法が制定された。さまざまな修正を受けているものの、現在の刑法はこのときにつくられた姿を保っている。新刑法が施行されたのは、翌一九〇八（明治四十一）年の十月一日である。亀太郎の第二審で原判決が破棄されたのも、裁判の期間がこの法改正をまたいだからだ。

新刑法では、刑期に幅がもたされたり、刑罰じたいが選択刑になっていたりして、そのぶん裁判官の裁量が大きくなった。基本的には、刑罰の「効果」を期待してのことである。裁判では、情状を酌量するために、法を犯した者の性格を見きわめたり、素行を調べることが必要になった。

注目すべきは、累犯の扱いである。旧刑法のもとでも再犯者には重い刑罰が科せられたから、名前や本籍をごまかして初犯と偽る者が少なからず現われた。そして、警察にはそれをただちに見破る方途がなかったのである。再犯者を重く罰する、という決まりには実効性がなかったといえよう。だが、新刑法でも累犯加重の考え方をより徹底する方向がとられることになった。初犯時にはさまざまな事情も斟酌しようが、逆に、素行が悪く罪を重ねる者には厳しい罰を与えるべきだという思想である。したがって、累犯を見逃すわけにはいかなかったし、個人をまちがいなく識別するシステムづくりが急務だったのである。

時の司法大臣・千家尊福は、改正刑法施行を前に、司法官会議（六月十七日）で次のような趣旨の発言を残している。「累犯の発見に関しては現今外国に於て実行せらるる方法を調査せしめた」。しかしなお「従来の経験に由り適当なる方法を尽」くすように、と（『法学新報』一八―七、一二一頁）。つまり、累犯の処遇に関しては新方式を模索しつつの見切り発車だったわけである。

ところで、「従来ノ経験」に相当するのは何か。一八七二（明治五）年から運用が開始された「犯罪人名簿」を、犯罪情報管理の最初のかたちとみることができる。当初は、戸籍表および寄留表のなかに犯罪に関する事項を記載するという方法をとった。じっさいには五年ほどで廃止されたが、「戸籍がよごれる」という言い回しをうみだした歴史的事実でもある（『犯罪人名簿と身分証明』）。

旧刑法・治罪法の施行とともに、一八八二（明治十五）年から裁判所において「既決犯罪表」を作成することになった。司法当局は裁判の結果として犯罪者個人の情報を管理するいっぽう、それを犯罪者の本籍地にあたる市区町村の役場にも通知した。犯罪者の履歴情報の取り扱いは時代によって異なるが、戸籍に書き加えられたり、市町村役場が保管したりといったかたちで残されたのである(6)。司法省でもデータを総括して年に四度、犯罪者の一覧を印刷した。しかし、印刷作業が滞ったうえに、千ページを超える大部となり、しかも索引に不備があった。つまりは実用にたえず、廃止になったようだ

『統一日本指紋法』)。

明治の初めの犯罪捜査では、ごく一部で写真が利用されていたものの、まだ人相書も使われていたらしい(7)。十分な個人識別は期待できなかった。そこで警視庁では、一八八五(明治十八)年以降「名籍索引票」という検索システムを構築していく。これは、警視・林誠一(のちに検事長)の提案によるものだといわれている。氏名、年齢、職業のほか犯歴や身体的特徴、交友関係などが書き込まれ、写真も貼付された。要するに、カード化された記録を確認して、犯歴をチェックするという方式だったのである。けれども、これでさえ書類上の照合にすぎず、本人との関連づけは完全といえない。当然、誤りが生ずることになる。

平沼の『回顧録』にはもっと実際的な見解が書かれている。犯罪人名簿のようなシステムを継続、拡充する方向でいけば、「裁判所ではこれがために倉を建てなくちゃならない。〔中略〕経費だけかかつて、誰も見やあしない。見ても役に立たない。私が帰つてから止めました」〔二〇五頁〕。

犯罪人異同識別法取調会

名簿方式の欠陥を補うべく、司法省は「外国ニ於テ実行セラルル方法ヲ調査」した。これが、個人識別法である。そして、新刑法の施行が迫る一九〇八(明治四十一)年七月になって「犯罪人異同識別法取調会」という機関を設け、研究に着手させた。ヨーロッパの事情に明るい大場と平沼がメンバーに迎えられる。

ところで、当時のヨーロッパでも、一様に指紋法が採用されたわけではなかった。たとえば、平沼が多くを学んだフランス警察では「ベルチョン式人身測定法」を利用していた。また、ドイツでは一九〇三年ごろから指紋法の導入がはかられたという。しかし、じっさいには一部の都市警察が中心で、地域によっては人身測定法なども併用された。大場が研鑽を積んだハンブルクも一九〇三年の導入である。指紋法をもっとも早くから活用したのはイギリスで、一九〇一年にはロンドン警視庁が全面的な採用に踏み切っている。これは、植民地を実験室とした指紋研究がすすんでいたからであろう。

司法省犯罪人異同識別法取調会ではまず、ベルチョン式人身測定法を採用するか、それとも指紋法にするかという選択について検討する必要があった。

ベルチョン式は、指紋法よりも早く実用化されていた。個人識別としては、練り上げられた方法である。ベルチョンがこの方法を確立するまで、警察では犯罪者の写真をアルファベット順に整理するだけだった。ベルチョンは、その不合理をなんとか改善できないかと考え、身体の部位（身長や頭の大きさ、四肢の長さなど）について精確な測定を行ない、その数値をもとに犯罪者の記録を整理し直せばよいとの結論に達した。同時に、一定の規格で撮影された写真を記録に添えることにした。ひとりの個人を、多角的に測定・記録して、そのデータを識別の基礎にしようというわけだ。

しかしながら、当初からデータ量が膨大になるだろうという予想はあったし、また測定時の誤差や、成長による身体の変化などが問題になるとの欠点も指摘されていた。しかし、従来の方法に比べれば効果を期待できたため、一八七九年にパリで採用され、一八八八年からはフランス全土で公式に採用されるにいたる。ただし、不完全な識別法だったため破綻も早かった。美術史上有名なモナ・リザ盗難事件（一九一一年）の犯人逮捕が遅れたのも、指紋法が有効利用されていなかったからだという。フランスが指紋法の導入に踏み切れたのは、人身測定法に頑迷にこだわりつづけたベルチヨンが亡くなった一九一四年以降のことになる(8)。

こういった事情は、イギリスやドイツにいた人たちにはあらかじめ見通しやすかったのだろう。大場も平沼も、人身測定法が不十分であることに気づいていた。帰国直後の平沼が監獄会で講演したときの記録「犯罪人異同識別法」を見ると、ベルチヨン式では正確な計測のために熟練した人材や精巧な測定機器が必要で、そのための手間や費用がひととおりでないことをパリ警察の担当者じしんから聞かされていたことがわかる。また、誤差の問題や分類・検索の繁雑さも、採用を躊躇させる要因だったらしい。平沼の『回顧録』のほうにも、指紋法があればベルチヨン式と併用することはないと考えていたことが示されている。

調査会は、ベルチヨン式を捨てて指紋法に向かう。しかし、それでもまだ考慮すべきことはあった。平沼が視察したイギリスで採用されていた方法と、大場が修得したハンブルク式の指紋法とのあいだに違いがあったからだ。先に示したとおり、インドでの実績から指紋についての知見を蓄積していたのはイギリスである。その下地があって、画期的な著作『指紋』（一八九二年）もあらわれている。著者はフランシス・ガルトンという人類学者で、ダーウィンの従弟にあたる人物だった。ガルトンは、同一の指紋は二つと存在しないという原則（第一則「不同性」）、および人の指紋は生涯をつうじて変わらないという原則（第二則「不変性」）を、ほぼ確かめえたのである。その研究には、ハーシェルの協力もあったと伝えられる。

十九世紀末のロンドン警察では、ガルトンの研究に注目しつつも、ベルチヨン式人身測定法の一部項目と併用するしかたで指紋法を採用しようとしていた。しかし、イギリスではベルチヨン式を葬り去る新しいアイデアが生まれる。個人識別の実用に耐える分類・検索システムである。

その発案者は、エドワード・リチャード・ヘンリーという警察官僚である。インドにいたこともあるヘンリーは、ガルトンの研究を踏まえて、より有効な分類のシステムをつくりあげる。その成果は『指紋の分類と用法』（一九〇〇年）という書物にまとめられた(9)。これが「ヘンリー・システム」と呼ばれるもので、ヨーロッパ各国に指紋法が普及する基礎をつくった。ロンドン警視庁が一九〇一年に指紋法を採用したことは先に述べたが、一九〇三年にはヘンリー自らがロンドンの警視総監となり、指紋法を実際の現場で応用していく。

ヘンリー・システムには、しかしながら修正の余地があった。ドイツ・ハンブルクの警視総監だったテオドル・ロッシェルは、いくつかの分類法を参照したうえで、「ロッシェル式」という新たな分類システムを開発する。まず、指紋の型を数字で表記する。そして、その数値を左手の人差し指、中指、薬指、小指、親指の順に並べ、さらに右手も同様に数値化した。つぎに、右手五桁の数字を分母に、左手五桁の数字を分子に見立てる。このようにすれば、個人の指紋はすべて分数のかたちでコード化される。これをカード化して、個人情報をも書き込み、数字の順に整理しておけば、すぐれた検索システムになるというアイデアだ。

大場と平沼がヨーロッパに滞在したのは、こういった試行錯誤がほぼ一段落したころにあたる。大場が洋行の途上にあったころ、イギリスの植民地ではまだベルチヨン式を併用する慣行が残っていた。また、大場と平沼が面会したころには、ロッシェル式の有効性が理解されはじめたということだろう。

司法省の取調会は、こういったレディメイドの知識を比較考量し、個人識別法として最適なものを選択した。結論は、ロッシェル式の採用である。平沼は、ベルチヨン式人身測定法よりも、指紋法のほうがはるかに簡便で正確であることを学んでいた。しかし、じっさいに見聞したのはヘンリー・システムである。そこで、大場の登場となった。大場は、ロッシェル式をほぼ自家薬籠中のものとしていた。ただし、これをすぐに日本の方式とするわけにはいかない。人類学的なデータは、指紋の型を分類したときに人種によって偏りがあることを示していたからである。調査会では、急ぎ日本のデータを収集した。市ケ谷監獄にいた囚人一〇五七名全員から指紋を採取し、ロッシェル式とのズレを確かめた。そして、分類の枠組みに若干の修正をほどこすことで決着した。取調会の最終報告は九月に出されているから、作業時間は二か月に足りない。それほど逼迫したスケジュールであったのだ。

かくして、一九〇八(明治四十一)年十月、全国の監獄で指紋採取がスタートする。しかしながらこの制度の当初の目的は、第一に累犯の発見にあった。監獄内にいる囚人のデータベースを構築しようというものである。現在のわれわれが想起するような、事件現場で鑑識係官が採取して犯罪捜査の端緒にする資料というイメージとはほど遠い。導入した時点では、犯罪捜査への貢献という面は重視されていなかったようだ。先の講演で平沼が次のように述べている。「指紋法はそれ以外に尚ほ大なる効用を為して居るのであります。〔中略〕犯罪の発見に就て非常に効用がある」〔二五頁〕。

この言い回しからは、犯罪捜査への応用が二の次にされていたというニュアンスが読み取れる。累犯の特定という狙いがまずあって、それが単独で制度化されたのちに犯罪捜査への応用という順序が踏まれた。じっさい、日本の警察で犯罪捜査に指紋法を採用したのは、司法省の採用より少し後の一九一一(明治四十四)年四月である。この時に、全国の警察組織のトップを切って警視庁が刑事課のなかに鑑識係を設置し、指紋取扱規程および写真撮影規程を定めた。指紋によって犯人が逮捕された最初の例は、この年の四月に東京・神田錦町で起こった強盗殺人事件である。多くの嫌疑者があったが、一人の男が逮捕され、現場に残された指紋との照合が行なわれた。しかしながら、新聞報道ではいささか心許ない表現がとられている。指紋を照合したにもかかわらず、「稍や類似の個所あり」といえるくらいで、「果して犯人なるや否やハ猶ほ不明なり」というのだ〔萬・八月十六日〕。

すでに縛についている人間の指紋をとって指紋カードと照合する作業は、データが蓄積され検索システムが整備されていれば、さほど困難なものではない。対象者のすべての指の指紋を確認することができるからだ。しかし、犯罪現場に犯人の十本の指すべての指紋が残されることは稀である。採取できた指紋も、完全なかたちでないことが多い。事件現場の断片情報から未知の犯人像を割り出すには、相当の経験と技術が要求される。明治末にスタートした「十指指紋法」は、個人を識別し累犯を発見するには十分だが、犯罪の捜査には向いていない。

やがて、司法省の指紋資料と警視庁の指紋資料は一体的な利用が可能なかたちに再編され、規模の面でも全国をカバーするようになっていく(10)。しかし、その端緒において捜査への応用が副次的だった点には注意が必要だ。この段階では、指紋照合によって真犯人が特定され、状況証拠で容疑をかけられた無実の人が釈放されるということはとうてい望めなかった。

警察は、現場に残されたひとつの指紋から個人の特定が可能な「一指指紋法」の導入をはかることになる。ヨーロッパでは、すでにデンマークやイギリスで実用化が進んでいたが、日本では泉二新熊や古畑種基らが導入を提唱したものの、研究が本格化したのは昭和になってからである。「一指指紋法」の実用化が進み、犯人特定の方法として普及するには、まだまだ時間が必要だった(11)。

ハーシェルによって築地で着想されたアイデアは、いったんイギリスにわたり、三十数年を経て東京に戻ってきたことになる。この迂回は、しかし、亀太郎の運命にとっては決定的だった。司法省の取調会が結論を出したところ、亀太郎は控訴審を待っていた。だが、花井ら強力な弁護団がついたにもかかわらず、捜査や裁判の過程で「指紋」は用いられない。亀太郎の指紋がとられたのは、おそらく彼が獄につながれたあとだろう。そしてそれは、牢を出た彼を、「累犯者」として識別するためのものであった。

歴史的にみると、まず囚人を対象とした司法省の指紋制度が成立し、のちに犯罪捜査に活用されるべき警察の指紋制度が整った。その間に、指紋を軸として犯罪者のさまざまな情報が記載されたカードが蓄積される。他方この制度は、新聞などをつうじて一般の人びとにも少しずつ知られるようになっていく。司法省の取調会が個人識別法をスタートさせるべく検討を始めたばかりの一九〇八〈明治四十一〉年八月、『東京朝日新聞』は「前科は隠されぬ／司法省の指紋法採用」という記事を掲載した。「指紋」という言葉そのものが一般的ではなかったのだろう、「渦紋」と記して「うず」というルビが振られている〈東朝・八月二十八日〉。また、指紋法採用の結論が出た直後の十月には、大場が『時事新報』の取材に応じて指紋についての談話を寄せている。そこには、指紋分類の基礎となる渦状紋・蹄状紋・弓状紋などの図解も添えられていた〈時事・十月二日〉。一般の人びとが指紋という言葉に興味を抱くようになったのは、これよりあとと推定できる。

司法省で「犯罪人指紋台帳」が調製されはじめるのは翌一九〇九〈明治四十二〉年のことだ。十指の指紋、罪名、本籍、住所、氏名、年齢、人相などの情報がカード化されたわけである。新聞は、「指紋法の実施／台帳を繰れば旧悪露見」〈都・五月二日〉といった見出しで、新しい方法のスタートを報じている。いずれの記事も、科学技術の導入によって、これまでのように口先だけで過去の犯歴をごまかすことはできなくなるという見通しを強調している。しかし、その方法なり効果なりが一般にどのていど理解されていたかは不明である。指紋法などの知識が、より広く普及するのは、探偵小説や通俗的な捜査学のテキストがあらわれる大正時代を待たねばならない。その経緯については次章に譲ろう(12)。

カンから科学へ

個人識別法、とりわけ指紋法の導入は、刑事政策および犯罪捜査におけるひとつの飛躍をもたらした。明治末までの警察は、江戸時代そのままの方法で犯罪者を探し出し懲罰を与えていたといっても過言ではない。捜査員の「カン」や、容疑者を責めたうえで得た「自白」に基づいて事件が処理されたのである。そのような慣習のもとでは、亀太郎のように「冤罪」の疑いを残していながら獄につながれてしまうケースがおうおうにして生じた。けれども、捕まる側が一方的に不利だというわけではない。警察が真犯人を捕捉できないばあいも少なくなかったし、捕まったとしても累犯加重から逃げおおせる可能性があったからである。

「カン」による捜査の時代には、そういった意味で著しく不平等な扱いが起こりえた。第一章でみたように、冤罪事件が生まれやすい構造は明治末になって次第に社会的な批判の対象となる。また、刑法を改正するに際して、より近代的な刑事政策の立案が目途されるようになった。このときに導入されたのが、犯罪学や指紋法のような「科学」の知見だ。科学には、〈覗きは変態性欲の発現である〉というごとく事件に「解釈」を与えるはたらきもある。けれども、より実際的な意味では、指紋法や理化学鑑定のような「現場」の科学が重要であった。そして、累犯の発見や犯罪捜査といった分野にとどまらず、裁判や警察の制度全体を科学化していく必要が叫ばれるようになる。明治末から大正にかけての時期を特徴づけるのは、「カンから科学へ」という動向といえよう。

このことは、現代からみた評価であるにとどまらない。昭和戦前期に書かれた犯罪捜査に関する本のなかにも、係官のカンや自白の強要などにもとづく捜査が近代警察の誕生後もつづいていたことについてのコメントを見つけることができる。たとえば、捜査の現場を知悉した恒岡恒が著した『科学と体験を基礎とせる探偵術』(一九三二年)には、明治末までが「見込捜査」の時代であったとはっきり書かれている。「見込捜査」は、人的あるいは物的な証拠に依拠しない。「周囲の事情や一時的の単なる思考に依つて捜査の方針を進める」。だが、「偶然にして的中する事」がないではないので、かつては重宝がられていたし、時間と費用と労力が節約できるからいまだに採用されているのが実情だ(七—八頁)。しかし、無実の人を誤って捕え「人権上由々敷事態を引き起すことが一再でない」うえに、真犯人を逃亡させることもある。

そういった弊害を除くべく、またひとつには犯罪現象の複雑化に対応するべく、捜査の「科学」化が推進される。「其の始めは申す迄もなく外国探偵法の輸入となり……ここに科学的捜査なるものが発達するに至つた」(九頁)。ちなみに、筆者の恒岡は、大場が紹介した方法をさらに研究して『指紋法』という本に著している人物だ(13)。「カンから科学へ」という変化が、同時代の警察の担当者にとってどのような意味をもっていたかをよく示す文章である。

法医学の確立

もちろん、一連の動きは、警察の内部だけで進行したわけではない。捜査過程に科学的な視点を導入したのは法医学である。法医学の成立と発展は、さまざまな科学的鑑定の基礎となり、警察の近代化を側面から促した要因であった。

西大久保で殺害された幸田ゑん子の解剖を思い出してみよう。ゑん子の解剖を担当したのは、三田定則と松島不二のふたりである。当時、三田は東京帝国大学の法医学講座の助教授、松島は助手であった。

日本の法医学の基礎は、この東京帝国大学でつくられた。明治のはじめ、警視庁は「裁判医学」の必要性を認め、裁判医学校を設置してドイツ人デーニッツから解剖などに関する知識・技術を得ていた。この流れが東大に引き継がれ、一八八一（明治十四）年からは片山国嘉が医学部での講義を担当するようになる。

おりしもボアソナードの刑法が施行されることになり、医師による鑑定が本格的に導入されるにいたった。片山は、ドイツおよびオーストリア留学を経験したのち教授となり、一八九一（明治二十四）年からは裁判医学を「法医学」と改称して講座を率いる。東京帝大法医学教室は多くの卒業生を各地の大学に送り出し、彼らは法医学の教育・研究につとめた。法医学の名称が一般に普及するきっかけとなったのは一八九二（明治二十五）年に起きた相馬事件からだといわれているが、ここでも東大の精神分析医が活躍している。やがて明治三十年代には、各大学で法医学教室が創設されていった。また、医学部の学生だけが受講するのでは不十分であるとの考えから、将来の裁判官・弁護士を育成する法学部でも法医学の講義が開講された。一九一四（大正三）年には日本法医学会が設立され、初代の会長に片山が就任している。

東京帝大は、まさしく法医学の総本山である。一八九七（明治三十）年には大学のなかに解剖を行なう部屋が設置された。それまでの死体解剖は、現場か、あるいは司法省の解剖室で行なわれており、事件のたびに担当医が教室から出かけていた。それが大学に移管されたのである。司法解剖はすべて大学の法医学者に委ねられていたから、帝大は東京じゅうの変死体を一手に引き受けることになった。

幸田ゑん子の死体が運び込まれたのは、東京帝大が「司法解剖の全盛期」を迎えた時期に相当する。教室の統計によると、明治三十年代までの年間解剖数が十体から三十体ていどだったのに対し、明治四十年以降は四十体から七十体となっている。毎週一体は解剖に付されていたということだ。そして、そのうちの一体が、ゑん子の亡骸であった。彼女の解剖を担当した三田は一九〇九（明治四十二）年から欧州に留学、帰朝ののち教授に昇任し、片山が退いたあとの第二代主任として教室を主宰している。

法医学は、死体を解剖し死因を特定することを最大の目標とする。司法解剖から犯人についての情報が得られることもしばしばだが、犯罪者個人を特定するためだけに編成された技術というわけではない。西大久保の事件の場合、幸田ゑん子の死因が窒息であったことや妊娠五か月であったことなどは解剖の結果判明した事実である。だが、彼女の首に残された手指の跡が誰のものであるかという照合は、当時の法医学の担当するところではなかった。そういった確認のための制度の整備は、警視庁鑑識課の設置（一九一一年）を待たねばならなかったのである。

警察官練習所

つぎに、警察が鑑識など捜査のための基本的な情報収集についての知識・技術を組織的に採用し、それを普及させていった経緯をまとめておくことにする。そのチャンネルはいくつかあるが、ここではおもなものふたつをとりあげる。ひとつは、幹部教育のなかで専門家が授業をするという形態によるもの。もうひとつは、現場警察官に向けて書かれた捜査のための実務参考書である。

警察の専門的教育のはじまりは、一八七九(明治十二)年開設の巡査教授所に求められる。しかし、この機関は一年で廃止された。その後、一八八五(明治十八)年設置の警察練習所や一八九九(明治三十二)年に開校した警察監獄学校も財政難などの理由から長続きしていない。また、これら初期の教育機関では法律の授業や操練などが重視されており、犯罪捜査の具体的技術を講ずるような時間はもうけられていなかった。

一九〇九(明治四十二)年、改めて警察官練習所が設置された。この学校は現在の警察大学校の前身にあたる。だが、国の予算ではなく、警察協会という全国の警察官を会員とする私的団体の資金によって設立されたものだった。警察官のわずかな給与から拠出された資金を財源にしてまで学校をつくったのは、社会情勢の変化によって幹部教育の必要性がいっそう大きくなっていたからである。社会主義の勃興や新刑法の施行といった事態に、古い世代は対応しきれなくなっていた。

警察官養成システムの確立は、全国の警察関係者の悲願であったようだ。明治時代、現場の警察官には体系的な教育を受ける機会がなく、多くを実務経験から身につけるほかなかった。すべての現場警察官にチャンスを与えることなど考えられないから、ひとまずエリート教育を行なって、この幹部が各地の警察で指導を担当するという仕組みをつくっていくしかなかったのである。

練習所では一年を二期に分け、それぞれの期間に約百人ずつの生徒が教習を受けた。生徒といってもすでに警部や巡査部長の肩書をもつ者である。彼らは教習の内容をそれぞれの職場で待ち受ける警察官に還元する責任を負っていた(14)。

『警察大学校史』に第一期生のために開講された科目が記録されている。憲法・行政法・刑法総論及同施行法・刑法各論などの法律関係のもの、一般衛生及防疫・細菌学及伝染病学大意など衛生警察関係のもの、さらに警察統計や操練といったものも含まれ、広範な教育が施されたことがわかる。注目すべきは、大場茂馬が「刑法各論」とともに「指紋法」を講義していることである。「警察官練習所規則」によると、この「指紋法」は科外に位置づけられている。しかし、個人識別に関する知識が警察官教育に組みこまれた最初とはいえるだろう。

警察官練習所は当初の役目を果たし、一九一八(大正七)年に警察講習所として再発足する。こんどは、国が警察幹部教育の必要性を認め予算を計上した。専任教官も配置されている。「警察講習所規程」では、「犯罪捜査」が正式の学科目に加えられた。第一期の担当者は教授(警視庁警視と兼任)の山田一隆と講師の南波杢三郎である。第二期生の授業科目では、南波の「犯罪捜査」のほか、三田の「法医学」、恒岡の「指紋法」、それに寺田の「犯罪心理」などがカリキュラムに組み込まれている。

一九一九(大正八)年、所長に松井茂が就任。「国民皆警察」論を主唱するなど、警察官僚として看過しがたい足跡を残した人物だ。松井は所長として自ら教壇に立ち、「訓育」などの講義も担当している。一九二四(大正十三)年に所長を退いた後も、顧問として講習所の発展に尽力した。松井が関与した時代に、犯罪捜査実務に関する授業はカリキュラムのなかでいっそうの充実を見せていく。時代はやや下がるが、一九三二（昭和七）年の場合をとってみると、「犯罪捜査法」は六十八時間を充てられる主要科目のひとつになっていた。

科学化とデモクラシー

幹部教育機関において捜査法の教育が重視されていく過程は、犯罪の捜査方法そのものについての認識の変化を示している。捜査のしかたは現場で経験をとおしてのみ身につくといった考え方は弱まり、知識・技術として教育可能なかたちへと組織化していくことがめざされた。同時に、警察教育にたずさわる者たちの、この分野での出版も増加した。それは、より専門的な知識の体系を、現場警察官にもわかりやすいかたちで提供するという目的意識に支えられていた。

指紋法について書かれたものを例にとってみよう。まず大場の『個人識別法』（一九〇八年）があった。これにつづいたのは、司法省で大場の講習を受け、監獄局で実務経験を積んだ根本顕太郎による『指紋法解説』（一九一四年）である。根本の著作は実務者向けに出されたものとみられるが、記述のほとんどは指紋の分類方法の解説に割かれている。これに対し、恒岡が書いた『指紋法』（一九二〇年）は、約三十ページにわたって「現場指紋」の採取や利用の方法を説いている。文体も、大場や根本のものが漢字とカタカナで綴られた文語調であるのに比べ、恒岡のテキストはひらがな表記の平明な文章で書かれている。体裁もコンパクトで、写真やイラストも豊富だ。根本と同じく実務者向けのテキストではあるが、現場警察官が犯罪捜査に応用するためという明確な目的のもとに出版されたものであることが読

大場茂馬〈自身が犯人写真のモデル〉
(『個人識別法』より)

み取れる。恒岡の『指紋法』は五版五千部が出たといわれている。

捜査法全般にわたる出版物についてみておきたい。講習所の教授として教鞭をとった南波杢三郎の代表的な著作に『最新犯罪捜査法』(正・続)がある。正編初版は一九一九(大正八)年に世に送られ、数年のうちに十版を重ねた。検察官としての経験もあり、すでに『殺人科学的捜査法』(一九一八年)などの著作で知られていた南波は、捜査全書というべきテキストの執筆構想を久しく温めていた。そしてとりあえず、警察講習所での担当科目「犯罪捜査法」の講義内容を「他山ノ石」にでもと思って公刊したと述べている。

「初言」によれば、ヨーロッパにおける最新の研究成果のうち、直接わが国に実用できるものだけが採録された。南波はドイツの犯罪科学を高く評価していたが、大黒柱と真木柱は「矢張リ堅実ナル我国産ノ古材木ヲ物色シ、之ヲ合理化」した、とある。本文では引証される実例は多くが日本でのものであり、いわゆる翻案ものではない。南波の実務経験がいかんなく発揮された内容となっている。講習を受けた生徒にとっても有益な解説となったろう。この本によって、じっさいに犯人検挙につながった例も少なからずあり、南波のもとには続編を望む手紙が届いたという。感激した南波は一九二二（大正十一）年に『最新犯罪捜査法続編』を出版することになる(15)。

正編の冒頭で南波はいう。科学の「研究」時代は終わり、「応用」を競うべきである。「換言スレバ科学ハ学者ノ研究室ヨリ出デテ民主化《デモクラシー》スルニ汲々タル状況ナリ」と（一頁）。科学を応用して犯罪を企てる者が続出する傾向がある以上、捜査における科学の応用を促進しなくてはならない。「今ヤ実ニ目前ノ科学的犯罪ニ対抗スルノ科学的警察ヲ直接必要トスルニ至レハ也」（一一二頁）。この言葉にも、「カンから科学へ」という方向性を確認することができる。「民主化」という言葉が用いられている点は大正という時代を感じさせるが、南波は知識の普及という程度の意味に用いているようだ。

科学の時代の犯罪には科学捜査で対抗すべしという主張。それは、人びとが科学的知識でもって犯罪に備える時代の到来を予感させる。また、科学の応用によって自白中心の捜査が改められれば、民衆の利益にも結びつく。科学による迷妄の打破が国民にとって「恩恵」となる可能性はあった。

こののち、警察講習所の教科書は内部資料としてではないかたちで公にされていく。――その背後には、犯罪捜査の科学化についての指針を求める実務担当者たちの声があったのだろう。ひろく一般への啓蒙がなされる前段階として、現場で働く警察関係者たちに向けた知識の提供が不可欠だった。捜査に利用すべき科学として南波が掲げているのは、犯罪人類学、犯罪社会学、犯罪心理学、犯罪統計学、法医学、裁判化学、博物学、細菌学、薬物学、物理学、測量学、天文地文学などなどである。補助的な知識技術には、顕微鏡・拡大鏡の利用（毛髪や血痕などの分析）、化学（毒物検査など）、写真（現場や被害者の撮影）、刑事心理学などをあげている。犯罪捜査法は、ひとつの学問領域というよりも、あらゆる科学的知識を最大限に応用する「実践」としての性格を示すにいたる。

「科学ヲ利用シテ犯罪ノ捜査ヲ為ス」こと、すなわち「科学的捜査」である（三五頁）。その重要性は否定できないが、南波はこれだけでは不十分だとも付け加えている。捜査にあたる者は豊かな常識を有し、世態人情にも通じていなくてはならない。すなわち「人間学」を修得していなくてはならないのである。「犯罪捜査法ナルモノハ、前示ノ如キ科学的捜査ト吾人ノ所謂ル人間学的捜査トヲ包括シ、而カモ之ニ超越シテ纒メラレタル一ノ組織的捜査ナラサルヘカラス」（三六頁）。これが、大正なかばの理想的な犯罪捜査のありかたであった。

探偵術から捜査学へ

実際の刑事事件捜査では、現場の鑑識による証拠集めや分析という局面で、科学的知識技術が集中的に採用されることになった。法医学、化学、心理学などの知見、写真や無線電話をはじめとする最新のテクノロジーがこぞって捜査活動に導入されていく。

現場に残された「手がかり」から「犯人」にいたる道のりをたどっていくこと。それは、断片的な情報から「個人」のイメージを再構成していく作業といいかえることが可能だ。犯罪捜査における「探偵術」とは、逃亡してしまってすでに「現場」にいなくなった人物に関する情報の収集が基本である。

一九一八(大正七)年に『探偵術問答』という書物が出版されている。執筆した人物は明らかでないが、警察監獄学会(代表・横尾留治)の名で出された、おそらくは捜査担当者向けの本だ。このテキストには、犯罪の現場にとどめられた僅かな犯人の「断片」を収集し、それらを具体的な個人に結びつけていくためのノウハウが一問一答形式で書かれている。現場警察官は、目の前に存在しない犯人との距離をじょじょに縮めていく。

いっぽう、この手引き書のなかには、刑事や巡査が「犯人」と空間を共有するばあい、すなわち同じ場所にいるばあいの情報収集のありかたも示されている。具体的には、変装して被疑者を尾行したり、その周囲を調査するケースだ。内容を要約すれば、次のようになる。——変装は、刑事巡査が探偵していることを隠すための重要な手段である。だが、単に服装を変えるだけでは目的を達成できない。言葉遣いや動作もふさわしいものに変える必要がある。たとえば「人力車夫」に変装した者が、その付近の地理をよく知らなかったり、車夫らしからぬ行動をとってはいけない。「服装を変ずると共に主観的に其の心理を変更して何人に接するも変装者なることを感知せられざる様」努力すべきである(一一一―一二頁)。

「現場」に残された断片的情報を糸口にして、刑事は犯人の足跡を追う。尻尾がつかまれば、いずれは刑事と犯人が空間を共有する時がやってくる。「窃かに」探るという〈探偵〉的課題がもっとシビアに要求される。よき探偵は、まるでそこにはいないかのように、注意を惹かない存在でなくてはならない。この際に求められるのは、外見の「自然さ」であるといえよう。こういった「自然さ」を演出できる人物とは、世態人情に通じた者、すなわち常識としての「人間学」を体得した者ということになる。

繰り返しているように、警察における犯罪捜査の「科学化」は、明治末から大正にかけての大きな動きだった。その流れのなかで、経験を重んじる探偵術は犯罪捜査のための科学的方法を柱に再編成されていく。南波が一九三四(昭和九)年に自らの研究を集大成して上梓した『捜査学大要』には、物理的な証拠としてさまざまな項目があげられる。足跡、車轍の痕跡、指紋や爪跡、歯形、侵入の痕跡、遺留品、血痕、毛髪、排泄物などなど、現在の犯罪捜査で利用されている情報源はほとんど網羅されるにいたった。犯罪捜査の方法は、以上のような物的証拠の分析にくわえ、心理的要因の分析や逮捕術、尋問術などもふくむプラクティカルな学の「体系」として整備された。南波は、「捜査学とは、捜査に関する法則・原理を系統的に組織せられた知識の統体を意味する」と述べている〔三頁〕。

なお、この「捜査」という言葉は、法律で定められた用語である。わが国では、裁判の手続に関連する法令が明治初期からつくられては改正を受けた。警察による捜査活動を定めたものには、たとえば一九七六(明治九)年の「司法警察仮規則」などがあるが、そこでは「探索検視」という言葉が用いられている。一九七七(明治十)年になって、刑事訴訟法の前身にあたる治罪法がボアソナードによって起案され、本格的な刑事訴訟手続の制定に向かった。ボアソナード草案の翻訳では、フランス語の「ルセルシユ」に対して「捜索」の語が充てられている〈『ボアソナード氏起案治罪法草案直訳』七七丁〉。草案はさまざまな修正を受け、一八八〇（明治十三）年に公布され、「治罪法」として一八八二（明治十五）年から施行されるにいたる。これ以後、刑事訴訟手続を定めた法律には、「捜査」の語が採用され継承された(16)。したがって、警察官をはじめ公的な立場にある者であれば、「捜査」という言葉をつかうことが望ましいはずであった。

警察と探偵

ここで、「探偵」という言葉の用法についてもういちど考えてみたい。

序で示したように、一般的な用法でいうと「探偵」とは〈窃かに調べる〉ことを指し、あるいはそういった行動にたずさわる人を呼ぶ名詞として用いられる。しかしながら、探偵という言葉の意味は時代によって変化した。たとえば、現在のわれわれは「探偵」という言葉を警察の活動や警察官の職を指すためにはほとんど使わない。むしろ、浮気調査や家出人調査を請け負う民間の企業や従業員にこそふさわしいと感じている。「探偵小説」というときの主人公は、アメリカの私立探偵やそれに近い立場で活動する人を想定するだろう。警察官が犯罪を捜査する経緯が描かれるときには、「刑事ドラマ」とか「推理小説」というほうが適切だとみなされる。ところが、ここまでみてきたように、明治・大正の時代には「探偵」という言葉が警察の活動を指し示す語として用いられている。犯罪捜査にたずさわる職員についても明治期には「探偵吏」の言葉があてられた。明治二十年代から三十年代にかけての新聞記事をみても、「捜査」の語はほとんどなく、「探偵」の語が動詞としても名詞としても広く使われていたことがわかる。

〈窃かに調べる〉という実践を、もっとも継続的に、かつ組織的に利用してきた警察において、この言葉に与えられた意味はどのような変化を遂げたのか。近代的な捜査の方法が構築されるにしたがって、「探偵術」という言葉が「捜査法」という語に置き換えられていく傾向も確かめられた。この点を簡単にふりかえっておこう。

東京警視庁が創置されたのは一八七四（明治七）年のことである。現在の警視庁と同じく東京を管轄としていたが、国事犯についての権限は全国に及んだ。この活動が内務省に引き継がれ、さらに全国の警察に展開したのである。警察は、明治初期の農民一揆から西南戦争にいたる内乱頻発の時代に、「探偵」活動を社会秩序維持の方途として採用した(17)。制度化はしだいにすすみ、国会開設を求める自由民権運動が高まった時期には「探偵の濫用」と形容できるほどの状況が生じた。『明治密偵史』を著した外骨の表現を借りよう。「自由民権論者を圧迫せんとし、一夜作りの苛法酷律を制定して志士を牢獄に投じ、不平不満の徒を激昂せしめて極端に走らしめ、憲政熱望の名士論客を羅致して国安妨害の罪人と目するなど、其検挙の端は多く隠密探偵の報告に拠つた」（九頁）。

これら一連の警察活動がすなわち「国事警察」であり、のちの「高等警察」の前史をなすものである。不隠分子の動静を探り、反政府活動を壊滅させるために多くの探偵が使われた。政府・警察が密偵を利用している事実は新聞などを通じて一般にも知られ、「秘密探偵」、「隠密探偵」あるいは「間諜」

などという言葉で名指された。この意味での探偵はまた「政府の犬」でもあったから、外骨は大警視・川路利良を「犬警視」と呼んでいる。

国事探偵は、人の信頼を裏切り、金のために情報を捏造する。冤罪を生む根源として、マイナスのイメージを与えられた存在であった。新聞記者や政党員に化けて内偵をすすめる警察官がいるいっぽう、貧しい者のなかには報奨金稼ぎを生業とする者もあらわれる。行商の飴屋や渡し船の船頭や芸者たちが、仕事のなかで見聞した事実を警察に密告することも少なくなかった。たとえば、『朝野新聞』には次のような記事がある。

女髪結が探偵／政党員の内幕探り
女髪結の探偵○遊猟には犬を使ひ通信には鳩を使ひ国事探偵には偽壮士、人力車夫、書生等を喋ふことと大概相場に定めあるものを、何物の狡獪児ぞ、政党員家内の内幕を探知せんとして女髪結を使ふこと近来大流行となりし由にて、女髪結も之れに因りて意外の金銭を商業の外に何処からか貰ふ者ありといへり。〔一八九一年十月十一日〕

警察の組織に探偵活動を組みこむための規則や法令のはじめを、一八七〇（明治三）年制定の「諜者規則」に求めることができる。「諜者ヲ四出シ他ノ善行奸謀ノ伏匿スル者ヲ捜索シ其確証ヲ得セシムル」ことを目的とした〔『初期の警察制度　其二』三二頁、荻野富士夫『特高警察体制史』二六頁〕(18)。新聞紙条例や集会条例などの立法による規制と、間諜を用いた情報収集・謀略活動とが自由民権運動取締の両輪であった。

高等警察と尾行

一八八六(明治十九)年には警視庁内に「高等警察」が置かれ、その後、全国に展開された。この結果、情報収集と、要注意人物に対する尾行などの活動が日常化する。すでに一八七四(明治七)年から着手されていた戸口査察(当初は戸籍査点)も一八九〇年代になって制度として整備され情報収集のルートとなった(19)。高等警察では、政党人や壮士、朝鮮人などが恒常的に監視されている。一八九四(明治二十七)年には「高等警察視察人偵候内規」が警視庁の手でつくられた。

日清戦争の後、国内にはいちおうの安定が得られ、高等警察も縮小の方向に向かった。一九〇五(明治三十八)年の日比谷焼打事件では民衆が警視庁そのものを攻撃対象ととらえ、警察署や交番・派出所などの施設が大打撃を受けた。事件後も警察を非難あるいは忌避する世論が高まり、警視庁そのものの廃止が議論されるにいたる。ところが、やがて社会主義運動が勃興すると「治安警察」という新たな枠組みがつくられた。高等警察は特高警察に再編成され、社会主義者を日常的に監視する仕組みが整備されていった。一九一〇(明治四十三)年の「大逆事件」を経て、いわゆる「冬の時代」が到来する。

要注意人物には「密偵」がつけられ、逐一の活動が監視された。場合によっては、尾行の事実が本人以外の者にもリークされる。尾行が社会的に露見されれば、周囲はその人物との交渉を絶つから、注意人物としてのレッテルは社会生活をきわめて窮屈なものにした。そのことは、マークされた社会主義者たちが書き残した記録などから明らかである(20)。

序でも述べたことだが、権力による「尾行」に二種類のものがある点を再度確認しておきたい。第一の種類は、尾行対象者に関知されないように、すなわち〈窃かに〉なされるもので、容疑者を「泳がせる」ときに用いられる方法である。そして、もうひとつの尾行は、対象者に尾行している事実をわざと知らせるケースであり、犯罪を未然に防止したり、対象者の行動を抑制したりするために使われる。社会主義者につけられた高等警察の尾行は、後者の目的に沿うものであったとイメージされやすいが、そうとはいいきれない。危険思想の持ち主やそのネットワークを把握するための調査のほとんどは、〈窃かに〉かつ周到に積み重ねられたからである。内務省警保局が作成した『社会主義者沿革』や『特別要視察人状勢一斑』などは、国家による探偵活動の記録とみなすことができよう。また、それらの情報を収集するための具体的マニュアルとして「普通視察人尾行内規」という資料がある(『特高警察関係資料集成 第二十四巻』)。

本書ではこれら国事警察にかかわる探偵活動についての詳細な検討は省略する。詳しくは『特高警察体制史』をはじめとする荻野富士夫の一連の研究を参照されたい。

不良探偵の駆逐

ところで、警察の使う探偵たちがいつも満足のいく成果をあげるとは限らなかった。警察官が密偵として活動するばあいはさておき、民間人がかかわっているケースでは、誤った報告をする者や報奨金のために情報をでっちあげる者、同時に複数の者のためにはたらく者などが続出した。警察が雇いあげた探偵じしんが、警察にとっての厄介ものになったのである。くわえて、探偵は人びとを苦しめる圧政の象徴とみなされ新聞雑誌にも批判的な記事があらわれたから、時を選んでは不良探偵を排除する試みがなされた。

たとえば一八九〇（明治二十三）年に警視庁は「高等警察探偵使用内規」を策定する。この内規は、探偵の使用を第三局長と警察署長に限定し、探偵には厳しい報告義務を課した。また一八九二（明治二十五）年の「探偵者所属調査」のように、探偵そのものの身分照会も実施されている(21)。当時は、いわゆる刑事巡査の制度がなく、「探偵人」とか「探偵方」などと呼ばれる者たちが、警察組織の外縁部にあって犯罪捜査や容疑者逮捕の任にあたっていたからである(22)。

こういった制度の整備、すなわち探偵による情報収集を日常的な警察業務に組みこむ過程は、〈国事警察から高等警察へ〉という流れのなかで把握することができる。同時に、「不良探偵」はじょじょに排除された。

さて、警察の機能は、「行政警察」と「司法警察」のふたつからなると理解されるのが一般的だ。高等警察をふくむ「行政警察」とは犯罪を未然に防止するためのものであり、これと対比されるのが犯罪の事後的な捜査や犯人の捕縛といった「司法警察」である。そして、高等警察が探偵を活用したように、犯罪捜査においても探偵の利用は当然であった。

窃盗や傷害の容疑者を検挙するために、必要とされる情報源があった。たとえば遊廓の関係者やスリの親分などがそれにあたる。犯罪者は色街に隠れたり、盗品を処分したりすることが少なくなかったから、つかまえる側はあらかじめ網をはっておけばよかったのである。そしてこれは、ある種の合理性をそなえた江戸期以来の方法でもあった。江戸の与力・同心は、岡っ引きや下っ引き、目明かしと呼ばれる者を使ったが、これらは多くの犯罪者を含んでいたといわれる。その弊害から何度も禁止が命じられたが、大都市の犯罪を処理するには不可欠なものとなり、最終的には手当も支給された。そして、この手当などの経費を遊廓の経営者たちが負担していたのである。

明治以降にも、遊廓と警察との間には「共犯関係」が存続した。一八七五(明治八)年四月には貸座敷業・引手茶屋業・娼妓の三者からなる「三業会社」設立許可に際し、遵守事項として犯罪捜査に関する情報提供が課されている。業者側には、「遊廓中匪徒若クハ挙動不審ノ者アルトキハ速カニ之ヲ巡査屯所ニ密告」することが求められた(『警視庁史稿 巻之一』八六頁)(23)。

警察は、貴重な情報供給源である遊廓などと緊密な関係を継続しておくほうが捜査にかかるコストを抑えることができると考えていたのだろうか。業者と癒着することによって、賄賂などを受け取る可能性もあっただろう。取り締まる側と取り締まられる側のあいだには相互依存、共存共栄の関係があったとみなせる。そして、こういった関係のあいだに立って犯罪捜査に加わる者たちを、明治以降は「探偵」と呼んだのである。

三業賦金と警察機密費

元警察大学校教授で国立国会図書館の専門調査員も勤めた中原英典が「警察機密費の前身」という興味深い論文を発表している。明治期の遊廓と警察との関係を「賦金」に注目して論じたものだ。明治になると、遊廓では検黴がはじまった。いうまでもなく花柳病の蔓延を防止するためだが、その行政にあたったのは警察である。現在なら保健所などが所管する仕事だが、明治初期の衛生行政は警察が掌握するところだった。さきに紹介したデーニッツは、裁判医学と同時に検黴の実務を教えることも期待されていたようだ。

遊廓の関係者は、娼妓の検査や入院にかかる費用、教育機関として設けられた女紅場の運営費用などを負担した。これが「賦金」と呼ばれたものである。そして警察は、増大する捜査費用に充てる財源として重視するようになっていく。一八七九(明治十二)年二月には、賦金の運用が制度化される。中原が見出した史料は以下のとおりである(『警察研究』五〇—七、四〇頁)。

明治十二年二月十日
内務・大蔵両省号外達
府県

乙第七号達娼妓貸座敷賦金ノ費途ハ其業体取締、検黴費、及警察探偵費等ニ充行ヒ不苦儀ト可心得、此旨及内達候事。

中原は、国事探偵活動の必要性をにらみ、また、世間を混乱させた贋札事件に対応するための制度化だったのではないかと推定している。一八八〇年代になると賦金の総額が全国で六十万円から八十万円にのぼり、当時の警察関係経費の二割前後を占めるにいたったという。その後、再配分の経路や費目の割合などは改められたが、遊廓から「上納」された金が警察の犯罪捜査にまわされるという構図は一貫していた。

もちろん、こういった実態に対する批判は大きかった。探偵費は使途が明確にできないから、知事などによって遊興や交際のために使われる場合も少なくなかったようだ。憲法の施行を控え、地方議会は批判の度を強める。しかし、遊廓の撤廃を主張したのではない。潤沢な三業賦金を地方の財源に取り込む意向を示したのである。その結果、一八八八（明治二十一）年には内務省が賦金を地方税の雑収入に編入するよう通達している。しかし、この地方税から警察機密費と検黴費とが配分されることにかわりはなかった。

両者の関係は一九四六（昭和二十一）年の公娼廃止まで基本的にはつづいていたことになる。中原は、なぜこのような関係が生まれたのかについて、ひとつの推測をしている。国事探偵のような活動は秘密裏にすすめられなければならない。他方、公娼制度をあからさまに肯定することも近代国家の対面からしてはばかられる。「双つの秘扱とした事由は全く異なるのであるが、相い通ずるこの秘匿性こそが両者を互いに惹き合わせたのではあるまいか」、と（四二頁）。

仕立屋銀次

ふたたび「不良探偵」の駆逐について。

恒岡は、江戸・明治期の犯罪捜査の特色を「見込捜査」という言葉で代表させたが、同時に「間諜捜査」の時代であったとも述べている。『科学と経験を基礎とせる探偵術』は、密偵たちが犯人に買収されてしまったり、犯罪事実を見過ごしたり、無実の者を犯罪者に仕立て上げたりする弊害をあげている。

「探偵」にまつわるマイナス・イメージは、組織の近代化とともに払拭せねばならなかった。国事探偵のばあいと同じく、犯罪捜査に利用された探偵も駆逐されるべき時期が到来したのである。「科学の時代」に、陋習の一掃がはかられた。

そのような転換を象徴する事件として「仕立屋銀次」の逮捕をあげることができる。銀次こと富田銀蔵は、江戸時代の大親分「清水の熊」の跡目を継いだスリの頭目であった。百人以上の子分を抱え、盗品を売り捌き、警察とも結んで力を蓄えた。東京のスリ全盛期は一八九〇年代から一九一〇年代までで、「仕立屋銀次」と「湯屋の吉」、「鼈甲勝」が「三大親分」とみなされていた(『掏摸の検挙』)。なかでも銀次の一党が最大の勢力で、列車を稼ぎ場としたことから影響力は全国に及んだという。盗品も、彼を通せば返ってくるといわれたほどである(24)。『国民新聞』によると、警視庁は「所謂博徒掏摸に対しては余りに厳重なる狩立をなさず寧ろ彼等を利用して大賊等の捜索上の手掛りを得つゝあり」、「彼等に対しては比較的手心を用ゐて姑息の手段を取」ってきた（一九〇八年十月三十日）。
一九〇九（明治四十二）年、元新潟県知事の柏田盛文が電車のなかで伊藤博文から贈られた金時計をすり取られた。かねてよりスリ集団との関係を断絶しようとしていた警察では、事件をきっかけに市内のスリを一斉検挙する。赤坂署では盗品二万四千点を陳列し被害者への返還を行なったと新聞記事は伝えている（読売・六月二十八日）。この後もスリという犯罪そのものは絶えなかったが、警察との癒着はしだいに弱まっていった(25)。

以上のような観点に立って、〈カンから科学へ〉という時代をもういちどふりかえってみたい。この時代をよくあらわす新聞記事を引いておく。『読売新聞』に掲載された「巧妙なる犯罪／進歩せる捜査警視庁の新刑事養成」という記事で、警視庁が行なった刑事巡査の養成について書かれたものである。まず記事は、これまでの犯罪捜査に「探偵本位の弊」があったと指摘する。「従来の捜査方針は所謂探偵本位主義にして其手先に使役しつつありし諜者は前科者、博徒、掏摸等多く弊害又これに伴ひ遂に警察の威信を失墜し空気を腐敗墜落せしむる事尠なからず」。これは「当局者」による談話だ。捜査の実が上がらないばかりか、ばあいによっては犯罪を助長する様相さえ呈している。「茲《ここ》に於て新知識に乏しき刑事巡査改善の急に迫り、同時に無知文盲なる諜者使用の探偵方針を棄てしむるの必要を生じ」た。先ごろの掏摸や博徒の検挙、すなわち銀次の逮捕なども警察の方針が一変したことを物語るものだ、と位置づけられている。

では、これまでの諜者の代わりは何であるか。それは「合理的の捜査」に求められる。刑事巡査には

「頭脳改造の急務」が課せられた。犯罪の進歩に先んじるためには、「従来の所謂見込捜査は悉く之を放棄し専ら現場本位の根本捜査を行ふ」しかない。ひとたび事件が起これば現場に直行して「親しく犯罪の手段方法を調査し同時に遺留品の捜査、周囲の情況調査地理の関係等に就き秩序的に合理的に完全なる根本調査」を遂行する。このようにして収集したデータは「指紋法に照らし化学分析に依り鑑定に待」たねばならない〈読売・一九一二年十月七日〉。

見込捜査の時代は終わり、科学的捜査法の時代が到来した。〈カンから科学へ〉という方向性を警察の活動や組織に即して言いなおすと、それは〈探偵から捜査へ〉となろう。全国の警察では順次、「刑事課」が設置されていく(26)。当然、古い時代に属する者は歴史の表舞台から去って行った。さきの仕立屋銀次もそのひとりであるが、ここではさらに別の人物をとりあげておこう。

最後の探偵・新川幸次郎

出歯亀事件が起こった年の夏、複数の新聞に新川幸次郎(27)の回顧談が掲載された。新宿署に長く勤めた老刑事が職を退くにあたって取材されまとめられた読み物である。

新川は、一八七〇〈明治三〉年に捕亡手伝いとして警察の仕事に関わるようになったという。東京府使丁、あるいは邏卒として勤務し、犯罪捜査の第一線に立ちつづけた。その間、千八百人に及ぶ犯人を検挙捕縛し、東洋英和学校の「ラージ殺し」や、「専念寺の住職殺し」の捜査でも活躍したと伝えられる。「東京に於ける刑事係社会は氏を目して日本一の老探偵と崇拝し」ており、退職にあたって記念品も贈られた〈都・一九〇八年七月五日〉。別の新聞によれば、新川は野口男三郎の逮捕の場面に立ち会っていて、九寸五分を取り上げたり、身体検査をして札束を見出したりしたという〈読売・七月五日〉。

第一章でみたように、彼は西大久保事件の捜査活動や、亀太郎が犯行を「自白」した場にも関わっている。新川は、亀太郎逮捕後の四月四日の夜、新宿署の宿直だった。控訴審での証言をみておこう。その夜、片瀬部長が取調べのために新川のいた宿直室に亀太郎を連れてきた。亀太郎はあぐらを許されたにもかかわらず端座して、自分の犯行を認める話をはじめたという。新川は、部長に申し上げろ、と指示した。亀太郎は白湯を一杯乞い、涙ながらに「自白」する。片瀬部長が委細を聞き取り、亀太郎は犯行時の所作まで見せた、というのが新川の証言だ。もちろん、拷問があったということは認めていない。

対する亀太郎は、このときの取調べの模様を次のように語っている。「私ハ其通りに申立てましたが其以前散々酷い目に逢された揚句証人〈=新川〉ハ私に鶏卵十個を買つて呉れた恩があるので據《よんどころ》なく出鱈目を云つたのです」〈萬・一九〇二年四月十六日〉。別の記事をみると、「自白」したのは「然く答ふれば帰宅を許す抔《など》云はれし為」であり、指示どおりに答えたところ「新川刑事は大いに喜び自ら蕎麦屋へ行き蕎麦と生鶏卵を取寄せて馳走した」とある〈東朝・四月十七日〉。

天保生まれの「最後の探偵」新川幸次郎は、その職歴の最後を亀太郎の事件で締めくくった。後輩たちにあたたかく見送られつつ警察を去り、新宿三丁目の住まいで静かな余生を過ごす。彼もまた、亀太郎と同じ地域に暮らす人であった。

大正になると、東京の多くの警察署では明治を支えた古い世代が退職し、法学士の肩書をもつ者に署長の座を譲った。

事件が残したもの

幸田ゑん子を殺した人物は、彼女のあとをほんの数十メートル追ったに過ぎない。しかし、この「尾行」が行なわれたのは、まさに時代の折り返し点だったといえよう。警察制度のありかたが大きく変化し、科学の応用がすすむそのときに、大久保の路上で事件は起こったのである。

第一章と第二章では、「出歯亀事件」を軸に、その背景をもふくめて記述してきた。ここで、事件が起こった時代からその後の時代にかけて、「覗き」や「尾行」という行為に与えられる意味がどのように変化したのかをまとめておこう。

まず第一に、他者への性的な関心から「窃視」を行なう者に対して、「変態性欲者」というレッテルが貼られるようになったことがあげられる。個人には、他者に対する好奇心がそなわっている。しかし、その表現としての行為が「窃視」というかたちをとるとき、それは「異常」とみなされ、医学的あるいは心理学的に「病気」とされる可能性が生じた。

つぎに第二点として、尾行のような方法で他者に接したり、その人に関する情報を〈窃かに〉収集することについては、法による制限が設定された。そのような行為は、警察や、警察に認められた特別な人物だけに許されることになる。同時に、「探偵」の名指す範囲がしだいに限定されていったこともすでにみたとおりである。

尾行を制限する法令について、ここで要約しておく。それは、現在の軽犯罪法に相当する条文の前身を探る作業である。軽微な犯罪行為を取り締まる法令は一八七三（明治六）年の「違式詿違条例」にはじまる。日常生活のなかにあった道徳律を、あまり整理せずにとりあえず成文化したという態のものであり、地方によって内容や施行時期にも違いがみられる。その後一八八〇（明治十三）年に旧刑法が制定され、違式詿違条例に盛られていた内容は、第四編「違警罪」のなかに一括して規定された。さらに旧刑法が改正されるにともない、一九〇八（明治四十一）年には違警罪が刑法から削除される。違警罪に定めがあった項目群は、内務省令として別に制定された「警察犯処罰令」が受け継いだ。そしてこれが敗戦後の一九四八（昭和二十三）年、軽犯罪法の施行まで効力を有したのである(28)。

尾行を戒める条文は、この経緯のなかでいうと警察犯処罰令の段階で登場した。第二条が「三十日未満ノ拘留又ハ二十円未満ノ科料ニ処ス」べき対象を定めており、その第三十一号に「濫ニ他人ノ身辺ニ立塞リ又ハ追随シタル者」と書かれている。当時の新聞が「違警罪の改正」という解説記事を掲載し、この条項の狙いを分析している。「是は外国人などの通行に際し蒼蠅《うるさ》く附纏ふ奴等の取締だらうが、縁日などで若い娘や女学生などを附け廻す小出歯亀の取締も此の条文で出来るだらう」（東朝・一九〇八年九月三十日）。

条文の解釈を示した本には次のような説明が付された。「他人の身辺に追随する」とは「他人の歩行に尾行し又は同車し或は同室する」ことで、立ち塞がるようなことがなくてもその周辺から離れずに行動し、「他人をして嫌忌不安の情を催」させることである。ただし、「至当の事由に因る場合は罪とならない」。そのようなケースとは、たとえば「警察官が行政執行法第一条に定むる者に対して為す監視或は尾行」である（『警察犯処罰令研究』二二〇—二二一頁）。ちなみに、行政執行法（一九〇〇年）第一条の内容は以下のとおりである。

当該行政官庁ハ泥酔者、瘋癲者自殺ヲ企ツル者其ノ他救護ヲ要スト認ムル者ニ対シ必要ナル検束ヲ加ヘ戎器、凶器其ノ他危険ノ虞アル物件ノ仮領置ヲ為スコトヲ得暴行、闘争其ノ他公安ヲ害スルノ虞アル者ニ対シ之ヲ予防スル為必要ナルトキ亦同シ

かくて、警察官による職務上の尾行は広い範囲で正当化され、それ以外の一般人による尾行は犯罪と規定された(29)。なお、覗きについての規定は敗戦後の軽犯罪法までもうけられていない(30)。

＊

個人による覗きや尾行は、病気として扱われるか、犯罪として処断される可能性をはらむ行為となった。しかしながら、一般の個人によって覗きや尾行がなされなくなったわけではない。他者に対する好奇心を、法律や医療によって完全に封じ込めてしまうことはできないからである。ただし、そのような好奇心を「尾行」という行為のかたちで示すことは差し控えられるようになったであろう。警察が法を根拠に阻むばあいもあったし、周囲の人間の非難（「デバカメ」と呼んでさげすむなど）によって押し

とどめられることもありえた。

　このあとにつづく章でみるように、探偵小説などフィクションの世界が肥大し、他者を〈窃かに〉知る欲望のありようはあからさまに表明されていく。あたかも、現実には実行しづらくなった「尾行」の欲望を幻想の世界で満たすかのように。——覚束ない空想はおくことにして、はっきりと認められる事実に目を向けよう。明治末には亀太郎のケースをふくめ、さまざまな「冤罪」の可能性が指摘され、刑事訴訟手続の修正が行なわれた。いっぽうで、社会主義者をはじめ、多くの人びとが「監視」されるシステムも高度に組織化された。

　これらの動きこそが、新しい時代に即応するべく推進された「捜査の科学化」である。古くなった「探偵術」や、年老いた「探偵」たちは警察の組織や制度から放逐された。けれども、言葉としての「探偵」は生き残る。また、実践としての「探偵」的な調査方法も民間で活用されはじめる。このあとにつづく第四章、第五章では、そういった動向を跡づけていく。

第四章 探偵学の時代［捜査技術の通俗化］

警察は、明治末から大正にかけて組織の近代化をはかり、あわせて犯罪捜査にかかる知識・技術を科学にもとづいて組み立て直した。この第四章では、警察の動向を一般社会との関連でとらえなおしてみたい。具体的には、犯罪捜査にかかわる知識や技術の通俗化、それらが大衆文化に与えた影響などに注目する。留意したいのは、警察によってつくりあげられたノウハウが、一般の人びとへと、あたかも水が高きから低きにつくように一方向的に伝わり広がったのではないということだ。なるほど、新聞記事などをとおして警察の専門用語が紹介され、人びとの話題にのぼることはあったろう。実際の事件や捕物が小説や映画の素材とされることもしばしばだった。しかしそのいっぽうで、大衆文化のなかに生まれた〈探偵ブーム〉が、警察の動向に影響を与えた面を見落とすことはできない。本章では、この相互作用のさまざまな位相をとりあげたい。

怪盗ジゴマ

一九一一（明治四十四）年、日本映画史において特筆されるべき作品がフランスから輸入された。活動写真『ジゴマ』である。浅草の金龍館で、この年の十一月に封切られた。ピストルを手にした怪盗ジゴマが強盗・殺人をくり返し、追いすがる探偵をかわしていく。公開直後から話題になり、「割れ返るような大入り」を記録した（東日・十一月十七日）。

サジイが書いた原作小説(1)は『ル・マタン』紙に連載されたものだが、犯行のようすは、映画化に際してより刺激的に、センセーショナルに描かれた。ために、監督と原作者が不仲になったとのエピソードも伝えられている。盗みや殺しの所作はかなりリアルで、ショックを受けた観客が悲鳴を上げたり、気を失ったりしたという。まだ無声映画の時代だったが、弁士による説明は観客の気分を昂らせるにじゅうぶんだった。面白いとの評判がひろがって劇場は大入り。時をおかず、『新ジゴマ』『日本ジゴマ』『ジゴマ改心録』『女ジゴマ』などの和製ジゴマ映画がつくられた。

しばらくして、学校帰りの子どもたちのあいだに「ジゴマごっこ」が流行する。子どもの遊びにとどまらず、大人たちもこの不可思議な響きの言葉に惹かれていく。「ジゴマ」という言葉は、強盗事件の描写や捕物劇を報じるときの常套句になる。活動写真や探偵小説の影響を受けた少年が、犯罪・非行に走るというストーリーが採用されることもしばしばだった。少年たちが徒党を組み模造ピストルなどを使って犯行にいたるばあいは「ジゴマ団」という名称が充てられている(2)。

公開から約一年後の各紙をみると、社会への悪影響が懸念されはじめているのがわかる。たとえば、『都新聞』一九一二(大正元)年九月十九日の一面トップは、「活動写真の悪感化」と題した読者からの投書である。

私は或る商店の一員ですが、近頃主用で諸処へ遣ひに参りますが何処の小供でもヤレ女ジゴマの西洋ジゴマのと大勢集まつて泥棒ごつこをなし巡査を斬るまねなどして遊んで居るのを見掛けます曾て鼠小僧の小説を読んで大泥棒になつた人があつたと聞きました、活動写真ジゴマが這麽《こんな》悪い感化を児童に及ぼすやうでは児童教育上に研究すべき大問題であると思ひます

この投書のような意見が無視しえなくなったのであろう、警察でも六月に浅草の関係者を呼んで注意を促し、新聞雑誌の取材に対しては上映禁止措置がありうることをほのめかしている。しかし、すでに大金を投入してフィルムを買いつけたり、撮影したりした業者があった。これらのフィルムをお蔵入りさせるには忍びなく、即日禁止は猶予されて、一部を削除したうえでの興行がつづけられた(都・十月六日)。

だが、新聞ではこの猶予に対する批判もあいついだ。ちょうど、明治天皇の葬儀が挙行された時期にあたる。世論に後押しされたかっこうで、警察は上映禁止を決めた。東京では、十月二十日までという

期限を切っての措置である。タイトルに「ジゴマ」という言葉をふくむものはもちろん、『ソニヤ』や『女バトラ』といった亜流作品も、洋画邦画の別なく上映が禁じられた。

しかしながら、警察による禁止は後手に回った。興行街からみると、見物人の足が途絶えかけたころの禁止措置だったらしい。「愈々本日限り」を釣り文句に、期限ぎりぎりまで儲けるだけ儲けて、あとはあっさりと時代劇などに番組を切り換えている。

新興の娯楽が起こした問題について、対応は地方によってまちまちだった。たとえば大阪では、強盗の手段を教える虞ありと認められた部分は削除されたけれども、「全体を禁止するまでの勇気なく」そのまま上映させていた。盗みや殺しの場面がだめだというなら、忠臣蔵の芝居なども上演できなくなるからである(大朝・一九一二年十月十一日)。しかし、東京で禁止になったので、大阪でも調査のうえ追随する措置がとられた。このような地方による扱いのちがいは、活動写真の内容に関する評定が臨検する警察官に任されていたために生じたものである。新しいメディアに対する規則が存在しなかったので、演劇に関する従前の規則を準用して取締りにあたるというかたちがとられたようだ(3)。また東京で上映禁止になっても、タイトルを変えて別の都市で許可を得れば、上映は可能だった。じっさい、翌一九一三(大正二)年には、大陸や朝鮮半島において別名で公開され人気を博したという記録がある。そして、作品の巡回とともに、犯罪の誘発を伝える記事が地方紙にも飛び火した(4)。

検閲の標準がないことが、混乱を生んだ。全国的なジゴマ騒動は、取締当局に統一的な扱いの必要性を認識させる。犯罪を助長したり猥褻な感情を惹起する「不健全」な映画について、公開前に一定の制限を加えられるような方策が案出された。活動写真に対する本格的な規制は、警視庁が「活動写真興行取締規則」を制定した一九一七(大正六)年以後のことである。規則の制定は、活動写真の内容が社会に与える悪影響を未然に防ぐとともに、上映館内の風紀取締をも狙ったものだ。具体的には、観客の年齢制限、男女客席の区別、説明者(弁士)の免許制、看板の規制、フィルムの事前検閲などが定められた。これが、内務省による本格的な映画検閲につながっていく。一九二五(大正十四)年には活動写真「フィルム」検閲規則が制定されて、内務省が一括して検閲にあたることになった。これによって、当局が命じればいつでも公開をやめさせられるしくみが整った。

警察がジゴマの上映を禁じたのは、犯罪の手口を教唆し、子どもを悪の道に誘うとの理由からだ。内務省映画検閲室の田島太郎によれば、ジゴマという作品は「映画害悪論」を生む画期をなす作品だった(『検閲室の闇に呟く』一七八頁)。

探偵小説ブーム

ジゴマ騒動と映画検閲制度の創設という事態は、本格的な探偵ブーム到来を予兆させる世相のひとつでもあった。伊藤秀雄の『大正の探偵小説』によると、これ以降、探偵小説の流行が導かれたという。

わが国における探偵小説の流行は、しかし、このときが最初ではない。伊藤の詳しい調査によれば、明治二十年代にも「黄金時代」と呼びうるブームを認めることができる。「探偵小説」という言葉も、この時代に訳語として採用された。同じ伊藤の『明治の探偵小説』から、そのあたりの経緯を抜粋しておく。

明治十年ごろには、高橋お伝などを主人公に仕立てる「毒婦もの」、政治の世界に取材した「暗殺もの」などが新聞の記事や刊本のかたちで読まれた。また、少数ながら「翻訳もの」も存在したようだ。やがて、日本人の文筆家のなかにも探偵趣味の作品を創作する者が現われる。いっぽう、三遊亭円朝や快楽亭ブラックらのネタが出版されたり、探偵小説が講談として寄席で語られたりと、演芸の世界でも犯罪を主題とするストーリーが採り入れられるようになる。こういった動きを経て、明治二十年代に本格的な探偵小説が書かれるようになった。その代表的作家は黒岩涙香である。

涙香は、新聞人として翻訳ものを手がけることから創作活動をスタートしている。『都新聞』にコヌウェイ原作「法廷の美人」を訳出連載したのは一八八七（明治二十）年初頭からである。彼は、生涯をつうじて多くの探偵小説を翻訳・翻案した。「探偵小説」という訳語の定着も、彼の存在によるところが大きい。そして、『都新聞』を出て『萬朝報』を興した一八九二（明治二十五）年前後には、彼の連載が新聞の売上げを左右するほどの影響力をもった。伊藤によれば、一八九三（明治二十六）年に探偵小説のひとつのピークがあるという。このころの連載小説に対する読者の反響は大きく、文学界でも探偵小説というジャンルの評価にかかわる論争が起こっている。

フィクションが多く出版されただけでなく、「実録もの」にも関心が集まった。もともと、裁判の判例集などの刊行物があったが、一般的な出版形態とはいいがたい。このようななかで、涙香に去られた『都新聞』は部数を伸ばすための経営戦略として探偵実話を紙面づくりの核に据える。元刑事の経験談をもとにして、小説よりも面白い内容を平易な文章で提供しようとした。『都新聞史』によれば、元警視庁刑事の高谷為之を洲崎担当の探訪（いわゆる警察まわりの記者）として採用したのがそのきっかけである。高谷はのちに探訪長となった。彼やその仲間たちの体験を綴ったのが「探偵叢話」で、一八九三（明治二十六）年春にスタートしている。この連載企画は芝居や講談にもなって人気を集めた(5)。

新聞や刊本などの活字メディア、寄席の口演といったパフォーマンスをつうじて、明治の探偵小説は流行した。そして、このブームは大正期までつづいていく。詳しくは伊藤の研究にゆずるが、ここでは以下の二点を書きとめておきたい。ひとつは、黒岩涙香の翻訳あるいは創作活動には、当時の裁判制度に対する批判の意味があったといわれていること。もうひとつは、裁判の判例や犯罪実話などノンフィクションの記録類があるていど読まれていたということである。この章では、大正から昭和にかけて、刑事事件を実用的な関心から解説した書籍が数多く出版されていった事情についてみていくが、そのような傾向は明治期の探偵小説ブームによってすでに地ならしがされていたわけである。

大正時代になると、活動写真というメディアの出現によって探偵ブームに新しい局面が訪れる。もちろん、小説など活字情報が中心であることに変わりはないが、出版点数は増加し、専門雑誌もぞくぞくと世に送り出されていった。かつて「ジゴマごっこ」に興じた世代が、長じて探偵小説に親しんだのであろう。一九二〇（大正九）年には雑誌『新青年』が博文館から創刊される。『新青年』は探偵小説の読者層拡大に貢献したが、とくに一九二三（大正十二）年の春に江戸川乱歩がデビューしてから、震災をはさんで誌面の刷新が行なわれた一九二七（昭和二）年までは、実験的な習作や翻訳を掲載し、読者とともに作家を育てた(6)。

探偵小説が、犯罪実話ものとはちがう独自のジャンルとして愛好されるようになった。いまでは「純文学者」として知られる佐藤春夫や谷崎潤一郎も、この時期には探偵趣味あふれる作品を残している(7)。文芸界の一九二〇年代から三〇年代は、〈探偵の時代〉を迎える。明治二十年代から盛んになった探偵小説は、昭和になっても新しい読者層を獲得し、愛好者たちを魅了しつづけた。

しかしながら、ここにひとつの疑問が生じる。警察は「ジゴマ」の悪影響を憂慮し、探偵ものの興行禁止措置をとった。犯罪の手口を教えるような作品はまかりならぬとの断固たる姿勢を示したはずではなかったか。それなのに、どうしてその後に〈探偵の時代〉が到来し得たのであろうか。本書では、この点について考えていきたい。小説や映画などのジャンルについての記述は最小限にとどめ、警察における犯罪捜査と民間の探偵について、さらに追いかけていくことにする。

実務家たちのジレンマ

当時、「探偵」という語と「捜査」という語は互換的なものとして理解されていた。「探偵」の語は〈官〉の世界から放逐されつつあったけれども、〈民〉の暮らしのなかにじょじょに浸透していったといえよう。過渡的な時期だったため、「探偵」と「捜査」のふたつの言葉が共存した。「捜査学」が警察教育のなかで確立したことにひきずられてか、「探偵学」という言葉も見受けられるようになる。

すでにみたとおり、大正時代の半ばには、警察教育において捜査学に関連する書物が出版されるようになっていた。代表的なものは、南波杢三郎の『最新犯罪捜査法』である。それらのテキスト類は、以後も増加の傾向にあった(8)。たとえば、一九二二(大正十一)年に日本警察新聞社から発行された『実際の探偵』という本がある。

著者の石森勳夫は警視庁警視・警察講習所講師・刑事講習会講師などの肩書をもつ。ながく警視庁刑事課に勤務し、犯罪捜査の現場で敏腕をふるった実務家であった。

警察講習所ではかねてより捜査方法についての講義が行なわれていた。しかしながら、それは全国の警察から受講しにきた幹部たちを対象にしたものだ。講習所で授けられた知識や技術は、これら幹部たちをとおして、間接的なかたちで現場警察官に普及させる計画だった(9)。だが、日夜捜査に明け暮れる現場でもテキストを読んで最新の捜査法について知りたいという熱意が高まったのであろう。その希望に添うべく出されたのが、石森の本だったと推定できる。刊行も、南波の『最新犯罪捜査法』から三年遅れているにすぎない。タイトルに「捜査」ではなく「探偵」という言葉を用いているのは、まだ多くの現場警察官にとってそちらのほうが親しみやすかったからではないか。これらの点を、本の内容に即して確かめていこう。

この本には三人の人物が序文を寄せている。当時、警視庁で警務部長を務めていた縣忍は、犯罪の手段や証拠隠滅のしかたが科学的に進歩し巧妙になっている点を重視し、犯罪捜査も科学的に進歩しなければ「司法警察の威力を保持することは不可能である」と述べる(序、一頁)。そこで、科学的捜査法の必要が唱えられた。だが、それらは専門的なもので刑事係以外の警察官にはうかがい知ることができないという「誤解」がある。けれども、一般の警察官とて常に捜査活動に参加できるだけの用意がなくてはならない。どうすればよいか。特別の講習機関で学ぶ以外に、専門家の著書を読むという手だてがあろう。しかし、それらは高尚すぎて一般警察官が理解するには無理がある。こういった事情から、経験に基づきつつ「平易通俗的に」著わされたのが石森の著書であるという〔序、二―三頁〕。

また、警視庁警視だった馬場一衛も、警察講習所での講義内容を編集したものだと書き添えており、この本の内容がじっさいに講義されていた知識技術をやさしく解説したものだとわかる。官房主事兼高等課長の席にあった正力松太郎は、警察講習所の講義を聞いたり刑事講習会の講演に参加したりするチャンスがなかった一般警察官たちは、「実際家の探偵術の解説」が本書のようなかたちで提供されるのを求めていたと書いている。

著者による「はしがき」にも同様の趣旨の記述をみることができる。捜査法に関する著作が増えたとはいえ、理論志向が強く、「刑事巡査などが繙いても応用出来ぬと云ふ苦情」が多かったというのだ。そこで、日本警察新聞社社長の石塚彌助が石森を見込んで執筆を依頼したらしい。石森は、「現代実際探偵としてはどんな方法が良いかと云ふ事を、平易に簡単に俗語で」綴った〔二頁〕。

「探偵」の延命

以上が『実際の探偵』が出されたいきさつである。本章では、この書物についてさらに詳しくみておきたい。ひとにぎりの幹部のために用意された最新のものではないかわりに、当時の現場警察官による捜査の実態をあるていど反映した内容だと判断できるからである。左に目次を掲げておこう。みてわかるとおり、体系だった「学」のテキストというより、実務的参考書としての性格がよく表われている。

第一編　探偵と探偵官吏
第一章　探偵とはどんな事を云ふのか
第二章　探偵の仕事はどうして覚えるか
第三章　犯罪と探偵との関係
第四章　探偵係にはどんな人が適当か
第五章　探偵に従事する官吏
第二編　探偵官吏の心得べき事
第一章　探偵官吏の用語
第二章　探偵官吏の服装と変装
第三章　探偵官吏の携帯品
第四章　探偵官吏と交通通信機関の利用
第五章　探偵官吏の厳守すべき秘密
第六章　探偵の方法は何れが良いか
第七章　探偵と時や場所の関係

第八章　探偵に喋者は使へるか
第九章　犯罪常習者はどんな隠語を使ふか
第十章　犯罪常習者の使用する合図方法
第十一章　骨の折れる探偵と楽な探偵
第十二章　探偵の準備はどうなるか
第三編　実際探偵の遣り方
第一章　犯罪現場の臨検
第二章　犯罪現場の保存
第三章　実際探偵の方法
第四章　任意の捜検
第五章　犯人や嫌疑者に有利な材料も集める事
第六章　嫌疑者とはどんな人か
第七章　逮捕と取抑
第八章　引致と同行
第九章　取調
第十章　自白
第十一章　送致

石森は「探偵」という言葉の意義をふたつあげている。ひとつは、人としての探偵、すなわち犯罪捜査に従事する者という意味である。いまひとつの意味あいは、「或る事情を窃かに尋ねる」ことであり、法律的な「捜査」活動をさす。石森は、仕事について示すときに「探偵」を用い、人を指すときには「探偵係」と呼んで区別するのが適当だといっている〈二—三頁〉。

しかしながら、「科学的捜査を論ずる識者」たちは、「探偵」という言葉は時代遅れで、昔の小説か外国の活動写真に充てるくらいだと見なしていた。曰く、「探偵なる言葉を使ふ連中は頭が昔から改まらぬ」〈三頁〉。こういった評価がくだされていたにもかかわらず、どうして石森は古色蒼然とした言葉を自著の標題に採用したのだろうか。その理由は次のように説明されている。

「探偵」という語を使っても、とりたてて「公序良俗に反する」わけではない。捜査という語はなかなか理解されないけれども、探偵という語であればどんな寒村僻地にいっても、老若男女を問わず理解してもらえる。だから、探偵の語を使うほうがよいのだと。石森が想定している読者は、幹部教育には縁のない、しかし日々犯罪捜査の実務にあたっている警察官たちである。彼らのあいだでは、なお「探偵」という言葉のほうが馴染みがあったようである(10)。

そのいっぽうで石森は、民間の秘密探偵などについては述べる必要がない、とも書いている。このような姿勢を示す必要があった背景として、ふたつのことが読み取れる。すなわち、民間で私立探偵が増加していたらしいという点。またそれによって、探偵という活動がもっていた公的な意味合いや権威が脅かされていたらしい点である。私立探偵の発展については次章でふれるが、それが警察界における「探偵」という用語の扱いと密接な関係にあったことは疑いえないだろう。

第三章でみてきたように、犯罪捜査の科学化は、明治末以来の大きな潮流であった。しかし、それが確認できるのは、政府部内の研究報告や、警察の幹部教育で用いられた教科書の内容、新聞雑誌の論調のなかでのことである。そこには、先進国の制度を導入し近代化を推進しようと考えた人びとの理想が書かれていた。だが、一般的な警察活動においてどのような活動が主流であったかについて「事実」を写しとっているとはいえまい。たとえば石森は、欧米の科学的捜査法をそのまますぐに現場に適用することに対して否定的な意見をもっている。「先進国の例も聞いて、犯罪科学も出来る丈け応用」はするが、他方で「実地に鑑み仕事をする」ことをよしとした〔七頁〕。なぜなら、日本では犯罪の手口に見合った捜査方法がとられており、急速な「科学化」が不必要な点もある。学者派対実地派というような対立を想定したり、そのいずれかを二者択一的に採用するのではなく、両極端を避けて科学と現場のバランスをとることが肝要だという態度である。

そのような意味でも、石森の述べることに耳を傾けておくことは重要だろう。もちろん、『実際の探偵』に書かれていることが、ありのままの「実態」であったと結論することも適当ではない。が、「事実」についての正確な復元が不可能であるとしても、さまざまな立場で書かれたものを比較しておく作業は無駄ではないはずだ。

追跡と尾行

明治のおわりまでの警察では、ともかくも容疑者の身柄を拘束し、そのあとで証拠集めをするという慣行があった。自白を中心にした捜査だから、当然といえば当然である。だが、大正期になると、事件が発覚したばあい、まず物的な証拠を採集し、そこから容疑者を割り出していくという方向が望ましいとされるようになった。石森も、「対物的探偵」をなし、しかるのちに「対人的探偵」にすすむべきだという考えを披瀝している。犯罪現場での最初の作業を「臨検」と呼び、この段階で手がかりを探すのが科学的捜査の基本となる。

具体的な捜査の方法について、「第三編　実際探偵の遣り方」から引く。現場での情報収集が終わったら、容疑者を追い、捕捉する必要がある。そのプロセスにかかわる言葉が説明されている。

まず、犯人が現場から逃走して間もないばあいには、「追跡」を行なう。追跡とは「犯人が逃走した方面に向つて逮捕しようとして其後を追い駆ける事」だ（一五五頁）。隠れている犯人を追い越してしまっては意味をなさないから、追跡の途中でも潜伏できそうな場所に注意を払わねばならない。犯人追跡の導きとなるのが「足取」である。これは、「犯人の人相、特徴、着衣、所持品の点を根拠として、其逃走した経路を辿つて、証拠を集め犯人を押へやうとする方法」だ（一五七頁）。古くから行なわれているものだが、忍耐を要する。足取には、地面や床に残された物理的な〈足跡〉という意味のほかに、事件現場にいたるまでの、あるいは事件現場からの逃走の〈経路〉という意味もある。事件発生前の経路が手がかりになることが多く、犯人がいた可能性の高い時間・場所で目撃者を探せば、逮捕につながる有力情報を得ることができる。

あるていど容疑者の目星がついた段階では、「張込」や「尾行」が行なわれる。「張込」にはふたつの方法がある。ひとつは「手配」で、犯人が立ち廻りそうなところ、たとえば親族の家や料理屋などに、警察への連絡を依頼しておくことである。もうひとつは「直張」といい、警察官が立ち廻り先であらかじめ待ち受けることをさす。

さらに「尾行」についての説明がつづく。石森が解説するのは、一般的な犯罪捜査で行なわれる尾行だ。くり返し述べているように、一般的な尾行と、高等警察においてつかわれている尾行とのあいだには性質のちがいがある。高等警察による尾行の目的には、要視察人の行動を制限することがふくまれるから、尾行している事実を相手にわざと知らせるケースがある。これに対して一般の犯罪捜査における尾行では、「当人に感知されぬ様注意しなければならぬ」。尾行の事実に気づかれると、「犯人や嫌疑者は共犯の処にも立寄らず、贓品を隠匿した場所にも行かず、被害死体のある処にも足は入れない」。だから、「尾行する刑事巡査は充分の注意を払」う必要があり、相手の「動静は洩れなく採集して、捜査上の便に供さなければならぬ」。同様のコメントは、「内偵」についても与えられている。「人の行動を其人に知られないやうに、極めて秘密に探偵する事」が、何にもまして肝要なのである（一六三―一六四頁）。

以上の記述から、当時の犯罪捜査や、そのなかで用いられた尾行というテクニックについての概要を知ることができる(11)。じっさいにどれくらい使われていたのかは定かでないが、容疑者だけを対象にしていたわけではなく、かなり広範囲の人間に対して尾行が行なわれたらしい。石森は、事件に直接かかわらない参考人、「第三者」に対する探偵について書き、このばあいはあくまで「聞込」を中心にするよう諭している。「第三者」を尾行すると、迷惑がって有用な情報を話さなくなり、「通行人から聞いたから話した」とか、「風評で知つた」といったあいまいな返事をするようになってしまうからだ〈一六七―一六八頁〉。だが、このような注記があることからかえって、容疑者、参考人の別なく、必要に応じて尾行がつけられていたと推定することができるだろう。

この石森は、現場での実績豊かな警察官だったが、そのいっぽうで警察講習所でも教鞭をとっていた。したがって、当時の最新の捜査学についても知悉していたにちがいない。だが、それをただちに現場に導入することはできないと考えていた。科学捜査とは、「明治の晩年から発達した捜査方法で、捜査を始めるのに基礎を現場に求め、一定の方針を樹立して、合理的に捜査の対象となるべき社会現象を分析して、系統的にやる方法である」と、適切な理解を示している〈五七頁〉。しかし、この「新式の輸入探偵の方法」には実地に符合しない点もあるので、「余り盲信して、机上の空論に終」わらないよう心がけなければならない。科学捜査と見込捜査は対立するようにみえるし、見込捜査は劣っているとの印象を与えるかもしれない。が、見込捜査にも長所がある。したがって両者を折衷するのが実際的だ。「科学の力は出来得る丈応用もし、筋道のある探偵もするが、又一面には、或る見当とか、見込とか、捜査に従事する官吏が直感した事もやる」というのが石森の立場だった〈五八頁〉。この立場に対しては批判もあったらしいが、実際探偵家としてとるべき道だといいきっている。

当然、警察の組織についても新旧折衷の道を支持している。かつて警察は「諜者」を使っていたが、一九〇七(明治四十)年ごろから使用が禁じられた。「輓近科学的捜査が高唱されて来てから、喋者の事を口にするものさへない状態である」。だが、「夫れなら使つて居らぬかと云ふと、私《ひそ》かに使つて居る様にも見える、之が諜者の実際の成行である」とつづく(六五頁)。さまざまな弊害がある悪漢を諜者として使用することについて、石森じしんは「絶対に反対」だというが、喋者を専業にさせるのではなく、あるていどの報酬を支払って民間人の協力を得るのは可だ、との見解である。

第三章でみたような犯罪捜査の近代化、警察組織の刷新といった事態が全国の現場で実現するまでには相当の時日を要したにちがいない。昨日までの方法は古くなったので棄てよ、今日から変われといきなり命じられて、現場警察官はとまどったはずだ。石森は、彼らの気持ちを代弁しているようでもある。

洋服か着物か

先進国に比して、日本の警察は遅れている。したがって、科学的な捜査法を導入しなければならない。そのような考え方だけで、警察が変わっていたのではない。科学の応用というよりも、近代日本が経験した生活全般の変容によって捜査のあり方を考え直す時期がきていたとみなすべき側面もある。たとえば石森は、捜査にあたる警察官の服装について、興味深い記述を残している。

「古くから探偵官吏の服装は日本服に限るやうな風」があり「別に之を当局も研究しやうともしなかつた」〔二九頁〕。だが、この本が執筆されたころ、現場では服装や変装について従来の方法でよいのかという疑問が呈されていたらしい。石森は、和服・洋服それぞれを着用することの得失を評価する。着物は、岡っ引きや捕吏《とったり》以来の実用服である。懐に捕縄を隠せるし、寒村でも目立たないという利点がある。しかし、「鳥打帽子でも冠り、縞の着物に同じ羽織を着て、草履か駒下駄でも穿いて、懐中に何か物でも入れて居ると、一般公衆は誰でも刑事巡査なりと看破した傾向があつた」〔二九頁〕。昔ながらの服装では、ここに探偵がいますと触れて歩いているようなものだったのだろう。とくに都市の探偵、外国人や知識階級に対する捜査では洋服を着るべきだ、と石森はいう(12)。

この提案は、捜査についての知識や技術を「科学化」していくということと直接には結びつかない。そうではなくて、変化する社会通念に適応していくことが重要だという主張である。犯罪捜査の成否は、それが実践される場においていかに目立たずに行動できるか、まわりの人びとのなかにまぎれて「ふつうの外見」が維持できるかどうかにかかっている。この課題は、科学的な方法の適用というよりも、日常的な社会通念、あるいは「常識」を知りつくしたうえでの実践という意味あいが強い。

警察における犯罪捜査が高度に科学化されていくいっぽうで、現場は移ろいゆく風俗にも翻弄された。街角に立つ刑事たちにとっては、まず自分の姿を目立たないようにすることが肝要だったのである。そのためには、最先端の科学的知識よりも、その場にふさわしい服装や身のこなしについて教えてくれる時代の「常識」を知っておくことのほうがはるかに有用であった。

探偵に向く人

ところで、石森の記述のなかにはほかにも検討に値することがらがある。石森は、犯罪捜査は専門の探偵にしかできないが、「有形の遺留品」については一般人でも採取できる、という〈一二二頁〉。たとえば現場に包丁や手拭が落ちていれば誰でも気づくし、これが犯人の手がかりであることは警察官でなくてもわかる。とすれば、犯罪にかかわる証拠についての知識を一般の人間が身につけることは可能だということになる。

石森は、どんな人が探偵の仕事に向いているかについて述べている。条件は四つある。「昔の探偵なら知らず、今の探偵は法令の範囲内で仕事をしなければならぬ」〈一七頁〉。だからまず第一に、法律の知識が必要だ。また、捜査を迅速に進めるために、機敏であることも求められる。三つめに、緻密な思考のできる頭脳がいる。そしてもうひとつ、探偵の仕事に趣味をもつことがあげられる。「探偵が非常に面白いとか、愉快だとか、探偵に従事して居れば眠くないとか、食事を忘れるとか」いった人が成績もよくなるというのである〈一九頁〉。

法律で捜査が許されているのは、刑事訴訟法に定められた検事や司法警察官に限られる。だが、右に示された条件さえクリアすれば、誰でも探偵になれるのだ。鑑識学や法医学など犯罪捜査に関する知識や技術が普及し、それに対して興味を覚える者がいたとしよう。機敏で、緻密な頭脳をもち、犯罪の謎解きをしていれば寝食も忘れる……。そういう人物は、すなわち「探偵」にふさわしい。なんとなれば、法令がどのような定めをしていようと、「探偵」を自認することまでを禁ずるものではない。法律に抵触しない範囲で、自分の生活を守るために探偵を使うことも許されよう。そういったニーズにこたえる私立探偵は存在しうる。また、フィクションの世界で、思う存分みずからの探偵趣味を発揮し、創作することも可能だ。探偵小説を読んで推理を働かせたり、街頭で尾行のまねごとをしてもかまわないではないか。

一九二七(昭和二)年、『実用探偵読本』という書物が警察教養資料第二十篇として警察講習所学友会から出版された。原著者は、アメリカで探偵学校を開いているE・W・マンニングという人物である。警察講習所教授の連修《れんおさむ》という人物が訳出にあたった。訳者の連は、上海でこの本を読み、実務の参考にしていたらしい。さきの『実際の探偵』は、平易な文章で書かれた実務用のものであるとはいえ、あくまでも警察官を読者としていた。それに対し、この『実用探偵読本』は警察講習所の出版物ではあるが、一般向けの本なのである(13)。

翻訳にあたって、連は序文に次のような言葉を添えている。

まず、第一に、原著は、専門家にとってはとりたてて耳新しい内容ではないかもしれない。しかし、「初進者《ママ》には手引となり経験者には他山の石となる」だろう。探偵という方法は、官に限られたものではなく、公共空間でも私生活でも役立つからである。「もしデパートメントストア等の経営者が従業員の不行跡、客の万引等に対する被害と其予防とを考へ」るならば、アメリカの探偵入門書にも一読の価値がある。また、犯罪予防の観点から、家庭の主婦が「この種の知識」をもつことも、「不慮の被害に備える」一端となるはずだ〔訳者自序、一頁〕。

第二に、警察講習所の教材が「一般的読物」として位置づけられたことについて。連は、この事態を「刑事警察の宣伝」および「国民警察思想普及の一手段」と見なしている〔訳者自序、二頁〕。

原著者マンニングの言葉にも耳を傾けよう。マンニングは、一般の人でもいくばくかの知識をもてば探偵になれる、と述べている。――「誰でも通常の知識を持ち又常識を能く働かせる者は、その現在或は過去の職業の如何に拘らず立派な探偵に成ることが出来る」〔原著者序文、一頁〕。もちろん、このくだりは私立探偵が職業としてなりたつアメリカの事情を反映している。日本にも私立探偵がいないわけではなかったが、業界のあり方は彼我でかなり異なっていた。だから、この国でマンニングのいうような探偵化社会を想定するには飛躍があろう。けれども、「誰でも通常の知識を持ち又常識を能く働かせる者は〔中略〕立派な探偵に成ることが出来る」という一節は記憶にとどめたい。

つづけてマンニングはいう。現代では犯罪が増加しており、「凡ての大都市、会社、運輸会社、商館、製造工場等に於ては常に探偵事務が必要」となった。けれども、優秀な探偵は少ない。そもそも犯罪が増加しているのも、探偵が少ないことに起因する。今後も探偵の需要は大きくなるだろう、と。探偵学校を開いているマンニングとしては、このような宣伝文句を連ねることによって、多くの入門者を集めようとしたにちがいない。執筆意図のはっきりした、ごくありふれた啓蒙書である。

ここで注意したいのは、原著者マンニングの思惑や算段ではない。むしろ、あらゆる人が探偵になれる、という内容の本を、警察講習所の教官が翻訳し一般書として刊行したという点である。訳者の連は、その目的として「国民警察思想」の普及を掲げた。

国民警察思想

「国民警察思想」とは第三章にも登場した松井茂が主唱した考えである。松井は主著のひとつ『警察の根本問題』（一九二四年）において国民警察について次のように説明している。国民警察という言葉には、一部の人間のためではなく国民すべてのための警察、という意義がある。と同時に、「国民側より謂ふときは、国民皆警察なりとの観念に立脚すべきもので、公徳上よりは国民各自に於て自警思想を保持せねばならぬ」。また、「民衆側より見たる国民警察の意義は、民衆各自が英国の如くに、警察を以て吾々国民の警察なりと観念し、万一社会の秩序を害する者あるときは、国民は自ら進んで警察を援助し、官民は相一致して悪漢無類の徒を除去するに努むる等、其の他各種の災害に対しては、之が予防撲滅に全力を注ぐことである」とも述べている〈五二—五三頁〉。すなわち、国民ひとりひとりが犯罪の防止や摘発に対して一定の責務を果たすべきだというのである。

『警察の根本問題』は警察官を対象に想定して書かれたものとみなせるが、松井は自分の考えを警察内部にひろめるだけで満足しない。同じ本のなかで「国民警察教育」についてもふれており、そこでこう書いている。「我邦には兎角未だ国民の安全思想が発達しないので、余は夙に之を憂へ、地方を旅行の際は成るべく民衆に対し、安全思想の注入に努めつつある次第である」と〈六一頁〉。じっさいに、警察講習所所長を退いたあとも、警察協会の副会長として、全国の警察教育機関で講演などを行ない、また雑誌への投稿などをつうじて国民警察思想の「注入」に力を尽くした。

引用部分に「自警」の語があることから了解できるように、これは前年の関東大震災における経験を下敷きにした発想である。大日方純夫によれば、松井の国民皆警察論はさらに遡って日比谷焼打事件（一九〇五年）にその淵源を認めることができるという（『警察の社会史』）。

松井は、後に「一般大衆の為め」に『警察読本』（一九三三年）を出版するが、そこでもほぼ同様の文章でその主張をくり返した。「国民皆兵」が求められる時局にあっては「国民皆警察」も当然であり、「国民皆警察でありてこそ国家も亦永遠に安泰である」と声を大にしている（序、一頁）。また、「国民警察の発展は、国家百年の大計」であるとも述べる（一二九頁）。ふたたび大日方の分析を参考にしよう。松井が国民警察論を主張するとき、モデルとされるのはイギリス・アメリカにおける警察と民衆の関係であった。しかし、日本の中央集権的な警察のしくみに問題があるとは考えない。むしろ、国情によって警察のかたちがちがうのは当然だとみる。そして、フランス・ドイツ型の警察機構のままに、みかけだけはイギリス・アメリカ的な〈民衆のための警察〉のありようが目指される。したがって、そこで求められている「自治」は欺瞞である。大日方は、「中央集権的警察の下支えとしての官治的『自治』、警察にとって役立つかぎりでの便宜的『自治』でしかない」、と総括する（『警察の社会史』二〇四頁）。

犯罪についてのフィクションが愛好されると、大衆は悪への誘惑を受け、またその手口を学んでしまう。犯罪映画や探偵小説の隆盛は、社会を汚染する。――大正のはじめ、そういった発想にもとづいて映画の検閲がスタートした。だが、「国民警察思想」を前提にするとき、犯罪に関する知識・技術が普及することは望ましいこととしてとらえ直される。

背後には、社会における犯罪の増加を「探偵術」の普及啓蒙で抑制しようという考えがある。くわえて、それが特殊な知識や技術ではなく、一般人の常識の延長上にあるものとして認識されている。マンニングの翻訳・紹介も、その意味で歓迎されたのだろう。

さしあたり確認しておきたいのは犯罪捜査にかかわる科学的知識・技術の通俗化という流れである。警察教育において「捜査法」と呼ばれた知識・技術は、一般に普及していくプロセスで「探偵学」あるいは「探偵術」という名を与えられた。犯罪に関する専門的知識が普及することによって、犯罪者の手口が巧妙になり、逃亡の可能性が高くなるという社会的デメリットが想定できる。しかし、そのいっぽうで、被害に遭わないためのさまざまな予防策を講じることも可能となり、知識の応用しだいでは犯罪を減少させる道も開かれると考えられた(14)。松井の思い描く国民警察が実現すれば、国家や政府は犯罪の防止・摘発のために支払うコストを節約できる。大衆文化のなかに犯罪捜査に関する専門的知識が浸透しはじめたことを、警察の側も利用したということになろう。

警察は、いっぽうでジゴマ映画の上映を禁じ、そのいっぽうで「探偵術」の普及を援護した。まかりまちがえば、犯罪手口の教唆になりうる、そのリスクを賭してである。ここに、国民警察思想のはたらきを読み取ることはできよう。警察のノウハウを「開示」することになる以上、国民の働きかけに応えてというよりも、警察サイドから主導された流れであったとみなすのが適当だ。ただし、一方的な情報公開ではなく、検閲制度とセットになっていた点には注意しておきたい。

また、大衆文化における探偵ブームの原動力として、国民警察思想の影響力を大きく見積もりすぎることも適当ではない。松井のような高級官僚の難解な言葉が、警察組織の枠をこえて、その外側にまで広く届いたとは考えにくいからである。民間で探偵的な知識・技術に対する関心が高まった理由には、もっと別の答えも用意しておかねばならないだろう。

都市化による生活の変化

ここで思い出したいのは、石森の指摘した服装についての論点である。石森は、探偵にあたる刑事の服装に注意を喚起した。都会では、着物をやめて洋服を着たほうがよい、と。それを、最新の科学的知識にもとづく技術の応用だと評価するにはいささかのためらいが残る。新しい捜査法の実践というよりも、犯人に見破られないための現場の知恵といったほうがよさそうだ。そしてそれは、とりもなおさず「常識」を身につけることにほかならない。犯人が都会の雑踏に逃げ込んだとき、どのようにすれば悟られずに尾行することができるか。その答えは、犯人が隠れようとしている、その同じ環境に合わせることである。洋服が多い場では、洋服を着ていれば目立たない。和服が多い場なら、和服を着ておくことで、姿を隠すことができる。そういった判断が、尾行による情報収集を成功させる。

石森は、変装についても一家言をもっている。変装とは、「探偵官吏が対手人に、其身分を感知せられざる様、人相なり、言語動作なり、服装なりを変更」することである。大工に変装するにせよ、会社員に変装するにせよ、「外部の形式的服装携帯品を変へる」と同時に、「内部の言葉使ひ動作まで変へなければ、直ぐに〔中略〕発覚される」〔三三―三五頁〕(15)。

こういった知識は、尾行を見破られないためのものでもあるが、同時に、犯人を見抜くためにも用いられる。適当な資料がないので、少しあとの時代のものだが、あるテキストには、犯人の外見から犯罪を推定したケースとして次のような事例が紹介されている。

一人の大工で、建具職人とも見える男が徘徊して居たが、銘仙の袷に同じ羽織を着て居り中古の羅紗の鳥打帽子を冠つて居る所は、先づ普通の服装で、別に不思議はなかつたが、古草履のやうに酷く磨り減らした駒下駄を穿いてゐるのが、如何にも不均衡で、誰が見ても変に思へるほどだったので、その男に対して不審尋問をしたところ、果たせるかな窃盗犯人で、其の着衣が悉く贓物であることが判明した。〔『第六感の妙機　犯罪実話と探偵術』三一五―三一六頁〕

このような「カン」のはたらきを言葉で説明することはむずかしいが、少なくとも当時の人びとにとっては「誰が見ても変に思へる」くらい、通念からは逸脱したコーディネートだったのだろう。現代のわれわれがこの事例を簡単に理解できないのは、着衣についての当時の「常識」を共有していないからである。とすれば、不審尋問のきっかけとなるような「カン」は、刑事たちが日々移り変わる服装についての常識やルールを、時代と共有していてはじめてはたらくものだといえよう。

先にふれたとおり、探偵学が成立する時代は「探偵ブーム」が訪れた時期でもある。探偵映画や探偵小説が流行し、多くの事件・犯罪をあつかった「実録もの」が出版されている。そのような風潮のなかで、警察職員向けに執筆された捜査学の教科書類が、一般読者を想定して出版されはじめたという事態が生じた。

世相を考えてみよう。呉服店が百貨店への転身を遂げ、鉄道会社もターミナル・デパートの経営に参入しはじめる。興行街も旧来の芝居や見世物だけでなく、映画や洋楽などの新しいものが主役の座を奪う勢いを見せていた。

それまでの都市の「遊び」が、大人の男のための「飲む・打つ・買う」を中心に編成されていたのに対し、家族連れで楽しむようなショッピングや映画見物、観劇などの比重がしだいに高まる。「女こども」にとっても楽しく、そして害のない娯楽が幅をきかせはじめる。結果的に、盛り場は色街とは別の場所で新しく発展した。あるいはかつての色街が、明るく健全なものに再編成されていく。しかしながら、新しい雑踏空間の誕生は、新しい犯罪の場の創出でもあった。犯罪史には、デパートでの万引やスリが書き加えられる。映画館での事件も少なくない。盛り場の群衆をたばかり、その群衆に紛れて逃走することが、犯罪計画のなかに予め組み込まれた。この時期には窃盗などの犯罪が増加し、事態に即応するために警察の組織設備も拡充されていったのである（第三章註26の表を参照）。

新しい雑踏空間の発生は、逃げる犯人と追う警察官のあいだの関係だけに影響を与えたわけではない。都市化の進行やライフスタイルの急激な変化は、一般の人びとを〈探偵〉的な知識へと駆り立てる要因でもあった。

人びとは、移ろいゆく世相のなかで迷っていた。街角に立つとき、どのような身なりをしていればよいのかについての、従来の基準が通用しにくくなる。新しく洋装に身を包んでみるにも、それが場にふさわしいものなのか、おかしく映りはしないかという不安にさいなまれた。見ず知らずの人の前で、自分を疑わしい人物でないと証明するためには、一定の知識が必要だった。「ふつうの人間」であるように見せるためには、ある種のルールを知っていることが求められたのである。しかも、眼前にいる多くの人びとすべてにとって穏当な外見を維持することは、困難な課題だったと推測できる。都市生活のマニュアル的な読み物が売れ、新聞雑誌に身上相談の欄が設けられていった世相は、このような生活の変化を物語る。

いっぽう、他者の一見ふつうの身なりやしぐさには、自分を陥れようという意図が巧妙に隠されているかもしれない。本書の序で示した漱石の小説に書かれたごとく、たまたま居合わせた人が自分に対してどのような「意図」をもっているのか、あるいはまったく何の関心も払っていないのか、それを判別することさえもが覚束ないのである。他者に気づかれないようにして、その真意を測りたい。怪しい人物なのか否かを、どのように見破ればよいのか。こういった課題を達成するために必要な知識や技術への欲求が、探偵科学ブームの後景にあったとみてよいだろう。

『探偵学大系』

一九二九(昭和四)年に発行された江口治の『探偵学大系』は、大正から昭和にかけて蓄積された捜査ノウハウの集大成といった趣の本である。タイトルからうかがえるように、犯罪捜査すなわち探偵に関する知識技術について系統だてて概説したもので、本文は七百六十六ページ、挿図二百九点に及ぶ(16)。著者の江口治は、警視庁に籍をおいた警察官であった。警官練習所主事などを経て一九二〇(大正九)年から鑑識係長の職にあったほか、三田、日比谷、上野各警察署の署長を歴任。いちど警察を退いて民間企業の社長をしているときに『探偵学大系』を書きあげた。しばらくして復職し、警視庁捜査第一課長、満洲国警務庁長などを務めている。犯罪捜査に関しては、全国的な講習会でも講師を任される人物であった。

寄せられた五つの序文のなかに、興味深い指摘をしているものがあるので紹介しておこう。太田政弘の手になるもので、次のような内容である。代議制や自治制の導入によって、日本でも国民の意思を参酌するしくみがようやく整ってきたが、法に関しては機が熟していなかった。ところが、一九二八(昭和三)年から陪審法が実施され、国民が裁判にも参与できるようになった。現行の裁判制度を批判する者は少なくないが、しかし、国民じしんが事実決定をする能力をじゅうぶんに備えているかというと心許ない。「犯罪の取扱に関して一通りの知識を備へて置く事が、国民の義務となつたと云ふても宜しいと共に、司法警察に従事する官吏にとりては愈々其責任が重くなりました」(序、二頁)。また、素人の陪審員を横着な者や狡猾な者がごまかす可能性もあるだろう。「陪審法実施初期の重大なる時に当り、斯る必要を充たす」ために「世の人が需むる」適当な参考書が、江口の著書であるという。

さきに、犯罪捜査に関する著作が一般読書人を対象とするようになった傾向について、ふたつの理由

江口治『探偵学大系』

をあげた。ひとつは、国民警察思想などの影響のもと、警察が自らのノウハウを一般に普及させようとしたこと。もうひとつは、衣服の洋装化などをふくむ都市生活者のライフスタイルの変化である。これに加えて、陪審制度の発足という事情があったこともおさえておくべきだろう(17)。江口じしんも、自序に相当する「発刊に際して」のなかで、この本の読者層として第一に想定しているのは「検察実務家」であるというが、すぐに「公刊物である以上、読者の範囲を限定する事は出来ません」とも書き継いでいる。著者は、一般市民が陪審員になったときの参考書になる可能性を予想していたとみなせよう。じっさい、これよりあとの捜査参考書では、捜査員は証拠資料の万全を期して、陪審員に適切な説明ができるようにと戒める文言があらわれる。

次に、この大著の目次を掲げておく。

第一編　総論

第一章　探偵学及探偵術の観念

第二章　探偵術の態様

第三章　探偵術の構成

第四章　探偵術の実際的運用

第五章　探偵推理の誤謬

第六章　探偵資料

第七章　探偵術の進歩が産みたる分科

第八章　犯罪現場及関係地

第二編　探偵作用

第一章　総論

第二章　探偵活動に於ける重点の判定並びに其の実例

第三章　探偵活動の実行方法

第四章　犯罪類型（常習手口）

第五章　探偵上注意すべき犯罪の様態

第六章　賭博

第七章　犯罪団体
第八章　犯罪常習者の隠語及符牒
第九章　探偵活動の地盤（畑）
第十章　変装
第三編　鑑識作用
第一章　総説
第二章　理化学的鑑識
第三章　指紋法に依る鑑識
第四章　犯人の慰留せる各種痕跡の鑑識
第五章　形態の特徴
第六章　殺傷の鑑識
第七章　心理的鑑識
第八章　刑事写真及之による鑑識並に資料保存
第九章　警察犬

江口の記述は、まず「探偵的心理」を説明するところからはじまる。そもそも科学のおこりは、「既知より未知を探らんとする心性」にある。そして、探偵心理とはこの本能が社会人事上に発露したものと把握される。探偵本能を導くのは、「当の対手に触れずして、事相を看破したいと云ふ欲求」である〔一一二頁〕。

江口のこの言葉のなかに、相手にさとられずに情報を得るという点、すなわち〈窃かに探る〉ことこそが探偵的な活動の眼目であることを再確認できる。

つづいて江口は、「探偵学」の何たるかを記している。「探偵学とは探偵に関する系統的知識の大系を謂ふ」。また、「探偵術とは、探偵学により組成せられた、探偵方法の意味」であり、「隠れたる事実の真相を、隠密の間に探り知るべき手段方法の、系統的組織を謂ふ」。両者の関係は、「探偵学は探偵に関する知識の体であり、探偵術は、探偵に関する知識の用である」とも表現されている〔二一三頁〕。体系だった知識としての「探偵学」と具体的な捜査技術への適用としての「探偵術」という区別が立てられた。

合理的探偵の時代

この書物は、昭和戦前期の警察活動の水準を考えるうえでの大きな手がかりといえる。しかし、タイトルには「探偵学」とあって「捜査」という言葉は用いられない。刊行の年次からいって、「捜査学」という名称に衣替えしても不思議はないのだが、江口にはまだ「探偵」という言葉に対する馴染みがあったのだろう。世間受けを考えてポピュラーな標題を選んだのかもしれない。ともかく、江口は「探偵」という言葉を捨てきれず、探偵「術」を探偵「学」に変えるにとどまった。

江口の認識はこうだ。探偵という言葉は、習慣では「官憲の行動」を指す語であって、厳密には刑事訴訟法の用語「犯罪捜査」を充てるべきである。だが、探偵といっても捜査といっても、本質には変わりがない。ただし、捜査の語は犯罪のみを対象にする。これに対して、探偵は、一般の探索行為を含む広義にわたる用語だ、と〔三―四頁〕(18)。

江口は、犯罪捜査の近代化過程について時代を区分して説明している。一九〇七(明治四十)年ごろまでは「見込捜査」の時代。つづく一九〇八(明治四十一)年から一九一六(大正五)年までが「科学的捜査」の時代で、翻訳的進歩時代とも呼ばれている。江戸時代以来の犯罪捜査の方法では、多数の被疑者を引致する、犯罪団体との一定の関係のなかで検挙がすすめられる、不適切な諜者の利用が行なわれる、などの弊害があった。それらを除くために大なたをふるったはよいが、逆に犯人検挙の実が上がらなくなったという。「時世の進歩は、探偵からあらゆるものを取り揚げましたが、其の合理的代用物は、未だ何物も与えられなかつた」ために、「ほんとうに手も足も出ぬやうに」なってしまった。衆論は、「科学的探偵方法の採用より外は無い」ということで一致した〔二〇―二一頁〕。

さて、ここまでの区分はすでにみてきたとおりで問題はない。亀太郎の事件が、見込捜査の時代と科学的捜査の時代のはざまに起こったことも確認できる。江口は、しかし、科学的捜査の時代について、辛口の評価を与えている。この時代には欧米の探偵術が積極的に導入されたが、紹介者の「大部分は刑事実際家と謂ひ得る人では無かつた為、其の説く処は、多く実際に疎く所謂講壇的探偵方法と云ふべきもの」であった。そして、このときに導入された知識・技術が現代の探偵術に寄与したことは認めるにしても、「実際家からは全然閑却せらるゝ傾」があったというのである〔二二一二二三頁〕。

犯罪捜査の科学化というプロセスは、その端緒において一種の「熱」を帯びていたといってよい。江口は、すべてを科学が解決すると考えた時代の行きすぎを、苦々しく回想している。西洋のものであればありがたがる、科学至上主義があったというわけだ。そして、熱が冷めたあとの時代を江口は別のものと考えた。すなわち一九一六（大正五）年以降の「合理的捜査」の時代である。

「合理的捜査」の時代に行なわれるのは「合理的探偵方法」である。これは「学術又は経験上の知識を合理的に綜合し、之を探偵に応用せんとするもの」とされる。江口が『探偵学大系』という大著のなかで述べようとしているのも、まさしくこの「合理的探偵方法」である。

では、これは科学的探偵方法とどう異なるのか。石森が提唱した科学と実際の折衷とは、どうちがうのだろうか。

人間には、科学のように系統だったものではないが、知識と呼べるものがある。たとえばひとつの死体があったとして、その死因を究明するために全身をくまなく解剖しなければならないかというと、そうではない。おそらく、死因は頭の傷だろうとか、腹部の損傷だろうというように一定の「見込」をもって解剖をはじめる。こういった「見込」の基礎になるものは、体系だってはいないものの、ある種の知識や経験の蓄積である。科学至上主義には、これらの「見込」までも排除するような意見があった。それが、科学的探偵方法の欠陥だったのである。むしろ、あるていどの「見込」をもったうえで、科学的方法を応用するほうが、実践を導く適切な方針といえるはずだ。

むろん、この「見込」が、かつての見込捜査の時代を象徴する無定見なものであってはならない。江口は、〈確かな着眼や観察（鑑識）にもとづく推理〉という意味で「見込」という言葉をつかう。以上のような考えをふまえて、もういちど「合理的探偵方法」をとらえなおすと、科学的知識と、非系統的な知識との両方にもとづいて、合理的な推理をはたらかせて捜査を進めていくことになる(19)。

江口は、科学における専門的・抽象的知識と、経験から得られる実際的・具体的知見とをうまく接合することが重要な課題だと考えていた。見込中心の時代と科学偏重の時代——江口はそれぞれの弊害を身をもって知っていただけに、現場経験のもつ意味を活用できるような枠組みを模索したのであろう。そして、次のような境地に達した。「真に洗練せられたる常識、合理化せられたる常識が探偵に利用せらるゝとすれば、常識の応用其のものも、科学的方法である」（五八頁）。『探偵学大系』という本のねらいは、科学的な捜査方法の抬頭によって葬り去られかねない情勢におかれていた実践的な方法を、捜査過程のなかに再び統合することにあった。著者の江口は、この本のなかで、物的証拠に立脚して合理的な推理をすること、実際の捜査過程はまちがいが起こる可能性を孕んでいること、鑑識と捜査を分離すること、現場を保存し客観的な資料や記録を作成することなどの重要性をくり返し述べている。

現場で求められる実践的な知恵とは、どんなものだったのだろう。犯罪心理学や、理化学的な実験データや、無線通信技術など日を追うごとに進歩する最先端の科学情報が、事件解決に役立つことを否定はできない。しかし、捜査員が向き合わねばならない事件の多くは、そういった理屈とは無縁だった。指紋法や血液鑑定など一部の知識技術は、かつての捜査方法がもっていた欠陥を補って余りあるものだったし、あるていど普及もした。が、そういった実用性の高い技術を別にすると、当時の犯罪捜査が科学に依存した度合いを過大評価するわけにはいかない。

事件の解決に向けて、犯罪事実の解明や容疑者の確保を課せられた担当者にとって必要不可欠な知恵は、たとえば法律についての理解や、人間関係に関する経験則や、社会通念などであったはずである。江口がいう「見込」とは、このような、組織化されていないけれども犯罪捜査に必要な実践的知識によって導かれるものであった(20)。

明治末から大正にかけて、捜査の科学化をおしすすめようとする熱意が警察幹部のなかに生まれた。しかし、理論が現場の実践と遊離してしまっては意味がない。実務経験豊富な者たちは、理論と実践を接合するような著作を書き、それを一般書として刊行した。大正から昭和のはじめにかけての「探偵学」の性格は、そのようなものだった。

江口の『探偵学大系』は理論と実践をつなぐ大いなる試みといえる。しかしながら、それはあまりにも大部であった。わかりやすい文章で綴られてはいるが、解説される項目は多岐にわたり、またときに抽象的な記述もみられる。「合理的探偵方法」に理論的根拠を与えるために展開される科学論・哲学論を読むのには根気が必要だ。正直なところ、全巻を読破するには骨が折れる。

実務参考書から一般書へ

一九三二(昭和七)年に恒岡恒の『科学と体験を基礎とせる探偵術』が世に出ている。警視庁の「捜査係長」が「探偵術」について本を著す。しかも、科学と体験の両方に目配りをして。

恒岡は、序文にこう書いている。江口らのテキストは、なるほど大いに参考になる。しかし、「不眠不休捜査活動に始終し而も一定の読書の暇さへも得ることが出来ない探偵家としては夫れ等の良書をして空しく机上の塵芥に埋もらして居ることは誠に残念に思ふ」。だから、「文意は元より平易に科学と体験を織り込んだ事実を基礎とし美辞麗句を避け以て初学者の座右に適するものをと考へ」た(序、一―二頁)。説明される事項も網羅的ではないし、文章も理路整然というよりは体験談を交えた読み物調といった印象だ。江口ら先人たちのテキストに含まれる内容を圧縮し、二百二十一ページの小冊子にまとめている。おそらく、このようなコンパクトな形態のほうが現場の需要に合致していただろう。

この恒岡は、警察を退職したあと、大日本雄弁会講談社から『犯罪捜査実話』(一九三七年)を出版している。二十三年間で担当した三千余りの事件のなかから十二編が選ばれた。その語り口は、もはや実務参考書ではない。主人公が警察官であることがきわだつくらいで、いわゆる「実録もの」と変わるところはない。昭和にはいると、犯罪捜査のテキストが一般に販売されるとか、一般向けの解説書が出されるというだけではなく、警察関係者が新聞雑誌に寄稿したり、「実録もの」を一般の出版社から上梓したりという傾向が顕著になった。記者の取材に対してコメントするにとどまっていた警察官たちが自分でペンをとりはじめたのである。もっとも、著者として奥付に名前を出している人物がどのていど執筆したのかについては、判断を留保せざるを得ない。あるいは、編集者が手を加えた可能性もあろう(21)。

もちろん、警察関係者ではない者が執筆するケースも拡大していく。ここで、昭和になってから出版された犯罪捜査に関連する解説書・一般書について、整理しておこう。

一九二七（昭和二）年には、法律新報記者の安東禾村（安東源治郎）が『犯罪と科学の闘争』を巌松堂書店から出している。これは海外の事件を中心に紹介したものである。安東は、一九三〇（昭和五）年にも『最近驚異 科学探偵術物語』を出版した。国内の事例を中心に紹介する書物が多いことに不満をもっていたらしく、二冊目の本でも海外の事例を編集解説している。

一九二八（昭和三）年には、平田潤雄と秋間保郎が共著で『現代式探偵科学』を出した。これも海外の事例をおもに扱っている。平田は工学士、秋間は『家庭科学』の主筆であって、刑事畑の人間ではない。雑誌に書いたエッセイをまとめたものといえる。序文には、「最近に於ける読書界の趨勢として、探偵小説、大衆科学が最も耽読される」という指摘があって、時代を感じさせる。「本書はこの二つを基礎として、ペンを起したもので、趣味と実益を兼ねてゐる」という。

デバカミスムスの提唱者・高田義一郎は、法医学の専門書・啓蒙書を数多くものするいっぽう、誠文堂から刊行された十銭文庫のシリーズにも『探偵科学の話』（一九三〇年）と題する一冊を執筆している。誠文堂の十銭文庫は、当時の大衆文化のカタログ的意味合いがあるので、そのなかに「探偵科学」が収録されたことは、「探偵もの」が読書界で一定の領域であったことを物語る。また、京都帝国大学教授の小南又一郎も『通俗法医学と犯罪捜査実話』（一九三一年）などの一般啓蒙書を著した。

一般雑誌が通俗的な犯罪読物を掲載することが日常的になり、事件・犯罪を専門にした雑誌も創刊された。たとえば『犯罪科学』（一九三〇年創刊）や『犯罪公論』（一九三一年創刊）などがそうである。このような出版物の増加現象は、いわゆる「エログロ」時代のひとつの核を形成した。

武俠社の『犯罪科学』は、一九三〇（昭和五）年六月から二年間完結を予定して創刊されている。後述の「犯罪科学全集」が好調のうちに配本されたので、専門誌も売れると踏んでの企画であったようだ。じっさい、当初の予告をたがえ、刊行は二年をこえている。創刊号に掲載された広告文は次のようなものである。


学術と猟奇趣味の握手成る！

僅か二ヶ年だ。完全に確保せよ！

生白い恋愛小説の時代は去つた。欧米読書界は既に機械科学から精神科学の追求へ大旋回を開始した。『犯罪科学研究』は今や独米の読書界を席捲しつゝある。

雑誌にして而も雑誌以上の内容を占守し研究的にして而も耽奇的趣味を満喫せしむる本誌の抱負を見よ！

人類発達史と社会文明史の背梁に巣喰ふエロチシズムとグロテシズムの探究！ そは正しく赤裸々にした人間の研究である。されば一切の社会悪と社会善を生む人間本能の秘奥を曝露し、人生科学の諸相を究めるのが本誌の使命である。


創刊号には、浅田一、金子準二、小南又一郎ら法医学関係者をはじめ日夏耿之介や馬島僩、草間八十雄らが寄稿した。以後も、室生犀星、丸木砂土、甲賀三郎、中山太郎、三田村鳶魚、大宅壮一、今和次郎、岩田準一、喜多壮一郎、石角春之助、後藤朝太郎らが執筆し、谷崎潤一郎や丸木による翻訳も掲載されている。いっぽう、四六書院（三省堂）の『犯罪公論』は約一年遅れ、一九三一（昭和六）年十月に創刊号を送り出している。編集者の一部は『犯罪科学』から分かれてきたようだ。小南や草間ら武俠社の執筆陣と重なる部分もあるが、谷崎や村松梢風、岡本綺堂ら名のある作家も加わっている。これらの雑誌は、犯罪にかかわる知識の解説、社会時評、創作小説や翻訳、その他さまざまな記事を載せ、読者を獲得していった。

雑誌の創刊とあい前後して、武俠社の「近代犯罪科学全集」や中央公論社の「防犯科学全集」(22)など、現在でも古書店でよく見かけるシリーズものの刊行がみられた。

武俠社では、『犯罪科学』創刊に先行して一九二九（昭和四）年九月からこの全集を発売した。売れゆきは好調で、広告には「人気いよいよ加はり毎巻殆ど売切れ！」の活字が踊る。「読書界の処女地開拓！」あるいは「専門家独占の研究室の公開」といった言葉も添えられている。シリーズの構成と執筆者の肩書は以下のとおりで、いずれも専門的な知識をもった執筆陣ということができる。

第一巻『変態性欲と犯罪　犯罪と人生』高田義一郎（医学博士）

第二巻『理化学鑑識法』乙葉辰三（警視庁鑑識課理化学主任）「理化学鑑識法」・金沢重威（警視庁鑑識課写真室主任）「刑事写真」・山口信夫（警視庁鑑識課指紋主任）「指紋法」

第三巻　『犯罪捜査法』有松清治（警視庁特別捜査課長）「智能的犯罪捜査法」・出口安二（前・警視庁捜査係長）「強力的犯罪捜査法」
第四巻　『変態心理と犯罪』中村古峡（文学士）
第五巻　『女性と犯罪』野添敦義（法学士・警視庁嘱託）
第六巻　『暗殺・革命・動乱』喜多壮一郎（早稲田大学教授）
第七巻　『犯罪鑑定余談』浅田一（医学博士・長崎医科大学教授）
第八巻　『法医学短編集』小南又一郎（医学博士・京都帝国大学教授）
第九巻　『売淫・掏摸・賭博』喜多壮一郎（早稲田大学教授）「売淫」・尾佐竹猛（法学博士・大審院判事）「掏摸・賭博」
第十巻　『犯罪者の心理』金子準二（医学士・警視庁医務課技師）
第十一巻　『殺人と性的犯罪』加藤寛二郎（警視庁医務課長）「犯罪捜査と法医の実際」・荒木治義（警視庁医務課技師）「殺人と性的犯罪」
第十二巻　『血液型と親子鑑定・指紋学』古畑種基（医学博士・金沢医科大学教授）
第十三巻　『刑事珍事集(1)』原胤昭解題
第十四巻　『刑事珍書集(2)』尾佐竹猛（法学博士・大審院判事）解題
第十五巻　『演劇と犯罪』飯塚友一郎
別巻　『特異犯罪の実記』天草麟太郎

さきに紹介した『現代式探偵科学』の序文には、読書界の趨勢として探偵小説と大衆科学の耽読があげられていた。そういった「趣味と実益を兼ね」そなえたものが、読書界ではもてはやされたようである。この二つをとりこむかたちで出版されたのが、探偵学を通俗的に解説した書籍群である。「趣味と実益を兼ね」そなえた一般向けの出版物を「通俗探偵もの」と呼んでおこう。とはいえ、現場警察官向けに平易を旨として書かれる犯罪捜査法の解説書と、趣味と実益を兼ねて一般読者層に対して売り出される通俗探偵ものとのあいだに明確な一線を画すことは困難である。あえて区別を立てようとするなら、専門家向けの学術書と、ノンフィクションの通俗探偵もの、そしてフィクションの探偵小説といった、三種類に分けることになろう。

学術書や犯罪科学ものとちがい、探偵小説では作品の文学性、「謎解き」の楽しみ、スリリングなストーリー展開などに重きがおかれる。だが、ノンフィクションの実録のものにもスピード感あふれる記述や、文学的紛飾、推理のおもしろさをそなえた作品がある。とすれば、「文学性」のような特徴を本質的な差異とみて、小説と通俗探偵ものとを区分することはかなり問題ぶくみである。

ノンフィクションの著者たちは、しかし、みずからの仕事と探偵小説とのあいだに一定の距離をおいていた。探偵学は、文学作品の世界で成立する「完全犯罪」が幻想にすぎない、と主張する。たとえば安東は『最近驚異 科学探偵術物語』で次のように書いている。

探偵小説家の所謂「完全無欠の犯罪」なるものは到底存立の余地が無い。たとへ如何なる犯罪人でも、その跡に何等かの手掛りを残さない犯罪を組立てることは殆ど不可能である。〔中略〕遺漏なき科学的調査の結果は、常に犯罪者を間違いなく正義の手に齎《もたら》すことが出来るのである。〔一頁〕

この例のほかにも、科学の力はすべての真実を照らし出すから犯人捕縛は必然である、あるいは科学と警察の共働で社会には正義が貫徹されるなどといったタイプの言説が見受けられる。また、個人プレーではなく、組織力が問題を解決するという点も強調される。恒岡の『科学と体験を基礎とせる探偵術』では、小説の探偵が「事件の最初から単独で活動」するのに対し、現実の捜査では「探偵は主任の命令を受け、主任は署長課長の監督の許に、署長課長は更に検事の指揮に依つて部下を統一するのが常時」だという〔五三頁〕。

科学は警察の捜査活動を飛躍的に進歩させた。たとえ科学を利用する犯罪者が現われようとも、科学化された警察にはそれを凌駕する叡知と組織力がある。悪は、科学の前に滅びるしかない。――このような主張は探偵小説を敵視するような気分に支えられているのだが、もちろん、すべての作品が完全犯罪の可能性や超人的探偵の活躍を描いたわけではない。科学と組織の力が犯罪を撲滅するというストーリーは、ノンフィクションを書く者たちが探偵小説との差異化をはかるときの常套手段として採用された。

事実と虚構とを問わずにおけば、専門のメディアに、あるいは一般の新聞・雑誌に、犯罪捜査に関する記事は数多く掲載されていった。提供される情報の充実によって、指紋や血液鑑定などに関する「探偵趣味」的知識が、一般の人びとの目にふれるような時代が訪れた。このことは確かである。

実録もの

一般書が陸続として刊行されることで、現場警察官のための実務参考書は駆逐されてしまったのだろうか。そうではない。実用的な文献はあいかわらず出版されつづけた。たとえば、一九三三(昭和八)年に大阪で出された安井栄三の『捜査の栞』・『実例集』という二冊組の小冊子がある。安井は大阪区裁判所の検事で、大阪府警察部や近県で行なわれた講習会の講師をつとめていた。この『捜査の栞』では、刑事訴訟のなかで必要な書式、たとえば送致書や押収調書、逮捕顛末書などのかたちで犯罪事例を紹介し、講習会での講習内容を解説として付した。警察官が通勤電車のなかで手軽に読めるように、と工夫したあとがみられる。好評をもって迎えられたとみえ、一九三五(昭和十)年には『新捜査の栞』も刊行されている。

実例を捜査の参考に、というアイデアから企画されたものとしては、警察思潮社編輯部が編んだ『犯罪実話集』(一九三二年)もある。全国から集めたさまざまな犯罪六十件の実例を簡潔に紹介し、最後に講評が添えられている。捜査にたずさわる者の立場からみて、どういう所作が解決へのポイントになったかがわかる本である。類書に、兵庫県防犯研究会が編んだ『明治大正昭和探偵秘話 捜査と防犯』(一九三七年)というのもある。

いっぽうで、こういった実務的参考書が、探偵小説の素材として利用されるといった事態も起こっている。江戸川乱歩の「淫獣」には、こんなくだりがある。

ところが、ある日、私はふと、かつて読んだ南波杢三郎氏著「最新犯罪捜査法」の中にあった、この事件と似よりの一つの実例を思い出したのです。同書は私が探偵小説を考える際、よく参考にしますので、中の記事も覚えていたわけですが、その実例というのは次の通りであります。

「大正六年五月中旬頃、〔後略〕」〔『江戸川乱歩全集 第三巻』二四四頁〕

背中に致命傷を負った水死体についての推理が行なわれる箇所で、その死因が他殺によるのか事故によるのかが問われている。このあとにつづけて南波のテキストからの引用がなされた。参照されたのは、『最新犯罪捜査法 続編』〔一九二二年〕の各論実例一七四「水死体頭部ノ切創ハ汽船ノスクリュウ因リ」に該当する。切り傷や刺し傷のように見えても水中で何かにふれてできた可能性があるという指摘だ。乱歩がその代表作において、警察のテキストから実例を借用しているという点が興味深い(23)。

しかし、ここに別の資料をあげておこう。樫田忠美の『犯罪捜査論』〔一九三一年〕である。樫田はいう。探偵小説を夢物語として一笑に付してはならない。探偵小説のなかにも「犯罪捜査の実際に役立つべき有力なる資料を得る」ことがある〔一五一頁〕。コナンドイルを読んで、そこから捜査を成功に導くヒントを得た予審判事とも知り合いだ、と。検察の側が、犯罪小説を参考にするばあいもあったわけだ(24)。

このような参照のされかたを想定するならば、フィクションとノンフィクションといった境界の設定すらあやしくなる。同じ本が、読者によって異なる意味をもつからだ。南波の『犯罪捜査法』は、警察講習所の受講生にとっては教科書であったが、探偵小説家の目からみるとアイデアの宝庫だったにちがいない。とすれば、小説家にかぎらず、探偵趣味を有する一般読者が警察の刊行物を楽しみのために読んだ可能性を否定することはできない。実務参考書は、警察・検察が公にした探偵実話ものとみることも可能だろう。逆に、探偵小説を警察官や検事が読むとき、それは楽しみのためではなく、実際の捜査の参考にされているかもしれない。書き手が予想する読者と、実際にその本を手にした人びととのあいだには当然のごとくズレがあった。

融合はさらにすすみ、警察関係者による実録ものの執筆が増加していく。こういった企画の嚆矢は、明治中期の『都新聞』まで遡ることができるが、単行本としてよく知られるのは警視庁捜査課長だった小泉揔之助による「探偵秘録」シリーズだろう。『探偵秘録 眼』『探偵秘録 腕』『探偵秘録 梟』は、いずれも一九二六(大正十五)年に刊行され、好評を得た。

つづいて一九二八(昭和三)年には、警察OBの保科久義が『探偵実話 捜査秘帖』を出し、版を重ねた。この種の著作群にかかわった人物として、警視庁強力犯係長を務めた中村正義、部長刑事だった伊藤清蔵、捜査係長で指紋研究の第一人者・恒岡恒らの名前をあげることができる。中村は、「日本探偵実話集」という六巻本の叢書を出しているし、博文館からは『失火と放火』(一九二六年)、『強盗と窃盗』『犯罪予防の話 詐偽』(いずれも一九二七年)を出版した。伊藤には『刑事手帖秘録』や『昭和探偵秘帖』(一九四一年)などの著作がある(25)。

さて、中村の『第六感の妙機 犯罪実話と探偵術』(一九三八年)は、実話が半分、犯罪科学の解説が半分といった出版物である。リアルなタッチの挿絵や、統計・法令の資料も添えられている。まさしく「趣味と実益」という言葉にふさわしい。犯罪者集団が用いる隠語の一覧や、警視庁が依頼する鑑定家の氏名住所などまで掲載された。専門的な知識についても解説されているが、本文には総ルビが施されていて、あくまでも一般読者向きの本だとわかる。探偵読み物の、ひとつの到達点といえるだろう。

中村は、「犯罪大学」という探偵養成所があったことを記録している(三九〇—三九一頁)。もちろん、警察講習所などとはちがった民間の組織だ。開学当時の教師として、元大審院検事の秋山高三郎、元地方裁判所検事の乙骨半三、浜尾四郎、八木力三、元警視庁捜査課長の小泉摠之助、それに高田義一郎、江戸川乱歩らの氏名があげられている。もちろん、中村じしんも含まれていたが、どのような組織だったのか詳しい記述はない。「犯罪捜査に関する、是までに於ける犯罪事実を主題にして、探偵小説の創作上の知識を注入し、玆に法理、学説、実際とを、うんと詰め込んで、探偵の養成に努めた」が、入学者がしだいに減少し、「他に都合あつて閉鎖せられた」という。

同じ事実について、江戸川乱歩は少し異なった角度から書き残している。どうやら強いられて名前を貸す破目になったようだ。文筆者としてのスランプを何度も経験した乱歩は、「探偵小説四十年」のなかで次のように記す。「当時はとてもそんな気持になれなかったので、自動車で迎えの人が何度か来たけれども、こちらとしては別に約束したわけでないから、来てくれた学校の人に会いもしなければ出かけもしなかった。〔中略〕この学校は一年もたたないでつぶれてしまったのだと思うが、それにしても、こういう学校が目論まれ、探偵作家が教授陣の筆頭に並んだというのは、昭和四年ごろ、探偵小説が如何に世の寵児であったかを語るものであろう」〔『江戸川乱歩全集 第二十巻』一九七―一九八頁〕。

大衆文化のなかに現われた探偵趣味は、単にフィクションの世界での流行にとどまらなかった。警察関係の実務参考書や、警察関係者による著作などと相互に影響を与えあい、あるいは融合して発達していったのである。全体として、犯罪科学や探偵趣味の読み物は、読書界のなかでも大きな領域を占めるにいたった。警察のエリートたちがまじめに啓蒙書や解説書を著していただけでは、おそらくこのような現象は起こりえなかったにちがいない。円本ブームなど折からの出版界の活況が、警察官たちを〈書き手〉として読書界に引きずり出したとみるべきだ。この一九二九（昭和四）年には博文館・改造社・春陽堂・平凡社の四社から探偵小説全集が出される。あい前後して、探偵小説家の個人全集が企画されたり、また大衆文学の全集に探偵小説作家の作品が収録されたりして、探偵ブームのピークを象徴した(26)。

科学化された〈探偵〉の方法が通俗化され、一般の人びとの興味の対象となったのはどうしてか。それを、警察サイドからのはたらきかけのみで説明することはできない。〈探偵〉的知識を特殊なものとは感じず、身近な生活の知恵として親しみを覚えるような都市生活者の群れが出現していた点をおさえておくことが重要だろう。隣にいる人が何を思い、どういった利害を自分に与えるのか予想がつかない。——強く意識するかしないかは個人によってまちまちであろうが、都市化の進行は、そのような漠とした不安を形成した。

隣にいる見知らぬ人はいったい「誰」なのか。それを直接相手に尋ねないで知るための方法が、人びとの関心を集めた。こういった意識がひろがれば、「国民警察思想」のような動きがそれと親和的に作用する可能性は高くなる。たとえ犯罪手口を教唆するリスクはあったにせよ、政府・警察は犯罪抑止にかかるコストを削減できる。探偵科学の普及によって、人びとも自分たちの生活を防衛する基礎を得ることができた。つまりは受益者負担であり、官民ともにメリットがあったからである。このような動きは、戦火の拡大とともに、防犯・防諜のための社会制度の整備へとつながっていく(27)。

ただし、すべてを実用・実務的な関心のもとで説明できるとは結論づけられないだろう。「尾行」や「探偵」をモチーフに書かれた小説などを読むと、それらが実践的な関心だけに導かれるとはとうてい考えにくい描写に出会う。乱歩ら探偵小説家が書いたものはもちろん、たとえば夏目漱石の作品にも、「尾行」や「探偵」という行為そのものがもつ妖しい魅力が示唆されている。あるときには蔑むような言い回しで表明される複雑な感情。——これは、実践的な関心というよりは、他者のことを知りたいという人間存在の根本にかかわる欲望である。と同時に、窃かに覗き見たり、盗み聞きしたりすることに対する躊躇や忌避の感情も存在する。決してよいことではない、という意識はあるのだ。別のいいかたをしよう。「覗き」や「尾行」は、法律によって禁じられ、医療によって病気と認定されるような行為である。しかし、法や医学がそのような行為を完全に封じ込めることはできない。人がそういったタブーへと強く誘われるのも、無視しえない事実である。

第五章　興信所と探偵事務所［街角の調査員たち］

国事探偵や特高警察などについて考えると、〈探偵〉的な情報収集は、国家がその強大な権力を働かせるための装置であるという構図を思い描くことになる。しかしながら、第四章で示唆してきたとおり、〈窃かに調べる〉という方法は、個人の利益を守り、あるいは導くためにも用いられる。警察のもっていたノウハウは、新聞雑誌や小説、映画をとおして人びとに知られるようになる。しかしながら、それはあくまでも知識としてのことで、一般の人が指紋の採取や照合をしたり、理化学鑑定を行なったりはしなかった。指紋についての知識があれば、探偵小説を楽しむことができるし、犯罪に巻きこまれたときは現場をそのままにしておくという知恵がはたらくだろう。だが、それはそのていどのことであって、格別な実践的行為につながるわけではない。このような側面を強調すると、〈探偵〉的な情報収集技術をじっさいに行使したのは、やはり公権力の側だという結論にいたる。一般の人びとによる実践は、法律で規制され、医学によって治療されるべき対象とされた。だから、一般の人びとがなしえたのはせいぜいフィクションのなかの知的ゲームにすぎない、と。

けれども、人びとは他者を知りたいという強い欲望をもっている。それを法や医療で完全に包囲し抑圧してしまうことはできない。自分がじかに探偵することは困難であるとしても、代わりに誰かを利用すればよいのだから。

この第五章では、探偵の「民生」利用について具体的な事例をとりあつかうことにする。私立探偵や興信所などの「民間企業」は、どういった経緯で社会において一定の役割を果たすようになったのか。まず、そのあたりの事情をふりかえっておこう。

日本の興信所と私立探偵について、その歴史、現代の活動の概要や問題点などを俯瞰するには、露木まさひろの労作『興信所』を参照すべきだ。露木は、精力的な取材をつうじて一般にはよく知られていなかった業界の事情を明らかにした。また、藤林晋一郎の『身元調査』も、差別問題のなかで業界がどのように立ち回ってきたかを知るためには必読の文献といえる。本書にも重複する記述が若干あることをあらかじめ断わっておく。

探偵業のはじめ

わが国の民間の探偵の最初を特定することはむずかしい。資料として確認できるものでは、一八八九

（明治二十二）年暮れの新聞にあらわれた「探真社」についての記事が古い(1)。

○秘密探知の営業　日本橋区呉服町士族光永百太氏は今度資本金千円を以て探真社なるものを創立し何事業を問はず公衆の依頼に応じて秘密の事件を探知する営業を為さんとて此程其筋へと出願したりと（時事・一八八九年十二月二十日）

だが、記事そのものはこれだけで、この会社がどういった人物の依頼を受け、どのような仕事をしたのかは定かでない。石井研堂の『明治事物起原』を調べてみると、「興信所の始」の項が立てられており、一八九二（明治二十五）年に大阪で創業した商業興信所が最初のものだと記されている。少し遅れて一八九六（明治二十九）年、東京興信所が創業したが、いずれも銀行や企業を会員とした組織である。これとは別に「秘密探偵業の始」という項目もあって、一八九七（明治三十）年十二月に岩井三郎が「小子今回官職を辞し、広く秘密探偵の依頼に応ず」との新聞広告を打った、とある。

探偵社・興信所の来歴について書かれた論文や記事は、おおよそこれらの資料にもとづいている。ただし、岩井探偵事務所の開業年は、文献によってまちまちだ。大正年間の新聞広告には、「明治貳拾八年創業」と添書されている。ここでは、岩井の関係者に直接取材した露木にしたがって、一八九五（明治二十八）年としておく。

岩井三郎探偵事務所

では、日本の私立探偵の草分けとして知られている岩井三郎についての簡単な紹介からはじめたい。露木によれば、岩井は一八六五（慶応元）年の生まれで、もと警視庁の巡査だった。一八九五（明治二十八）年に私立探偵業に転じ、成功して東京・大阪に事務所を構える。大正・昭和戦前期に岩井事務所の名前は全国に知られた。また、岩井事務所では、天野光子や芹沢雅子ら女性探偵も活躍している。ふたりとも有能で、かつ婦人警官がいないころの警察にはむずかしい調査を行なった(2)。

探偵業は戦時になると仕事が著しく減少した。岩井は、空襲で事務所も失っている。敗戦後は次男に二代目を襲名させて鎌倉で隠居生活を送り、一九五六（昭和三十一）年、九十二歳で没した。やがて、事務所の名前は別の組織に譲渡され、名探偵の時代は終わる。ここでは、初代の活躍した明治から昭和にかけての事情をふりかえっておこう。

加藤碧瑠璃なる人物が一九〇九（明治四十二）年の『新小説』に寄せた「私立探偵界」という記事は、岩井に取材して書かれたものだ。それによると、岩井は警視庁で高等刑事をつとめていたが、「一朝感ずるところ」があり、「野に下つて私立探偵となつた」。露木のインタビューに答えて、二代目は父の転身を次のように説明している。重大事件の犯人を逮捕直前に逃がしたが、北海道にいることがわかった。けれども管轄区域外で岩井には追跡許可が下りない。それを悔しく思い、自由な立場で事件を追うことができる探偵になったのだ、と。

樫田忠美の『犯罪捜査論』（一九三一年）にも、岩井にじかに話を聞いたときの記録がある。それによると、開設当初は一般市民だけでなく古巣の警視庁や他の官庁からも理解を得られなかったらしい。逆境のなかだったが、岩井はしだいに実力を発揮して認められていく。『新小説』に紹介記事が書かれた明治四十年代には、東京で探偵といえば岩井三郎であった。一か月に約二十件の依頼を受け、なかでも多いのは持ち逃げされた金品や失踪人の捜索、ついで結婚調査、信用調査の順であったという。創立十周年に際しては、警視総監・安楽兼道や弁護士・花井卓蔵ほか政財界の要人を招いて帝国ホテルでパーティーを開いた。そして、一九一四(大正三)年に発覚したシーメンス号事件での活躍により、岩井は大いに名を上げる。

この評判に目をつけた銀座書房が出版を企画する。『都新聞』で健筆をふるった松崎天民が岩井じしんに取材し、その体験からシーメンス事件はじめ十二の物語を採録して本にした。『探偵ロマンス』は、一九一五(大正四)年に発行されて、岩井の名をさらに高めるとともに、第四章で述べた大正期の探偵実話もののブームの火付け役ともなっている(3)。

探偵の復権

加藤の「私立探偵界」は、明治末の業界動向を伝える貴重な資料である。加藤によれば、当時の私立探偵は、失踪人の捜索、訴訟の証拠収集、盗難品の発見、縁談の調査、資産信用営業状況調査など多岐にわたっていた。業界の分化がまだすすんでいなかったとみるべきだろう。また、新聞の三行広告に名を連ねる東京市内の零細探偵社は、「多く巡査上りや刑事上りの手合が食ふに困つて周旋同様の悪辣手段で、折角の依頼者に向つて有耶無耶な報告をして幾位《いくら》かの利益を得る」というありさまであった〔二七〇頁〕。

この時期、東京には岩井の事務所などがあったけれども、他の都市には見るべき探偵社がない。「大阪市の如きは、東京以上に社会は暗黒なるにかゝはらず一の探偵社を有せず」と書かれている。その大阪では、ようやく一九一三（大正二）年に私立探偵社の創業が話題になった。玉造警察署の元偵邏が、退職ののち「安心会」という会員組織をつくって、民事刑事一切の相談を受けたという〔大阪時事・十一月二十四日、二十五日、二十六日〕。

さて、当時の私立探偵について、警察関係者はどのような評価を与えていたのだろうか。

樫田の『犯罪捜査論』に、私立探偵について論じた部分がある。

樫田は、官と民では犯人検挙の第一線に立つ者の呼称がちがうという。すなわち「官庁に在りては刑事巡査、特務の憲兵等」であり、「私立探偵局（或は事務所と云ふ）に於ては探偵」なのだと。かつて間諜の利用が廃され組織の大改革が断行されたにもかかわらず、この時期の検事が「探偵」の存在を否定していないことに注意したい。旧弊の象徴として指弾の対象とされた「探偵」が、言葉としても実態としても復活してきたということになる。

であれば、なぜ社会は私立探偵の存在を必要としたのか。樫田の意見はこうである。犯罪捜査においては官憲の勢力が強いため、被疑者側が反論するには、みずから有力な証拠をみつけなければならない。被害者として犯罪を告発するときも、証拠が薄弱との理由で警察が捜査に着手しない傾向もみられる。また民事訴訟では、当事者に立証の責任がある。このように警察の捜査員が担当できない、あるいは担当しないケースを補うために、私立探偵による情報収集が行なわれる。

警察の組織からは「探偵」が放逐された。しかし、警察が表だって関与しにくいケースや、警察があてにできないばあいには、それに代わるものが必要だという説明になっている。だから、警察組織の外部に、情報収集や犯罪捜査にかかわる人物や組織があらわれた。ただ、これら外部のものに対して警察組織の呼称を用いるわけにはいかない。だから警察は刑事、民間は探偵、と明確に区別する。その区別さえしっかりしていれば、探偵の存在そのものまでを消し去ることはないということだ。

だとするなら、私立探偵の活動はどこまで許されるのか。これについても一定の基準が必要となる。樫田の述べるところを追っていくと、次のような主張がなされている。私設探偵は刑事訴訟法の拘束を受けないので、探偵事務所が独自に設定した内規のもとで行動すれば十分である。しかし、検事や司法警察官が守っている原則は、私設探偵に対しても「精神的に準用せらるべき」だ、と。私立探偵による活動が大きく逸脱してしまうことを戒めるいっぽう、あるていどの目こぼしも考えている。刑事巡査も探偵も、捜査の必要上、車夫に変装したり、商人に化けたりすることがあるだろう。こういったことは「黙許せざるべからず」。すなわち、ある限度を越えないかぎりは黙認しようという立場である〔一五八—一六〇頁〕。

記述は刑事と私立探偵の関係についても及んでいる。最近は一般の人びとも「犯罪の捜査に興味を持つの風あり、自ら適宜に私設探偵を利用し其れに困り得たる捜査の資料を証拠として」検事や司法警察官に提供する傾向がある〔一六〇頁〕。したがって、官庁と私設探偵は間接的に共同捜査をしているようなものだという。ここにも、両者を「棲み分け」させようとする意図を読み取ることができよう。私設探偵が設備面などで警察には遠く及ばないのは当然だ。しかし、官庁ではできないような機敏な捜査を行なうこともできる。たとえば、「女の探偵を使用するが如き」である。だから、私設探偵を利用して捜査の参考資料を収集することは「意外に良好なる結果を得べきことあり」という〔一五九頁〕。

明治の末に、警察は制度改革をすすめて「探偵」という言葉や人と訣別した。しかし、社会の変化とともに、ふたたび探偵と共棲するようになったのである。もちろん、探偵を組織の内部に入れるのではなく、その外側におき注意深く距離をとった。しかし、結果として一般の人びとがそれら民間の探偵を利用する道は開かれていった。

信を興す

日本の興信所は、私立探偵とあい前後して誕生したようだ。探偵が東京からだったのに対し、興信所は大阪で生まれている。先に示したとおり一八九二（明治二十五）年のことだ。

創業者の外山脩造は、初代日本銀行理事兼大阪支店長という肩書をもっていた。欧米の商工業事情を視察し、一八八八（明治二十一）年に帰国する。ロンドンで外山は、Mercantile Agency あるいは Commercial Agency と呼ばれる機関が存在することを知る。商取引のなかで必要とされる情報が、これらの機関によって収集・提供されていた。

そのころの日本では資金の貸付に担保をとり、取引を現金で行なうのがほとんどだった。しかし、経済活動を盛んにするためには企業や企業家の「信用」にもとづき手形で決済することが望ましい。帰国後、外山は銀行家たちを集めて説明会を開く。そして、「各商業者、諸会社等ノ資産、信用及ビ営業ノ状況ヲ取調べ、資金運転者及ビ商業家ノ参考ニ供スル秘密通信ヲ、専業トスル」機関、すなわち「商業興信所」を創設したい、と述べた。日本の銀行は、事情をよく把握せずに情実で資金を貸して損をしたり、相手のことがわからないという理由で有望な企業にチャンスを与えなかったりしている。産業を振興し、かつ危険を回避するためにもぜひ興信所が必要だ、と力説した。「興信所」という語を創り出したのも外山である。

会場から質問が出た。「我国世間ノ人情ハ、兎角隠蔽ヲ通常ノ慣習トシ、時ニハ、余人ナラズ、血縁関係者トイエドモ、猜疑深キコトアリ。特ニ商業者ノ、内容ヲ探知スルコト容易ナラズ、マタ其ノ調査結果ニ対スル、信用ト利用価値ニ、疑問ヲ抱ク風習ヲ否メズトスレバ、徒ラニ、無用ノ長物ニ終ルヲ恐ル」。日本の商人たちは秘密主義だから、調査活動がうまくいかないのではないかという懸念の表明である。これに対し外山は、最初のうちは調査も粗雑だろうが、経験を積めば正確さも増し、利用価値も高まるはずだと答えた。ただ、この新事業を営利事業とするのは適当ではなく、「有志組織」としたいとも付け加えている（『東奔西走 百年の歩み』二三―二五頁）。

外山の主張は、しかしすぐには受け容れられなかった。その後、半年以上の紆余曲折があった末、日本銀行の特別賛助出金を引き出すことに成功。ぜんぶで三十の銀行が参加して商業興信所はスタートする。営業開始は一八九二（明治二十五）年四月であった(4)。この動きに刺激され、東京では渋沢栄一を中心に「東京興信所」が開設される。一八九六（明治二十九）年二月の創立総会を経て、営業を開始。大阪と東京のふたつの興信所は、「連絡を通じ通信を交換する」ことになった（『三十年之回顧』三〇頁）。設立当初から密接な関係にあった二つの興信所は、一九四四（昭和十九）年、やはり日銀の斡旋で合併した。名称を東亜興信所に変更、現在の株式会社サン・トーアである。

角帯の探偵

『東亜興信所六十五年史』に書きとめられた開業当時のエピソードをひとつ紹介しておこう。「一般商人社会では未だ興信所の利用観念に乏しいばかりでなく動もすれば調査に従事する人を探偵視し徒に之を忌避する者が多かつた。割合に理解して呉れた問屋筋などにしても、興信所の人が髭を立て洋服を着て店先に坐られては官員に何か取調べられているように見られて世間体が悪いという、仕方がないので当時の外交は皆髭を落し角帯の着流しで一見商家の番頭風に化けて仕事に廻つた」（二一頁）。

そのいっぽうで、警察からも誘いの手が延びている。開業直後の一八九六（明治二十九）年十一月に警視庁から「探偵上ノ事項ニ就《ママ》キ、互ニ便益トナルベキモノヲ交換セン」という申し入れがあったというのだ。確かに、これは双方にとってメリットのある提案だ。じじつ、商業興信所は調査にかかわる公簿転写について大阪府の便宜を受けている。東京興信所もこういった情報の利用をしたかったにちがいなく、東京府に対して請願を行なった。その矢先、警視庁からの誘いがあったことになる。東京興信所は、警察への協力が便宜供与の条件だと感じとった。

だが、渋沢はこの誘いを断わる。『百年の歩み』によれば、会議の結果、以下のような議決を行なったという。「警視庁ト便益ヲ交エル事ニヨリ、我等ガ業務上ノ障害ガ、相当除去サレル事ハ予見サルルモ、我等ハ探偵ニアラズ」(八五頁)。

新時代の信用機関の職員が、世間からは、「探偵」視される。警察からは、いわば同業者として情報の交換を求められる。しかし、このときの東京興信所は「探偵にあらず」との自覚を保っていた。

信用告知業の規制

以上でわかるように、日本の興信所は商取引の活性化をねらった銀行家たちによる半官半民の組織としてスタートしている。しかしながら、その後、興信所という言葉は、さまざまな信用調査を引き受ける事業所一般を指すようになり、多くの野心家が参入することになる。

一九二二(大正十一)年、興信所の社会的・経済的な役目について論じ、日本の業界を診断した『興信所利害の研究』が出されている。著者は上田尚。釣りの入門書を多く執筆したことで知られるが、興信所業界に関与してきた人物でもある。この本の出版時点で、全国に興信所は十二、三あり、利用者は延べ三万二、三千名を下らなかった。調査報告は一年で四十数万件に達していたという。

ここで、さきにみたふたつの興信所以外の設立経緯を整理しておく。東京では、東京興信所より早く、一八九二(明治二十五)年に白鳥敬之助の「商工社」(現在の東京商工リサーチ)が誕生、後藤武夫は一九〇〇（明治三十三）年に「帝国興信所」を創立した。関西では、一九〇六（明治三十九）年に「神戸興信所」が設立されている。この時期になると、いずれも営利を目的としての創業だ。また、企業の信用調査よりも人物調査にウエイトをおいた興信所も生まれた。たとえば、赤坂警察署長を退いた勝見貞靖の「人事興信所」は一九〇二（明治三十五）年の設立である(5)。

大商店や銀行の援助がなければ成り立たないと思われていた興信所も、業務がさほどむずかしくない、拘束する法規がないなどの点が知られるにつれ、新規参入組が増加した。その結果、「各都市に興信所名称或は類似の看板を掲げられ、如何はしき報道や、悪辣手段を以て加盟を強請し、種々なる背徳不信の行為を敢てするもの」が続出し、非難の声が高まった〔『興信所利害の研究』二四頁〕。

明治四十年代にはいると、新聞には「悪徳興信所」の取締や社員の拘引について報じた記事が散見される。業界は、営利を追求しないという方針も、探偵にあらずという自負も、そのいずれをも失いつつあった。

このような事態を受け、一九一〇（明治四十三）年以後、各府県は「信用告知業取締規制」を制定していく(6)。これによって、興信事業の経営には警察の認可が必要となり、加盟の強要や信用・名誉の毀損などが処罰対象とされた。だが、じっさいには業界の体質は改善されない。「兎角の非難は一時除去されたやうなもの丶、各都市には尚幾つかの怪しげなものが残存し」たり、名前を変えて新設されるものがあったりで、興信所業界は「一層嫌忌せられ」る状況を呈した〔二六頁〕(7)。

立志伝

このようななかで、ユニークな人物による会社が生まれ、発展していった。帝国データバンクの前身・帝国興信所である。創業者の後藤武夫は、いかにも明治らしい立志伝中の人物だ。一九二八（昭和三）年に出された『後藤武夫伝』によれば、後藤は一八七〇（明治三）年、久留米に生まれている。青年期からの人生は、まさに波乱万丈というにふさわしい。

一八八七（明治二十）年、裁判官になることを夢見て、十八歳の後藤は十円の金を手に上京し帝大をめざした。しかし、花柳界に遊んで学資を蕩尽してしまう。帰郷の後、熊本の学校を受けるが不合格。ようやく同志社に居場所を見つけたものの、国会開設に向けた時期だったため政客を気取って壮士の仲間に入り、全国を巡った。政談演説家を振り出しに、人力車夫、奉公人、辻占売り、吉原での廓奉公まで経験し、人生世間について大いに学ぶことになる。二十一歳で徴兵検査のため帰郷。このとき、両親の強い希望を受けいれ、そのまま地元の高等小学校教員となって四年を勤めた。その間に結婚して子どもをもうけている。

二十五歳のとき、家族を伴って大阪に出る。関西法律学校（現在の関西大学）に入学。看守、露店商人、番頭などをしながら苦学し、妻の支えもあって卒業を果たす。みたび帰郷して福岡日日新聞の記者になるが、上京の希望は捨てがたかった。大阪時代に番頭をした商店に商業興信所の調査員が出入りしていたことを思いだし、東京興信所に職を求めるが、三田閥でなかったために拒絶される。そして、帝国商業興信所という別の会社に勤めることになったが、悪徳業者の下働きをする気は起きない。ついに、独力で帝国興信所を創立する。三十一歳のときだった(8)。

創業当初こそ苦しかったが、後藤は持ち前のバイタリティで帝国興信所の事業を軌道に乗せていく。一九〇五(明治三十八)年には積極的に新聞広告を利用して加盟会員を獲得した。後藤の言葉を借りれば、東京興信所や商業興信所などの報告は「頗る微温的」だったという(『後藤武夫伝』二二四頁)。表現が曖昧で、依頼者にしてみれば、調べてもらった会社が負債を抱えているのかどうか、はっきりとわからない。そういったところに、後発の帝国興信所がつけこむ余地があったのだろう。一九〇九(明治四十二)年には創業十周年記念の園遊会を開くにいたる(東日・一九〇九年四月十九日)。後藤の辣腕ぶりは、多くのエピソードによって伝えられている(9)。

一九二八(昭和三)年、全国に支所五十八か所、従業員約一千名。朝鮮では京城(現在のソウル)、釜山、平壌に支所を設けたほか、上海、台北、樺太にも情報網は広がった。『帝国興信所調査網一覧』によれば、一九三六(昭和十一)年には東京・大阪のほか五十都市に支所がおかれ、植民地・海外では台南や大連を加え八か所に展開していた。そのほか、欧米はじめ世界各地の情報を顧客に提供できる体制が整えられた(10)。

成功者としての後藤は、東京市議をつとめたほか、国粋主義的な精神作興運動にかかわっていく。日本魂社を設立し雑誌『日本魂』を創刊(一九一六年・のち『努力』に改題)、大日本聯合青年団を創設し、赤穂浪士や大楠公、高山彦九郎らの顕彰を行なった。後藤にとって、帝国興信所は「実業道徳興隆の世界的大機関であり」、さまざまな精神作興運動は「国民精神作興の重要なる建設」であって、人生の両輪ともいうべきであった。だが、そのような事業の途上、病に倒れて一線を退くことになる。後藤は、一九三三（昭和八）年、静養先の鵠沼でその生涯を閉じた。一代で築いた帝国興信所は、子孫に受け継がれ敗戦後の日本を代表する興信所に成長していく。

後藤武夫
（『帝国興信所の八十年』より）

方面カード

ところでこの時期には、警察官や私立探偵・興信所のほかにも、「調査」を専門とする職業が生まれていた。たとえば「方面委員」がそれである。現在の民生委員の前身にあたるもので、府県や市などが地域住民のなかから適任者を選んだ。もちろん、方面委員を探偵や刑事と同列に論じることはできない。職務の目的には著しい違いがあるし、対象となる個人へのアプローチのしかたも異なっているからだ。〈探偵〉活動が対象者本人に知られないよう窃かに情報を得ようとするのに対し、方面委員は積極的に面接をするのがふつうだった。

だが、大阪府における方面委員制度の成り立ちを記した村島歸之の『善き隣人』には、制度の発足にまつわる〈探偵〉的なエピソードが記録されている。一九一八(大正七)年の秋、背中に幼児をおぶった「四十恰好の一人の婦人」が、淀屋橋の電停で夕刊を売っていた。近くの理髪店で散髪をしていた大阪府知事の林市蔵は、ガラス越しにこの光景を見る。米騒動の善後策として、府は篤志家から募った資金をもとに米の廉売をはじめたところだ。にもかかわらず、夕刊売りと、その子どもは寒風に震えているではないか。店を出た林は、新聞を買い、婦人と言葉を交わす。聞けば、夫が病に倒れてのことだという。電車道の向こう側では、学校を休んだ子どもが二人、やはり新聞を売って母を助けていた。林は吐息をつき、そして橋の畔の交番に向かう。彼は巡査に「あの夕刊売子の身元調査をするやうに」と命じた。翌日、知事の机に調査報告書が届く。巡査の涙がにじむ報告書を読み、林は思う。――「府下に網を張る幾多の社会事業が、何故かうした困窮者を見落としてゐるか」。「社会事業は一体誰を救つてゐるのだらうか」。そしてこの年の十月七日、大阪府方面委員制度が発足した(一一―一二頁)(11)。

一九一〇年代から三〇年代にかけては、都市社会についてのおびただしい「調査」が行なわれ、その結果は大量の報告書として公刊された。明治時代にも貧民調査や下層社会の調査は実施されていたが、大正時代になると世帯を単位とした各個の調査が行なわれデータが蓄積されるようになる。早くから戸口調査に着手していた警察につづいて、行政が実施する調査でも個という単位が見出されたのである。そのような意味で、「方面委員」は個人や世帯を調べる新しいエージェントであった。

委員の職務について村島は、「社会測量を主眼とし、その測量によつて得た結果を、社会民衆の福利安寧を保全し、増進することに利用するもの」と書いている〔三五頁〕。彼らの作業は、ようやく制度化された社会事業において援助が適正に配布されるべく、根拠となる基礎データを収集することであった。そして、個々の対象について知り得たことがらを「方面カード」に記載していったのである(12)。

膨張する都市。そこに流入する大量の人口。増加する貧困者。――しかし、「貧困者の存在は、その人の無能力、怠惰の所産ではなくして、社会組織の欠陥の産物である」〔五〇頁〕。貧困は社会が生み落とした「私生児」なのだから、これを扶養する責任は社会にある。だが、公的な救済は、その場かぎりの無定見な行動、情緒的な慈善であってはならない。活動には社会政策的な見地と、それを科学的に基礎づけるデータが不可欠だった。

調査票を用いた大規模なサーベイは、そのような考えにもとづいて採用された方法である。しかしながら、統計には欠点がある。大規模統計表に示される数値は抽象的で、生活者としての具体的個人にまでイメージを及ぼすことができない。これを補うには、個別事例の精査と記録が不可欠になる。

社会事業においては、対象となる個人や世帯に対して妥当な処置を公正に配分することが必須であった。したがって、政策の基礎には統計一覧表と個人カードの両方が必要だ。警察が犯罪統計と指紋・手口のカードとを補完的に用いているのと相似である。もっとも、実践者としての方面委員にとっては、まず「カード」が不可欠だった。一覧表では、救済の対象たる個人や世帯が数値のなかに埋没してしまうからだ。社会事業を計画し、予算化し、適正な配分を考える担当者とちがい、方面委員が必要としたのは日々接している対象者たちの個別データであった。

一九二〇（大正九）年に第一回の国勢調査が実施されて以来、「調査」は社会的な流行現象にさえなっている。そのような状況のもとで、カードの中に「断片化」されてゆく個人を数値に還元できないユニークな存在として記録しようとする動きを認めることができる。そのためには、個人を統計表に埋没させないよう別の方法で繋ぎとめなければならない。それは、情報をカードに記入するという作業に求められた。方面カードには、一定の項目を記入する欄が整然と区画されていたが、調査員と対象者との関係が持続すれば、そのような既成の書式も用をなさなくなる。フォーマットのなかに収まり切らない「処理経過」は、カードの「余白」に書き加えられていった。

戸籍整理と結婚の斡旋

方面委員の職務のなかで注意をひくもののひとつに「変態的戸籍の整理」がある。「無籍者」に籍をつくって与え、「内縁の妻」を正妻の地位につけ、父母の戸籍整理によって「私生児」を庶子となす。委員たちは、対象者の曖昧な記憶をもとに調査や照会を繰り返し、無籍者を「日本臣民」に加え、未就学児童の通学を可能にしていった。大阪府の場合、一九一九（大正八）年から一九二九（昭和四）年にわたる約十年間で一万五千件の戸籍整理を扱っている〔六四―七五頁〕。

こういった戸籍調査の役目が、方面委員のような半官半民の職種に与えられた事実は重要だ。民間の調査主体が戸籍を操作する可能性が開かれたことになるからである。方面委員のなかには、世話をしていた家庭の結婚問題に関与する者があった。貧困の解消は、就職の斡旋など収入増の方途を得ることですすめられたが、結婚によって家計を独立させることでも改善をはかることができる。かといって、もともとが苦しい生活を送っている家庭だけに、なかなか相手が見つからない。そこで、方面委員が一肌脱ぐというケースが生じた。この場合、別の委員がかつて世話をしたことがあり、その後カードを削除された家族、すなわち貧困から脱した家族のなかに適当な人物を求めるような場合も見受けられる〔二一一―二二六頁〕。カードに記載されたデータと委員の経験をもとに、配偶者の選択が行なわれた。戸籍操作からさらに一歩踏み込んでこのような行為に及ぶのも、半官半民の位置にいるからこそ可能なものであった。

先にも書いたように、方面委員は調査に際して身を隠す存在ではない。救済すべき人や家族にむかっては、むしろ積極的に対峙することが求められる。だが、民間が営利で行なう結婚調査では、調査員が本人に直接面接することは少なかった。被調査者の周囲を内密に探り、戸籍情報や人事情報を依頼人の求めに応じて収集したのである。次に、民間の結婚調査についてみていこう。身元調査のプロが、社会事業とは異なる場所に現われる。「調べる」という動詞に、「窃かに」という副詞が再び添えられる。

結婚媒介所

柳田國男は『明治大正史世相篇』のなかで、村内婚姻から遠方婚姻へのシフトが、結婚仲介業の発展を促したと指摘している。都市への人口流入によって、匿名的な男女の出会いが結婚に発展するチャンスは大きくなり、かつ民間の仲介者が介在する余地も拡がった。

一九二一(大正十)年、平山蘆江が『新小説』十二月号に寄せた「結婚媒介所と私立探偵局」という記事を読むと、大正なかばには東京市内だけでも三十ないし五十か所の結婚紹介所があったとある。結婚相手を求める男女を会員として会費を収めさせ、そのうえに紹介料や成功報酬を得ていた。平山は、もともと営利目的の業者なのだから、その働きによって社会の欠陥が改善されることはない、と断じる。

昭和になると、事態はいっそう複雑になった。『婦人画報』一九二八年十月号が結婚媒介所の探訪記事を掲載している。記者の丘満子は、名前を偽り、新聞広告で見たといって紹介所を訪ねた。申込書に年齢、再初婚の別、月収や学歴などを記入して、料金五円を渡す。辣腕の女性所員は、いかに素晴らしい相手が用意されているかを滔々と説いたうえ、記者を二階の部屋に案内してひとりの男性と引き合わせる。しばらく話を聞いたあと、いっしょに食事をするよう勧められる……。そういった潜入取材のルポルタージュである。記事のつくり方そのものが〈探偵〉的だといえよう。

一度に何人もの相手を紹介して見合い料金を釣り上げる業者、「秘密結婚」の媒介、学歴や職業の詐称、虚偽の広告など詐欺まがいの営業を行なうものは少なくなかったようだ。記事には、この年の警視庁の調べで四十六の媒介所があると書かれている。東京では「紹介業取締規則」が一九一九(大正八)年に制定されていて、「求婚者」を媒介所に宿泊させるような違反があったばあいには営業停止が命じられた。それ以後、不良業者は淘汰されたとみられるが、業界には独特の疑念がつきまとう。

けれども、都市における夫選び妻選びの困難が、この業界の繁栄を支えていた。と同時に、悪徳業者の跋扈が配偶者の選別をいっそうむずかしくする要因ともなる。結婚にあたって事前に個人情報を入手する「方法」は、人びとの熱烈な関心を集めた(13)。

一にも調査、二にも調査

たとえば、『婦人倶楽部』の一九三〇(昭和五)年一月号は、別冊付録として『新時代縁談と婚礼一式並結婚生活』という指南書を出している。結婚前の娘をもつ母親の参考にという企画だ。縁談のすすめかたから結納の作法、結婚式や披露宴での決まり事、新しい家庭での心得までを盛りこんだ、総合的な情報冊子である。編集には女学校の校長や著名人の妻が協力しており、巻末には下田歌子が一文を寄せている。

そのなかに、「縁談に就ての諸注意」という章が設けられ、「一にも調査、二にも調査」との警告がある。配偶者は、なるべく知り合いの気心のわかった人を選ぶにかぎる。適当な人がいないときでも、やはり知り合いに探してもらうべきだ。「縁も由縁もない知らない同志の」結婚は、「まるで双六の賽を転がすやうなもので、一か八か、出てみないと分らない投機」であり、「危険此上もない」(一三四頁)。

媒酌人の言葉はいわゆる「仲人口」で、相手のよいことにしか触れないから信用できない。したがって、「一にも調査、二にも調査」で「納得のゆくまで調査する必要」がある。身分、血統、家柄、財産、容貌、健康、宗教、職業、将来性などのほか性格や趣味もふくめ、本人のみならず家族や親戚までことごとく調べなくては不十分である、という。「農村や、小都会では、殆ど土着の人ばかりですから、調査をするのに好都合ですが、厳密の上にも厳密に調査をしなければならないのは、大都会や、新開地でありますｌ（一三五頁）。

調査は、勤務先や学校、近所の住人や商店に聞き合わせることによって実施できるが、素人にはむずかしい。また、先方に不快感を与えるかもしれない。そこで、「興信所とか、新聞社の安信部とかに委託することも、都会では最近行はれて」いる（一三八頁）(14)。このような機関に依頼するのは気がひけるかもしれないが、先方に関わりがない分、飾り気のない報告が短時間で手に入る。また、信頼できないと思うなら、二社に頼んで比較すればよい。「興信所、安信部、秘密探偵といふやうなものは、まだ一般に理解され、利用されてゐないやうですが、縁談調査などには十分利用してもよい」（一四〇頁）。これが、『婦人倶楽部』別冊のアドバイスである。

大衆自身の調査時代

こういった調査を利用しなくてはならない事情が生まれていたことは、あるていど理解できる。しかし、字面からは、その本音を察しきれない。そこで、別の資料をみていくことにしよう。結婚相談所所長の伊吹笛秋が一九三七（昭和十二）年に書いた『良縁読本　誰にも出来る結婚調査の秘訣』である。発行元は、結婚浄化補導協会という団体になっている。東京帝大の名誉教授で日本史学の泰斗、貴族院議員でもあった三上参次の書が巻頭を飾り、その後には結婚に関する統計資料の図版がつづく。日本の離婚数が、欧米諸国と比べて多いことを示すデータだ。さらに東京女子高等師範の校長・下村壽一の序

伊吹笛秋
『良縁読本　誰にも出来る結婚調査の秘訣』

文がある(15)。

著者の伊吹は、それまで十八年間の経験と研究をもとに、結婚難という問題を解決するための本を書きたいと念願していた。おりしも一九三二(昭和七)年暮れに「某博士令嬢の結婚解消事件」が明るみになり、翌年の新聞雑誌は結婚問題についてページを割くことが多くなる。伊吹も、『婦人公論』一九三三年六月号に「素人で出来る結婚調査」を寄稿した。しかし少ない紙数のなかで十分に論を尽くすことができず、改めて書き直して一冊の本にまとめた、とある(著者の言葉、一―四頁)。本文は、第一編「結婚調査が誰にも出来る理由」、第二編「結婚調査に必要な知識」、第三編「実地調査の実例」、附録「調査知識の応用」から構成されている。

冒頭、伊吹は「結婚道浄化の急務」を主張する。日本は、アメリカに次いで離婚の多い国である。その原因は「結婚当初の認識不足」であり、それは「仲介者《なこうど》結婚の不徹底」による。間に立つ者は意図的にか、あるいは無意識のうちに情報の誇張や秘匿を行なう。人が「売物に紅をさす」心理は避けがたいけれども、そのために「破婚」に至ることが少なくない。これは人生の転落コースであって、「無調査結婚の悲劇」と呼び得る(一八頁)。伊吹は、みずからのノウハウをマニュアル化して公開すれば、一般の人びとも生活防衛のために調査を行なうことができるし、またそうすべきだ考える。

ところで、世間では探偵小説が流行し、これが結婚調査について悪いイメージを与えていた(16)。伊吹は、結婚調査と探偵とを区別する。すなわち、探偵が「現在の事態」を「潜行的に」とらえるものであるのに対し、調査は「過去の事柄や現在の状態を正しく認識するため」に「公然」と行なわれる「事務的」なものといえる(三三―三七頁)。白昼堂々とできる「調査」は、大衆のものである。刑事や新聞記者のような特殊な経歴が必要なわけでもない。国家の記録と役所の事務についていくばくかの知識があればよいのだ。なにより身内のことなのだから、プロには期待できない「熱意」をもってあたることができる。専門の探偵を雇わなければ費用もかからない。

全く、今日は既に大衆自身の調査時代であります。調査の無い生活は、計画や準備の無い生活であります。何事も破綻してから後の対策では取り返しがつきません。結婚でも営業でも事業経営でも、総て調査といふ基礎工作の上に建設されるものであれば、間違ひとか破綻とか失敗とかいふ文字は無用な文字であつて、そこには栄光と幸福とが、太陽のやうに明るく強く微笑みながら待つて

ゐるものであります。〔六一頁〕
伊吹は、マニュアルに相当する第二編で、戸籍簿や除籍簿の閲覧のしかたにはじまり、寄留簿、死亡埋葬認許下附申請綴、土地台帳、家屋税台帳、徴税簿、土地登記簿、建物登記簿、株式会社登記簿などなど、ありとあらゆる記録からどのように情報を集めればよいかを説明する。せっかく公開されている資料を利用しない手はない。何も知らずに結婚して失敗すれば、それこそ宝の持ち腐れである。「国家としては、一般大衆の利便のために、そして大衆生活の幸福増進のために、かうして各役場の門戸を開放してゐるのでありますから、われ〳〵はかうした諸公簿の記録を善用して、われ〳〵のためには最も重大な問題である結婚問題を明朗化し、身を修め家を修める幸福から、更に進んで国家のために、力強い存在となることを心懸けたいと思ひます」〔一八二頁〕。

ペンネーム

では、こういった調査のノウハウを、著者の伊吹はいったいどのように身につけたのであろうか。十八年に及ぶ経験とは、どんな職業から得たものなのか。

『良縁読本　誰にも出来る結婚調査の秘訣』の初版は一九三七年六月の発行。じつは、その約二年後にあたる一九三九年七月に、『良縁読本　結婚調査の秘訣』というタイトルの本が出版されている。著者は、帝国秘密探偵社理事兼調査部長の高田止戈夫。発行元は、帝国秘密探偵社である。著者名の下には

「ペンネーム伊吹笛秋」と添え書きがなされている。伊吹とは、探偵社のベテラン調査員の筆名であった。

ふたつの版の異同を比べてみよう。結婚浄化補導協会版の外観は、函入りクロス装でタイトルは金箔押しである。価格は二円五十銭。対する帝国秘密探偵社版は、ペーパーバックの軽装で価格は一円五十銭。協会版のほうがしっかりとした製本で、それが価格にも反映している。内容については、ほとんど差がない。別の印刷所で印刷されたにもかかわらず、版面にもほとんどちがいを認めることができないくらいだ。わずかに、「著者の言葉」の一部が書き改められている。「尚この度、本書が結婚浄化補導協会で上梓されるに就て」の部分が「尚本書の初版が、曩に結婚浄化補導協会で上梓された節」（著者の言葉、三頁）に直された。ただし、字数はぴったり同じである。

ほかにも、小さいが気になる点がいくつかある。表紙のタイトルから「誰にも出来る」の六文字が脱落していること。奥付や大尾に記された書名は両バージョンとも同じなのに、表に見えるところからは「誰にも出来る」が除外されている。また、探偵社版には、協会版になかった「読者優待質問券」と「読者優待調査割引券」が添えられている。いずれも一年間有効のものだ。探偵社版は、伊吹＝高田が執筆した本を、営業促進のために再刊したものと考えてよいだろう。「誰にも出来る」という文言をわざわざ削って、読者をそのまま顧客にしようという計算だ。

高田が勤務していた帝国秘密探偵社は、一九一六（大正五）年の創立である。創業者は、台湾で巡査をしていた経歴をもつ猪野三郎。興信所としてはやや後発組になるが、結婚調査や夫婦の品行調査、学生や雇用者に対する思想や素行の調査を売り物に業績を伸ばした。どちらかというと、信用調査よりは、人事調査にウエイトをおいたらしい。『大衆人事録』の出版でも知られている。敗戦後、別の人物の手に移り、いろいろな事件でマスコミにも登場した。

そのような探偵社の調査部長であるから、マニュアルはかなり精緻につくられている。しかし、たとえば現在、東大の名誉教授やお茶の水女子大の学長が、探偵社の出す結婚調査マニュアルのために揮毫したり序文を寄せたりするだろうか。

謙吉君の調査

では、探偵社の調査部長が執筆した本だということをふまえて、内容を読みすすんでいこう。この本の第三編は、妹の結婚相手を自分で調べようと決意した「謙吉君」が主役である。著者の高田=伊吹の助言に導かれて、謙吉君は優秀な調査員となる。先に掲げた公簿類の閲覧のみならず、勤務先の人事担当者、同僚、卒業大学の指導教授や同窓生、さらには下宿先、転居前の町内に居住する人や近所の蕎麦屋まで要領よくまわって聞き合わせをこなしていく。そして、五日間で必要な情報をほぼ収集し終え、当初の目的を達成するという筋書きである。

この読み物部分には、われわれの関心をひく記述がちりばめられている。まず、モダン都市の風俗描写だ。著者は、謙吉君の調査について歩く。謙吉君が調べものや面談をしているあいだ、アドバイザーである著者はいろいろなところで時間つぶしをする。日比谷公園のベンチ、丸ビルのなかの喫茶店、玉突屋、図書館などの都市的風俗が背景画として描かれる。また、市電による縦横の移動や自働電話の活用も興味深い。この本は調査のためのマニュアルなのだが、探偵小説が都市文学として登場したものだということを改めて読者に想起させる。以下は、散歩をする著者の心象風景である。

黄昏近くなつたので、人の足並もなんだか慌しいやうに感じられて来ましたが、この舗道を行違つて行く沢山の学生や、若い盛装した令嬢達を見ると、ただなんとなく人生の遭逢というやうな事柄が考へられてなりません。

それは、今は何も知らないで路傍の人のやうに見向きもしないで行違つてゐる大学生や女学生や令嬢達が、何時か結婚といふ自然の大きな掌に掻き集められて来ると、路傍の人が何時かしら愛の対象となつたり、悲劇の相手となつたりするからであります。今、妹の縁談で夢中に調査して歩いてゐる謙吉君の場合を考えても、彼の将来のベターハーフたるべき女性が、このペーブメントの上を歩いてゐないと誰が断言できませう。〔三四六頁〕

都市での出会いは、期待と不安がないまぜになっている。こういった感慨は、著者だけのものではなかった。他の資料にも見いだされる言いまわしが、ここでもくり返される。結婚調査の労苦は「都会生活の場合だけであって、各地方の限られた土地であれば、〔中略〕些少しも苦心のいらない」ものなのだ〔二七〇頁〕。出身地、本籍地、居住地が一致しない個人の増加。社会的移動範囲の拡大が、身元調査の必要性を生んだ要因のひとつである。

しかしながら、さらに別のモチーフを読み取っておくべきだろう。それは、この調査によって暴かれようとしているものは何か、ということである。たとえば、謙吉君と著者は結婚相手の妹と弟の死因が「肋膜」だったことにひっかかりを感じる。そして、埋葬記録の閲覧や蕎麦屋での聞き合わせといった僅かな手がかりから、実際の死因が、「肋膜」ではなく「肺病」すなわち結核だったことをつきとめる。

このくだりこそが、読み物のいちばんのクライマックスになっている。著者は、結核そのものが遺伝するのではなく、結核になりやすい体質が似るのだと謙吉君に説明する。しかし、ふたりは、「死因に就ては、相当考慮を要す」と判断した〔四六七頁〕。また、結婚相手の父方・母方それぞれの平均死亡年齢を算出し、父方の血統に母方の血統が合流したために、家族が短命になっているとの解釈を与えている。だが、ストーリーは、謙吉君が相手の母方について追加調査にすすむところで打ち切られる。「謙吉君のお宅では、この縁談に決定を与へるために、これから数日後には家族会議をお開きになることと思ひますが、この縁談は果してどう極まるものでせうか、私は読者の皆様と一緒に是非この結末を知りたいといふ気持で一杯であります」〔四七四頁〕。

結核で死んだ家族がいるという事実が、結婚の決断に際して考慮されたのかどうか。それが曖昧にされたまま物語が終わる。じつにきわどい逃げかただといえよう。緻密なマニュアルと具体的な実例を読んだ読者にとってみれば、物語の中断はある種の脅しとして作用しうる。しかも、著者は意思決定への関与から距離をとって、責任を回避している。

飛んでもないボロ

著者の高田＝伊吹のスタンスを、別の角度から評価してみよう。結核の血統に対するこだわりは、著者が「明治五年の戸籍」いわゆる「壬申戸籍」の活用を推奨している点ともかかわらせて考えねばならない。「壬申戸籍」は一八七一（明治四）年に公布された布告にもとづき翌年から施行された戸籍をさす。近代国家の体裁を整えるためには、まず国民人口の掌握が課題だった。そのために作成された、初めての全国規模の戸籍が「壬申戸籍」である。これには、旧時代の差別的な身分や犯罪歴などについての記載が含まれていた。

現在この「壬申戸籍」へのアクセスは禁じられているが、かつては公開されていた。公開されている以上、利用すべきだというのが高田＝伊吹の立場である。この戸籍に遡ると「飛んでもないボロ」が見つかることがある、というのだ。しかも、戸籍の作り直しや事務的な書き換えで原簿を見られないときの次善策、たとえば除籍の閲覧方法も書き添えられている。高田＝伊吹は、「この一番古い除籍まで遡つて見なければ、戸籍を見る値打が無いと言つても差し支えありません」とまで断言する（九五頁）。「探偵」が現在の状況を調べるのに対し、「調査」は過去に遡るものだ、と高田がいうときの「過去」とは、具体的には戸籍上の「家系」すなわち江戸期における身分と、「血統」すなわち遺伝的病気などの有無なのであった。探偵が「潜行的」であるのに対し、調査は「公然」と行なわれるというとき、差別的な情報をふくんだ戸籍が公開されていることについては、いささかの疑念も抱かれていない。また、その情報を「利用」することについての歯止めはなく、むしろ積極的に推奨している。謙吉君も、妹の結婚相手の家族にはじかに接触せず、すべての調査を「潜行的」にすませた。相手に悟られないよう〈窃かに〉調べたのである。

結婚浄化協会版が出版される前年に、帝国秘密探偵社が新聞に掲載していた広告は以下のとおりである。「優生結婚調査／血統遺伝家系素行人物及健康資産信用程度其の他結婚上の必要事項一切を精査詳報す／二十年の経験秘密厳守と調査資料の集成充実とは必らずや江湖の期待に副ふるに足るものあるを信じて疑はず／離婚の悲劇は結婚調査の疎漏に起因す切に大方各位の御留意を望む」（読売・一九三五年十月五日）。

結婚に際しての身元調査は、国家による反政府運動の取締や調査とは離れたところに位置する。利用の動機が、きわめて個別な利害関心にねざしているからだ。だが、そのことは、調査が「差別」の文脈で用いられないことを保障するわけではない。

そして、同じ情報収集技術が、より広い範囲で応用されることになる。『結婚調査の秘訣』で紹介されたノウハウは「雇入人調査」などにも応用できる、と書かれている。マニュアルのなかに露骨にあらわれているのは、自分の生活圏から被差別者を排除したいという需要の存在や、その需要にこたえようとする執筆姿勢である。高田＝伊吹は、調査によって「栄光と幸福とが、太陽のやうに明るく強く微笑みながら待つてゐる」と書く。しかしながら、同じ太陽が、差別される人びとの頭上にも輝くべきだとは考えていなかったようだ(17)。

〈探偵〉という方法は、方法そのもののなかに「悪用」の可能性を孕んでいる。その可能性は、方法を行使する主体が公権力であるか私的存在であるかを問わない。

すでにみてきたように、刑事や密偵など警察力と結びついた〈探偵〉活動は、街に紛れる「犯人」を探索し「不穏分子」を監督する公権力の目であり耳であった。これに対し社会事業の実践を支えた方面委員は、保護されるべき対象者を正確に把握するために働いた。委員たちは、「暖かき心」をもった半官半民の名誉職である。また、興信所は経済活動を支えるべく、企業の「信用」のていどを評価し、私立探偵は個人の身元を探った。そのような情報を求めるニーズが社会に存在し、営利事業として成り立ったからである。本書では、〈探偵〉的な情報収集の技術が応用されたさまざまな実例をみてきた。それぞれは機能も目的も異なっているが、情報を集めるそのしかたのなかに共通項として括れる部分があることに注意したい。

個人を対象とした「調査」の主体は、公的なエージェントから、一般の人びとに拡大する。結婚や就職に際しての身元調べなどの需要が大きくなるにつれて、〈探偵〉という方法や〈調査〉のノウハウは大衆のものになっていった。〈窃かに探る〉という方法は、組織化され、科学化され、産業化され、大衆化されたのである。

このような方向性を示す社会史を通覧するときに、気づかされることがある。次に示しておきたいのは、〈調査〉という営みが本来的に内在させている認識のありかたについてである。

人は、他者のことをどこまで知りたいのだろうか。〈調査〉は、いったい何を目的にしているのだろう。

学術による覗き

社会学者で、日本の家族について統計学的・実証的な研究を行なった人物に戸田貞三がいる。戦前から東京帝大で教鞭をとり、敗戦後もそのまま教えつづけた。一九三三（昭和八）年に出版された『社会調査』というテキストは、社会調査を科学的に基礎づけ、また社会学を経験科学として確立する意義をもった重要文献とされている。このなかで戸田は、「個別調査」について論じる。個人という存在を理解するには、どんなデータが必要か。参考になるものはないか。戸田が紹介するのは、「帝国興信所が結婚調査の依頼をうけて作成せる調査報告書」の項目である。それは、先に引用した帝国秘密探偵社のものと同様、対象者の血統などをもふくむ詳細な事項からなっている〔二四七―二四九頁〕。

しかし、戸田は結婚調査ていどのレベルに満足しない。つづけて次のように述べている。「科学的なる個別調査の立場から見るときは資料蒐集の源泉等に関して不完全な点が尠くない」。より優れたものとして戸田があげるのは、刑務所が受刑者について作成する「身分帳」である。「現在刑務所において犯人各個につき一部宛備えられてゐる身分帳は恐らく吾国におけるこの種の調査の最も代表的な例であらう」、と〔二四九頁〕。このフォーマットは、結婚調査的な身上書のみならず、政治警察的な思想傾向の追跡記録、さらには医療カルテに相当する「健康診断簿」などによって多面的かつ総合的に構成されている。戸田はさらに筆を進める。彼は、「個々の人格にとって最も重要な事実」すなわち「その人間の抱く理想もしくは夢」にまで迫ろうと考えた〔二六四頁〕(18)。

求めていきついた情報のかたち。それを得るための方法。——比較してみるとき、結婚調査を生業とする探偵と、家族社会学の研究者とのあいだに大きな隔たりを認めることはできない。監獄で調製される犯罪者記録のかたちを、この研究者は理想だと考える。

戸田の文章から感じとれるのは、人を知るという欲望に際限がないということだ。もし法律や倫理や科学の手続きといったブレーキがなければ、他者を知りたいという欲望はどこまでもエスカレートする。戸田は、「その人間の抱く理想もしくは夢」を覗こうとさえしている。

考現学・路上の観察者

このような欲望は、象牙の塔のなかだけで醸成されたのではなく、路上にもひろがっていた。今和次郎と吉田謙吉が街を歩き、観察した世相風俗を記録する方法を「考現学」と名づけたのは一九二七（昭和二）年のことである。考現学には、犯人を追うとか、家出人を捜すとかいった限定的な狙いがあるわけではない。むしろ、都市風俗のなかで興味を惹かれるものについて気ままに観察し、考えるという構えがあった。

彼らの一連の「調べもの」のなかには、数こそ少ないが「尾行」観察による記録がふくまれている。そこには、いわば純粋な好奇心から行なわれた尾行のありさまが書きとめられた。

たとえば、一九二七（昭和二）年に小池富久が実施した「丸ビルモガ散歩コース」調べでは、九名の女性が尾行される。ビルの平面図のなかに足取りを追った動線と行動についての註釈が書き込まれ、文章には観察者の印象などが記された。「新宿三越マダム尾行記」と「デパート内学生尾行記」のふたつは岩田義之による。調査は一九三一（昭和六）年の七月に行なわれた。三越の一階、地階でウインドー・ショッピングを楽しむ若い婦人と、ほていやの売場を六階まで駆け抜けるように見物した慶應大学の学生の行動を採集している。

だが、これらの観察記録については別のデータとの比較があるわけでも、個々のデータについて詳細な分析が加えられるわけでもない。小池じしん「モダンガールとは何ぞや！　この時代的産物の解剖に対するに、この採集と説述は、余りに貧しい断片資料かも知れません」と述懐しているくらいである〔『モデルノロヂオ（考現学）』一三七頁〕。露骨ないいかたをすれば、とにかく尾行して、それを記録してみただけ、なのである。この点について、『考現学採集』（復刻版）に解説を加えた社会学者の佐藤健二は次のような評価を与える。同じ考現学の調査でも、定点観測的な「群れ」の調査は分類や統計化によって「比較」という方法を内在していた。しかし、尾行調査で記述された個体は、それだけで当時の風俗や世相を物語らない。「尾行」は、考現学の問題意識を深める方向で活用されたとはいいがたい、と〔三三七頁〕。なるほど、アベックやマダムや学生の後ろ姿には興味を惹かれる。しかしそれだけでは、何かが明らかになるとか、時代を読み取ることができるとかいうには不十分だ。

だが、彼らが書き残した感想には、学術的興味とはちがうものが示唆された。尾行調査にあたった岩田や小池は、いずれも「尾行」の〈面白さ〉をほのめかす。短く簡潔なレポートではあるが、尾行された人物の人となりは現代の読者にまで伝わってくる。なるほど、対象者が「どれだけ注意し、意識して歩いて居ても、無意識に自己の人格、性質、悪癖、引いては階級まで暴露」してしまっている（『考現学採集（モデルノロヂオ）』四二頁）。そして、尾行記録は淡々としていながら、「何等かの響きを読者に与える」力をもっている（『モデルノロヂオ（考現学）』一三七頁）。ただ、考現学者の調査は予め設定された範囲、たとえばデパートの「店内」とか、新橋と京橋の間の「路上」とかに限定されている。尾行が対象者のプライベートな領域まで継続されることは、ない。

謙吉の尾行

建築史学者の藤森照信は、考現学の創始者ふたりがそれぞれ異なる「傾向」をもっていたという。今和次郎には、観察の記録や採集の結果から本質的なものを引き出そうとする学術的な一面が認められる。これに対し、吉田謙吉は「面白いもの珍しい現象を発見し記録すること自体に喜びを覚える」傾向がある（『民間学事典 事項編』六九頁）。

では、そういった純粋な好奇心のみに導かれた吉田謙吉の尾行観察記録をみておこう。偶然にも、さきの『結婚調査の秘訣』に登場する謙吉君と同じ名前だ。

吉田は、「恋愛考現学」においてアベックの追跡を試みた。彼は新橋で目の前を通りすぎた二人連れのあとを、約二時間半にわたって尾行する。路上を歩く経路を記録するだけでなく、デパートや喫茶店のなかでの行動も子細なメモに残している。男が女の上着の裾を指先でつまむしぐさや、女がハンドバッグを持ちかえる動作にまで注意深い観察眼が注がれた。しかし、尾行中の二人の関係が〈彼と彼女〉であるかどうかを知ることには執着を示さない。「喧しくプライヴェーシーの扉をうち叩く事ではなしに、その何処までが閉ざされてゐるかの有りの儘の状態をつぶさに記録して見る」のが目的だという。その一線を越えて「モノ凄い場景」を調べることは「猟奇的興味へと滑つて」いくから、と禁欲している〔『考現学採集』五七頁〕。

「有の儘の状態」を知りたい。——吉田謙吉は、このアベックの身元を調べるつもりはないし、ふたりの関係を明かしたいのでもない。しかし、だからといって、流行現象を分析するためのデータを記述しようという強い意識もみられない。浮気調査をする探偵であれば、デートのようすを依頼者に報告するだろう。そして、当事者たちの関係は、変化を余儀なくされる。しかし、考現学の尾行は都市風俗の断片を切り出すだけで、知り得た情報はアベックの人生とはまったく無縁のものとして記録されていく。

尾行調査を個人の住まいや職場まで継続して、「誰」であるかを特定してしまえば、それは探偵や刑事の尾行と変わらない。あるいは、変態性欲による異常行動だとみなすこともできる。そこまでにはいたらず、「猟奇的興味」へと連なる延長線を断ち切ったところに考現学の「尾行」は存在していた。たしかに考現学における探偵的手法は科学的な分析に耐え得るような、厚みをもったテクストにはならなかった。だがそれは、「有の儘の状態」を知りたいという好奇心に、ぎりぎりのところで歯止めがかけられていたからだ。

考現学の創始は、好奇心のおもむくままに他者を尾行するような人びとの存在を浮上させた。流行観察という「言い訳」があれば、あるていどの尾行を正当化することも可能なのだ。一九二五（大正十四）年に発表された江戸川乱歩の「屋根裏の散歩者」には「金持ちらしい通行人を見かけると、自分がスリにでもなった気で、どこまでもどこまでも、そのあとを尾行してみた」という一節がある（『江戸川乱歩全集　第一巻』二五一頁）。探偵小説や探偵映画を楽しむのとはちがった、日常生活における一種の遊びとでもいおうか、「尾行」や「覗き」の新しい表現型が示された。

考現学以前にも、新聞や雑誌が「尾行取材」を行ない、そのレポートを「尾行記」などのタイトルで掲載することはかなり古くからみられた。たとえば、亀太郎の事件があった一九〇八（明治四十一）年八月から『読売新聞』が連載した「尾行記」がある。連載開始に際して記者はいう。

何が為に何人を尾行せんとするか？　玆に予言するを得ずと雖も大臣、貴婦人、女学生、時に又注意人物等苟も記者の一眄を受けたるものは尾行を免れず而も一度尾行するや仮令天に冲し地に潜るとも飽く迄其の行衛を突止め一挙一動を知悉せずんば止まず（読売・一九〇八年八月五日）

この調子で、駅で出会った人物を尾行し、遭遇した事件について書く。シリーズは九月いっぱいまで継続され、その後も「新聞探偵」という企画に模様替えしている。同じころの他の新聞をみても、『時事新報』に「米客尾行記」（一九〇八年十月二十一日）、『東京二六新聞』には「淫売尾行記」（十一月十四日」などの記事がある。明治の半ばに探偵小説ブームがあったわけだから、「尾行」という文字が紙面に頻出しても不思議はない。

「尾行」は新聞雑誌記者の取材の一方法としてあった。それは、犯罪の探偵に似ている。特定の対象をこっそりとつけて知りえたことがらを記事にすれば、警察や他社を出し抜く特ダネになる可能性があるからだ。けれども、読売の「尾行記」のように偶然出会った人を探るという姿勢は、企画としてのおもしろさのほうがまさっている。誰かを尾行するという行為そのものの魅力があって、読者はそれを楽しみにしているからだ。

文学者も例外ではなかった。ここに考現学における尾行につながる心性を認めてもいいだろう。上野で一組の男女の姿に目をとめる。一九四二（昭和十七）年三月、永井荷風は鶯谷の料亭に出かける途中、上野で一組の男女の姿に目をとめる。『断腸亭日乗』から引いておく。

三月初一　日曜日　くもりて暖なり。午後執筆。薄暮嶋中氏に招かれ上野鶯谷の塩原に至る。上野地下鉄構内売店つゞきたる処に若き男女二人相寄り別れんとして別れがたき様にて二人とも涙ぐみたるまゝ多く語らず立すくみたるを見たり。二人の服装容姿醜くからず。中流階級の子弟らしく見ゆ。余は暫く傍観し今の世にも猶恋愛を忘れざるものあるを思ひ喜び禁じ難きものあり。去年来筆をとりつゞけたる小説の題目は恋愛の描写なるを以て余の喜び殊に深し。余は二人の姿勢態度表情等を遠くより凝視し尾行したき心なりしかど約束の時間迫りたれば急ぎ車坂出口に出るに人力車二輛ありて客待したればこれに乗る。〔『荷風全集　第二十五巻』一七頁〕(19)

もし料亭での約束がなければ、荷風は二人の跡をつけていっただろう。はたして荷風は、吉田謙吉のような「禁欲」をなしえたか。小説を執筆するための取材であるという説明は、あらかじめ用意された「言い訳」とはいいがたい。むしろ、荷風文学の「方法」だと解することができよう。しかし、だからといって、小説を書くために必要な情報を得た時点で作者が尾行を中止するという保証もない。研究者や新聞記者や文学者は、調査や取材のために尾行をする。しかし、それらの「目的」は達成されたのち不要になったり、ぎゃくに作業の困難さから見失われたりすることがある。そのとき、尾行するという行為そのものが自己目的化してしまえば、好奇心に歯止めをかけるものは何ひとつない。

この章では、大正から昭和戦前期にかけて、「探偵」が再び社会に大きな足跡を残してきた経緯を追った。明治にも国事や犯罪にかかわる「探偵」が存在したが、それは警察組織の近代化をとおして駆逐され、「刑事」に置き換えられていく。だが、産業化や都市化の進展にともない、民間にも情報の収集や操作を行ない、情報を売買する企業が登場する。さらに、一般の人びとも情報操作の方法について高い関心を抱くようになった。第四章でみたように、小説・映画などのフィクションや実録もの出版物をとおして、そういった方法はひろがっていたが、その後は言葉や知識の流通にとどまらず、行為として実践する可能性も開かれていった。探偵や興信所のみならず、方面委員や新聞記者、研究者たちも、〈探偵〉的な方法の実践者だったといえよう。

このうち、私立探偵と警察の刑事とは厳に区別されたけれども、探偵たちはそれなりの居場所を見出している。また、警察や一部の専門家が独占していた知識や技術は、メディアの発達によって普及し、通俗化した。それは、専門的なものが平易なかたちに編集され直すということにとどまらない。社会や生活の大きな変化は、専門家にも、素人にも等しく影響力をもった。したがって、犯罪捜査のプロが世間の「常識」に習わねばならなかった。

このプロセスのなかで、探偵小説や実話ものと、探偵マニュアルとが結びあい、総体として大きな〈探偵〉ブームがつくりだされる。都市生活者に注目すれば、単に調査される客体として生きたのではなく、自らすすんで調査する主体にもなりえた。「調査の時代」が訪れたのである。しかしながら、〈探偵〉という方法は、調査主体が自己を利するために用いることが少なくなかった。また、調査のノウハウやエージェントが多くの人びとにとって利用可能になったことにより、他者を知りたいという欲望が無制限に解き放たれる可能性が生じたといえよう。

以上が、明治末から昭和戦前期にわたって、〈探偵〉という方法がたどった来歴である。資料にもとづく記述は、ここで終えることにする。

終章

人が他者を知るには、いろいろな方法がある。互いに言葉を交わすことによって相手の人となりが明らかになるばあいもあるし、人の噂をとおして知るばあいもある。

顔見知りであれば、目の前にいる相手には話しかけるのがふつうだろう。だが、よく知らない人や、まったく知らない人については、そばにいてただ見ているだけということになる。声をかけなくても、相手の姿はそこにある。身なりやしぐさから、その人の人となりをつかむことができるし、別の人と話していれば、その内容からどんな人か推測する手がかりを得られる。

このような経験は、日常的なものだ。そのとき、私は相手のことを〈窃かに〉探っているのだろうか。そうともいえるし、いえないかもしれない。自分が〈窃かに〉探っているかどうかは、意識のもちようにかかっている。その相手のようすを気に止めていて、相手がこちらに注意を向けないように何らかの努力をしているなら、それは〈窃かに〉探っていることになる。その場に誰がいようとかまわない、特に何も考えていないし、たまたまいっしょにいるだけなら、それは探るとか探らないとかの区別にかかわりがない。とすれば、〈探偵という方法〉の行使は意図的なものだといえる。そこには明確な意志のはたらきがあり、主体は対象者について「知りたい」という意志をもって動いている。

主体が情報を集めるかたちはそれぞれに異なっているし、知り得た情報を活用する道すじもちがう。しかし、そこには共通する前提がある。最後にこの点を考えておきたい。

〈窃かに〉探るのは、どうしてか。もし、直接に言葉を交わしてしまえば、ほんとうの姿がとらえられないと思っているからである。まっすぐに質問しても、相手は嘘をつくかもしれない。黙って答えない、ということもあるだろう。話をしなくても、ここに私がいるというだけで、相手は行動を変える可能性がある。

江戸川乱歩の「屋根裏の散歩者」から引用する。

天井からの隙見というものが、どれほど異様に興味のあるものだかは、実際やってみた人でなければおそらく想像もできますまい。たとえ、その下に別段の事件が起こっていなくても、誰も見ているものがないと信じて、その本性をさらけ出した人間というものを観察するだけで、充分面白いのです。よく注意してみますと、ある人々は、そのそばに他人のいる時と、ひとり切りの時とでは、立居ふるまいはもちろん、その顔の相好までが、まるで変るものだということを発見して、彼は少なからず驚きました。〔『江戸川乱歩全集 第一巻』二五六頁〕

乱歩は、窃かに覗き見ることが真実の獲得につながるという経験について書いた。覗かれた哀れな人は、「誰も見ているものがないと信じて」いる。

だが、ここで立ち止まってみよう。前提となっているのは、〈人はひとりきりのとき、誰にも見られていないときに真の姿を現わす〉という仮定である。さて、この仮定は正しいだろうか。なるほど、人は、他者の面前でいろいろなとりつくろいをする。見られることを意識して化粧をしたり、自分に都合のよい嘘をついたり、相手をだますための演技をしたりしている。他者がいるときは、ほんとうの自分を見せていないかのようだ。そうであれば、覗き見や盗み聞きだけが真実を知るための唯一の途だと認めなければならない。

では、問いをかえてみる。他者の前に晒された自分の姿はすべてつくりものか。人と交わした言葉はことごとく嘘か。——ぜんぶが偽りだと言い切ることができないだろう。

相手によってふるまいかたを変えるような人が、そのすべてを〈ほんとうの自分だ〉と思うことはある。周囲の者は、不誠実だという理由で、その人の態度を咎めるかもしれない。自己を一貫させない者は非難されるが、しかし、その人の全人格を否定しきることはむずかしい。そもそも私たちは、生涯をつうじてかかわりあうあらゆる人に対して、ことごとく同一で一貫した印象を与えているといえるだろうか。そうとはいえまい。

人は、相手や場面によって複数の顔をもつのがふつうだ。〈私〉についてのイメージは分裂していてまとまりがない。そのなかにひとつだけ、核になるような〈私〉がある、と思い込むことはできる。この核となる〈私〉を柱にして、ちりぢりになった〈私〉をつなぎとめる努力をする人もいるだろう。しかし、その役目を果たすのが〈誰にも見られていないときの私〉だとはかぎらない。他者の目に晒されている〈私〉は虚像であって、〈誰にも見られていないときの私〉こそが特権的に〈ほんとう〉であるというような考えは、にわかに認めがたい。

人はまた、ときに包み隠さず真実を語ろうとするではないか。多くの人に隠しごとをしても、ただひとりの相手にだけは〈ほんとうの自分〉を開く、というばあいもあろう。〈ほんとうの自分〉とは、〈私〉だけが独占するものではなく、他者とのつながりのなかに見いだされることもあるはずだ。〈人は、他者の前にいるときは仮の姿を見せていて、ひとりになったときにだけに本性を現わす〉という仮説は常に正しいわけではない。「他人のいる時と、ひとり切りの時とでは、立居ふるまいはもちろん、その顔の相好までが、まるで変わるものだ」というのは、なるほど経験的によくあてはまる命題だ。けれども、「誰も見ているものがない」ときだけに「その本性をさらけ出」しているはずだ、と結論づけることはできない。それは、あくまでもひとつの仮定にとどまる。

＊

調査という営みは、〈ありのままを知る〉という欲望や理想に支えられてきた。対象がモノであれば客観的に見ることができるけれども、意識をもった人間の観察は簡単ではない。観察していることとじたいが与える影響を、できるかぎり排除する必要がある。そして、そこに、〈真実はこちらの姿を隠したときに現われる〉という考え方が滑り込む余地が生じる。明治の都市下層に潜入した記者の文章に読者が「リアリティ」を嗅ぎとるのは、知られざる「貧民」たちの日常を垣間見ることができると期待するからだ。考現学者が「尾行」の先に予想される「猟奇的興味」に躊躇を覚えるのは、見てはならないものに出くわしてしまうかもしれない可能性を感じたからだろう。探偵が巧みに自らの気配を消し去るのは、尾行する相手を油断させたいからにほかならない。いずれのばあいも、〈真実はこちらの姿を隠したときに現われる〉という発想にもとづいている。

共有された前提。それは、面前の他者に対する〈不信〉である。相手は、〈ほんとうの姿〉を隠しているかもしれない……。

都市化のプロセスのなかで、他者の姿をどこまでもつかまえることができないという漠とした〈不安〉が生じた。コミュニケーションの前提として拡散していったものは、この〈不安〉だといえまいか。隣人は、逃走のために変装している犯罪者である疑いがある。婚約者は、深刻な病歴を隠しているかもしれない。取引相手は、債務をかかえた詐欺の常習者なのではないか。――こういった疑念を、直接入手できる数少ない情報からチェックすることはなかなかに困難である。だからこそ、〈窃かに〉確かめる手だてが求められた。

見知らぬ者どうしが出会い、そこから人間関係を築きあげていかざるを得ない状況での生活の知恵。

〈探偵〉的な情報収集の方法を、そのような実践的知識・技術ととらえたい。一九一〇年代以降、さまざまな文化現象のなかにあらわれた「調査」のテクノロジーは、その多くが「科学的」という言葉で覆われていた。けれども、この修飾を剝ぎ取ると、そこには隣人の「真の姿」をつかまえることができないでいる神経質な人びとの素顔が見える。

「探偵と云へば二十世紀の人間は大抵探偵の様になる傾向があるが、どう云ふ訳だらう」——「吾輩は猫である」の登場人物の口を借りて、漱石は問いかける。そして、もうひとりの人物に次のように語らせた。「夫は僕が大分考へた事だ。僕の解釈によると当世人の探偵的傾向は全く個人の自覚心の強過ぎるのが源因になつて居る」と。

今の人の自覚心と云ふのは自己と他人の間に截然たる利害の鴻溝があると云ふ事を知り過ぎて居ると云ふ事だ。さうして此自覚心なるものは文明が進むに従つて一日〳〵と鋭敏になつて行くから、仕舞には一挙手一投足も自然天然とは出来ない様になる。〔中略〕寐てもおれ、覚めてもおれ、此おれが至る所につけまつはつて居るから、人間の行為言動が人工的にコセつく許り、自分で窮屈になる許り、世の中が苦しくなる許り、丁度見合をする若い男女の心持ちで朝から晩迄くらさなければならない。〔中略〕此点に於て今代の人は探偵的である。泥棒的である。探偵は人の目を掠めて自分丈うまい事をしやうと云ふ商売だから勢自覚心が強くなくては出来ん。〔中略〕今の人はどうしたら己れの利になるか、損になるかと寐ても醒めても考へつゞけだから勢探偵泥棒と同じく自覚心が強くならざるを得ない。二六時中キヨトキヨト、コソコソして墓に入る迄一刻の安心も得ないのは今の人の心だ。文明の呪詛だ。〔『漱石全集　第一巻』五三一―五三二頁〕

＊

ひるがえって、一九九〇年代の世相を眺めてみると、個人の情報コントロールに関連する多くのことがらが社会問題として立ちあらわれている。盗聴・盗撮機器の氾濫、顧客情報の流出や売買、街頭監視カメラの増設、住民基本台帳法の改正から国民背番号制度の具体化、通信傍受法の制定、ＤＮＡ鑑定の実用化、声紋や眼球による個人識別の実用化……。私たちの日常生活は「情報」で埋め尽くされ、同時に、個人それぞれの情報管理はきわめて覚束ないものになった。携帯電話やインターネットを使えば、必要な情報へのアクセスは簡単だ。しかし、そのいっぽうで、自分じしんについての情報がどこかに集積され、見知らぬ人に利用されるという事態がふつうになった。

私の去年の年収や税額を、端数まで把握している役所がある。中学二年の一学期の成績を瞬時に呼び出せるデータベースがある。先月買ったセーターのサイズや柄を、メーカーの顧客係は把握していよう。健康診断で採取された私の血液は、検査会社のラボで分析され深刻な病の徴候が発見されるかもしれない。――私についてのことがらは、誰かに知られているのである。おそらく私よりも正確に。疑いはじめればきりがない。いま私が話していることは誰かに盗み聴かれているかもしれないし、部屋のなかでの行動を誰かが見ているかもしれない。

どうして、こんな悪夢のような世の中になったのか。疑念や不安にさいなまれなければならない病んだ風潮は、何によってもたらされたのか。

その答えを、テクノロジーの発達に求めるのは簡単だ。じじつ、高度情報化社会の物質文明を批判し、管理社会化の流れや精神の貧困を嘆く声は多い。だが、はたしてそれだけでよいのだろうか。

本書では、〈探偵〉という方法がたどった歴史を見直そうとつとめた。現在の私たちが享受している技術に比べれば、はるかに素朴なものしかなかった時代を、である。そして、そこにも〈不安〉をかかえた人びとが見出された。〈隣りにいる人が誰なのかわからない〉ことに由来する不安をどうやって取り除くか。気どられることなく相手について知るためには、どうすればよいのか。断片的な情報から、相手の〈実像〉や〈正体〉を見きわめるためには、何が必要か。――彼らはさまざまな工夫を凝らしている。手にした技術は拙いものだが、相手について知りたいという熱意や欲望のありようは、本質的にいまと変わらない。だとすれば、管理社会の息苦しさの元凶を、テクノロジーの飛躍的な進展のみに求めることはできまい。むしろ、衰えることのない人びとの欲望、他者を知ろうとする心性をこそ、問題にすべきであろう。都市化の進行によって拡散しはじめた〈不安〉は、現在もなお膨張しつづけている。応用される知識・技術のていどにかかわらず、〈探偵的な方法〉は行使されてきたのであり、いまも行使されている。本書では半世紀以上も前の探偵たちの足跡を追いかけたのだが、私たちが見ていたのは、彼らの背中ではなくて私たちじしんの後ろ姿だったのである。

ただし、技術革新によって、かつてカタチをそなえていたものが、目に映りにくくなってきている点には注意したい。いまの生活では、私たちのことを露骨に監視する人の姿を街頭で見かけることはさほ

ど頻繁ではない。しかし、その仕事を自動的に代行する機械は増えつつある。技術革新に、探っている
者の姿を巧妙に隠す作用がふくまれることは明記しておきたい。
＊

そういった〈探偵〉的方法を行使するのが公権力だけに限られないという点も、改めて強調してお
く。〈尾行〉や〈覗き〉をすることは、権力や装置や機械がなくても可能だ。フィクションの世界だけ
で許されるものでもなく、現実の暮らしのなかで個人が採用しうる行動様式である。他者について〈窃
かに探る〉ための技術は、私の掌中にある。それを用いて情報収集をするには、少しの思い切りがあれ
ばよい。自分じしんが手を染めることには躊躇を覚える人もいよう。そのばあいは、第三者を雇って間
接的に「探る」という道も用意されている。

かつて「無調査結婚の悲劇」という言葉が興信所の関係者によって使われた。その結婚調査が、数多
くの差別事件をひきおこし「悲劇」の原因になってきたことも現在ではよく知られている。一九八五
(昭和六十)年には「大阪府部落差別事象に係る調査等の規制に関する条例」いわゆる「興信所条例」が
施行された。ほかにもさまざまな活動や啓蒙が行なわれているが、じっさいにはこういった調査の「ニ
ーズ」はなくなっていない。就職に際しての部落差別や民族差別も後を絶たない。これらの差別問題の
すべてを、民間の調査機関と依頼者のせいにすることはもちろんできないけれども、調査したいという
個人や私企業の欲望を公的な規制がコントロールしきれないという点は確認しておかねばならないと思
う。

＊

大都市の電気街には盗聴器などが売られており、通信販売で入手することもたやすい。探偵学校も人気を集めている。買われたモノやノウハウは、いったいどのように利用されているのだろう。そりの合わない上司の机に仕掛けられ、弱みを握るためのものなのか。それとも、思いを寄せる異性が暮らす部屋を覗き、変装して一日じゅう尾行をつづけるために使われるのか。

リンデン・グロスの『ストーカー』は、原著・邦訳とも一九九五年の出版である。以来この言葉は急速に普及し、ストーカーがらみの事件はワイドショーなどが好んでとりあげる素材となった。しかし、ストーカーは一九九五年に突如として出現したわけではない。ずっと前から起こっていた現象に、名前が与えられただけのことである。「出歯亀」という言葉が生まれる以前から湯屋覗きがあり、いまもって女性の入浴を覗く男がいるのとかわりない。もっとも、名づけによって社会的な注意が集まり、被害者を救済するための手だてが打ちやすくなるということはあろう。

ストーカーという用語の一般的な使われ方にはいささかの混乱がある。大きく分けるとふたつのケースが含まれていて、そのいずれもがストーカーにまつわる現象と見なされるようだ。ひとつめのケースは、誰か知らない人に自分が覗かれているという不安にさいなまれるもの。女性が帰宅して、部屋の明かりをつけると同時に電話が鳴る。相手は名乗らない。何者かにつけられている気がするが、はっきりしない。そういった例が典型的だ。それとはちがって、別れた恋人や退職した同僚などといった、特定の人物につきまとわれ、脅され生活を乱されるというばあいがある。

ストーカーという語でいずれを指すのがより適当かというような議論には、ここではあまり踏み込まないでおく。本書で何度もふれたことだが、尾行には二種類のものがあるということを思い起こしてほしい。相手に悟られないように行なわれるばあいと、誰であるかを相手に知らせたうえで行なわれるばあいであった。ストーカー行為にも、ふたつのケースがある。単純に振り分ければ、見知らぬ者が覗いているケースを「犯罪捜査型」、特定の人物がつきまとうケースを「特高監視型」ということになりそうである。しかし、そのような対応づけはズレている。

ほんらいの意味での尾行は、対象者にまったく気づかれないように行なわれるものだ。対象者が〈たとえ誰かは不明でも〉誰かに覗かれている〉ということを察知した段階で、それは尾行ではなくなる。ストーキング行為のばあいは、「加害者」が見知らぬ者であるかどうかにかかわらず、「被害者」が恐れを感じていることが問題なのである。ストーキングの犯罪性は、被害者が不安を覚え、脅迫がくり返され、身体的な危害に及ぶ可能性を孕んでいる点にある。

しかし、別の意味でのストーキングがあって、それは、気づかれないように実行される。不安さえ与えない、ということに専心しているストーカーがいるはずなのだ。被害者には、被害者としての自覚すらない。そうである以上、それを犯罪として扱うことにも困難がある。窃盗とはモノをこっそりと盗み去ることだが、被害者はモノがなくなったことによってその事実を知りうる。だが、〈情報〉は動かされることなく盗まれる。私についての情報が盗まれたことに、常に私が気づくとは限らない。

ストーキング行為を、人間関係の病理だと指摘するのはたやすい。法律を制定すればストーカーを刑務所に送ることは可能だし、病気だと判定して隔離することもありえよう。だが、それは、「被害」の明らかな行為を囲い込んだだけの話なのである。

被害のはっきりしないストーキング行為では、何が侵犯されているのか。それは、〈自分の情報を自分の手で管理する権利〉である。情報の自己管理権は、個人の権利として尊重されるべきものだ。姿を見せないストーキングとは、ターゲットとなった人が保有するはずの情報コントロール権や自己決定権について適切な配慮を欠いた行為といいうる。

＊

覗きも尾行も、自分のことを知らせずに相手のことだけを知ろうとする部分に本質がある。そのような行為が採用されるのは、相手についての情報を得ることで、人間関係やコミュニケーションを有利に展開できるという推定があるからだろう。情報を奪われるだけの側は、だからこそ抵抗を試みる。情報が一方向的にしか流れないことについて、ずいぶんと批判がなされてきた。また、情報の双方的な流れをつくろうという努力も積み重ねられている。政府や自治体が情報公開をすること、医師が患者の状態や治療方針について説明すること、学校が生徒の内申書を本人に開示すること、日々の食材に何が含まれているかを明記することなどがそうだ。いうまでもなく、「知る権利」は、われわれが社会生活を送るうえで、重要なもののひとつに数えられている。

しかし、「知る権利」は「プライバシーの保護」と対立することがある。臓器移植においては患者やその家族に関する情報はむやみに流すべきではないという世論が強いし、犯罪報道でも被害者のみならず加害者の家族までを保護するためのルールがつくられつつある。ぎゃくに、「公共の利益」といった理由から、たとえば犯罪の摘発を目的とした盗聴を許容する法律もできた。

権利どうしの対立や、利害の調整をすすめるのは容易なことではない。これからも、現場で、あるいは裁判所でさまざまな判断が下されるだろう。そもそも、コミュニケーションのありかたについて、第三者的に「公平さ」を判定することじたいに無理があるといえようか。だからといって、お互いが手持ちの情報を提出しあうべきだというようなルールをつくっても、すぐに破られるだろう。それを道徳心に求めることもむずかしい。互いにすべてをさらけ出すことが強制的に課されるとすれば、それも苦しい生き方だ。人はなにほどか、隠したいことをもっている。

＊

相手について深く穿鑿しない。できるかぎり他人に干渉しない。——それが、街の暮らしの慣習であった。見知らぬ者どうしが出会うときは、深いかかわりを避けることでお互いの負うべきリスクを軽くしようとするのが、都市を生きていくうえでの知恵だといってよい。かかわりあいを避け、干渉しあわないことによって、私たちは行動や思考の自由を手にしている。それは、人づきあいの暖かさをあきらめることと引き換えにされたのだが、その代償よりも自由は魅力的だったようである。だが、生きていくうえでは、誰かと関わりをもたざるをえない。予測されるリスクを抑えたままで、都合のよい相手だけを選んで交際するためには、相手のことを〈窃かに探る〉という作法が必要となる。けれども、他者に対する〈不信〉を前提にした情報収集活動は、私たちを際限のない疑いの悪循環に誘い込む。〈不安〉

のループはどこかで断ち切らなければならない。都会暮らしの自由さを保ったうえで、なおこの課題を達成する。――〈探偵〉という方法をめぐって、人びとは悪戦苦闘を重ねてきた。

どんなに親しい間柄であっても、他者を全人格的に知るということは容易でない。人が他者を知るとき、それは一面的な理解でしかありえないと考えたほうが妥当だろう。ましてや〈探偵〉的な情報収集によって得られる人格の断片は、それをいくら積分してみても、相手についてのトータルな理解には到達し得ない。

ところで、本書でとりあげてきたような他者を把握するための情報収集技術は、いずれも個人を一面的に評価することを目的としたものだ。全人格的な理解といった壮大な目標は、学者の夢想のなかにしか認められなかった。指紋や血液の鑑定にしても、身元調査にしても、相手が一定の基準を満たしているかどうかの判別に必要とされる最小限の情報をいかにして入手するかという観点から開発されたものである。たとえば、フィアンセの家系は結婚相手としてふさわしい血統か、容疑者Aは犯人であるか、取引会社の財産状況は信用できるのか、夫は浮気をしているか、貧しさに苦しむこの人は公的な援助を受けるべきか……。そういった、限定的な評価に用いるものだからこそ、技術化が可能だったと考えてよい。

＊

私たちは、〈探偵〉という方法を用いることによって他者について知ることができる。蓄積されてきたノウハウを活用するならば、正確に、また迅速に、相手についての情報を得ることが可能だ。しかし、それは切り取られた〈断片〉にとどまりつづける。〈探偵〉という方法にこだわるかぎり、いくら高度なテクノロジーを応用したとしても、相手のことをより深く理解することはあきらめざるをえない。

現在の社会に起こっているさまざまな問題を解きほぐすことは簡単ではないだろう。しかし、ごく簡単な実践から歩みはじめるしかない。それは、相手に対して直接に話しかけることであり、自分の名を名乗ることである。相手が自分のことをどのように思っているかは、相手に自分の存在を知らせないことには確かめようがない。人は〈ひとりきりのとき、誰にも見られていないとき〉に〈真の姿を現わす〉かもしれない。しかし、〈ほかの人と互いに向き合ったとき〉にしか見せない一面ももっているはずだ。

幼い日、好きな同級生の帰り道を追って、その子の家までついていったことはないだろうか。形式的にいえば、これはストーキングだろう。しかしながら、そう呼ぶことは、人が生きていく世間をあまりにも殺伐としたものにしてしまう。互いに顔を見ながら話すことができれば、ふたりの関係は〈尾行する者／される者〉から、別のものにかわるだろう。まずは名乗り合い、挨拶をするところから始めたい。

註

序

1　『漱石全集 第七巻』岩波書店（一九九四年版）一一三頁。漱石の「彼岸過迄」は一九一二（明治四十五）年の一月から『東京朝日新聞』と『大阪朝日新聞』に連載され、元号が変わったあとの九月に春陽堂から単行本として出版されている。

2　宝来正芳という人物は、『探偵常識』のほかに『警察写真術』（一九二九年）や『犯罪捜査と第六感の研究』（一九三八年）、『犯罪捜査技術論』（一九四〇年）などを出している。名前の用字は、本によって寶と實の両方が充てられており正しい表記はわからない。経歴についても詳しいことは不明だが、現場経験をもつ警察関係者だと推定される。一連の著作も、一般読者というよりは実務担当者を対象に書かれている。

3　江戸川乱歩は「化人幻戯」のなかで、この二種類の尾行をそれぞれ「単純尾行」と「複雑尾行（あるいは心理的尾行）」と呼んでいる（『江戸川乱歩全集　第十四巻』五九頁）。

第一章　出歯亀冤罪

1　この作業は、「デバカメ」という言葉が国語辞典のなかに定着していく経緯（すなわち文化的に「標準化」されるプロセス）を精査した斎藤にならったものである。より詳しくは、斎藤光「人々の世間的気分・出歯亀前夜」を参照。

2 『明治事物起原』の初版は、事件が起こる直前の一九〇八（明治四十一）年一月に発行された。「出歯亀の語源」という項目は、一九二六（大正十五）年発行の増訂版で書き加えられたと思われる。記載内容は以下のとおり。

出歯亀の語源

府下大久保町四〇九植木職池田亀太郎（二十五歳）は、出歯にして出歯亀の綽名あり。穴のぞきを好む色情狂者なり。

明治四十一年三月二十二日西大久保三〇九幸田恭の妻ゑん（二十八歳）が、同町五十四番地湯屋前にて何者にか殺害さる、翌月五日に至り、亀太郎の所犯たること発覚す。これより、湯屋窺き便所窺きなどすることを、出歯亀といふ俗語行はる。〔『増訂明治事物起原』二四―二五頁〕

なお、その後の増訂版改訂版か、あるいは増補改訂版（二巻本）で、「便所窺き」が削除され、ほかにも字句の一部が改められたようだ。ただし、亀太郎の年齢「二十五歳」はついに修正を受けていない。一九六九（昭和四十四）年発行の明治文化研究会／日本評論社版では、編輯にあたった西田長壽が訂正を加えたにもかかわらず見逃された。現行のちくま文庫版でもそのままに残されている。『明治事物起原』のいう「二十五歳」とは異なる年齢を記載している文献も少なくないが、その根拠は不明である。

3 ここで亀太郎の年齢が二十四歳とされ、独身となっている根拠は不明である。加太は『東京事件史〈明治・大正編〉』でも出歯亀についてふれていて、やはり「二十四歳の若者」と書いている。

4 小沢の「真説池田亀太郎伝」の初出は『新潮45』一九九一年二月号（掲載時のタイトルは「八十三年ぶりの『出歯亀』」）。なお、小沢は『定本 犯罪紳士録』においても亀太郎の略伝を書いている。

5 冤罪の可能性について書きとめている人物はほかにもいる。槌田満文は、「無実の罪とする説がいまなお有力」と述べる〔『明治大正風俗語典』二〇四頁〕。また、山本華萩『実録 警視庁秘史』にも裁判での証拠調べが十分でなかったことが指摘されている。

6 『新宿区史』の付表（第十八回東京市統計年表から作成）による。なお、この時期の十五年間（一九〇六年—一九二一年）でみると東京郡部の人口は三・七三倍に膨張、とくに大久保村では五・八倍という著しい増加を記録した〔奥須磨子「淀橋・大久保における戦前期の住民構成」〕。

7 煩瑣になるので逐一の注記は省いたが、直接の引用を行なったばあいなど必要に応じて掲載紙と日付を示した。

8 幸田ゑん子の名前は、資料によってさまざまな表記がある。艶子、延子、縁子、婉子、えん子、エン子、などである。「子」がつかない場合もあって一定しない。本書では、引用文中をのぞき「ゑん子」に統一する。

9 新聞報道では、暴行の事実があったという記事と、それを否定する記事とが混在する。家族に対する配慮などがはたらいたためであろう。『東京帝国大学医学部法医学教室五十三年史』には幸田ゑん子の解剖記録が紹介されており、手指による握圧窒息が死因であること、生前に暴行されたあとが認められることが「鑑定ノ結果」として記述されている。ただし、解剖に要した期間は三月二十六日から四月十六日までとあり、新聞報道が解剖の最終的な報告を待ってなされたものではないことがわかる〔三三八頁〕。

10 捜査にあたっていた巡査の娘が亀太郎に乱暴されたという情報を、逮捕の端緒だとする報道もある〔日本・一九〇八年四月六日〕。また、三十一日の逮捕よりも前の二十八日あるいは二十九日に、亀太郎がいったん拘引され、すぐに釈放されたと伝える記事もあるが、詳細は不明。

11 『時事新報』は事件から一週間後の三月二十九日付け紙面に「大久保惨事犯人探偵大懸賞」として「真先きに犯人を探知し若くは逮捕したるもの」に金時計一個を贈呈し表彰するとの広告を掲載した。この広告は、その日を含めて三度掲載されている。亀太郎の逮捕後、功労者として四名の巡査が表彰された。金時計は四個のウォルサム製銀時計になった〔時事・四月十六日〕。

12 三角寛は『三角寛全集⑨名刑事列伝（その3）捜査から捕縛まで』のなかで、捜査にたずさわった刑事・二子石貞馬の小伝を書いている。それによれば、囮として使われた女性は新宿界隈の「淫売婦」だったという。しかしながら、三角の文章は警察寄りの立場から書かれた小説仕立てのもので、かなりの脚色が認められ客観的記述であるとはいいがたい。四月九日の『時事新報』には「女探偵」四名の氏名と写真が掲載されているが、廓の女性であったという記述は見あたらない。なかには十六歳の少女も含まれていた。三角のいう「淫売婦」たちは、『時事新報』が伝える「女探偵」とは別に雇いあげられたものかもしれない。

13　当時の新聞では「久右衛門坂」と表記されているが、抜弁天から永福寺前、さらに西へと下るこの坂は、大久保の草分けであった島田久左衛門に由来する「久左衛門坂」であろう〔『新宿区町名誌』〕。なお、この坂には現在も「東宝湯」という名の銭湯がある。

14　この言葉が性犯罪を象徴する記号として用いられる実態を、地方紙の精査から明らかにしようとしている斎藤によれば、『福島民報』『若松新聞』『いはらき』『富山日報』『日出新聞』(京都)『徳島毎日新聞』などの各新聞でも、亀太郎の事件が報じられたり、「出歯亀」という言葉が覗きや強姦を指し示す用語として使われているという。

15　やや時を経て大正から昭和初期に編纂された俗語辞典や新語辞典を開くと、「出歯る」という動詞のほうも見出し語として採録されている。たとえば、上田景二編『模範新語通語大辞典』(一九一九年)には「デバル」が見出し項目として立てられ次のような説明がある。

【デバル】　出歯る。出歯と出ツ歯若しくはそっ歯の意なれども、出歯亀の名を得し池田亀太郎が女を強姦殺人して以来、女に対して怪しかる振舞に及ぶ場合を出歯るといふ。〔二二三頁〕

勝屋英造編『通人語辞典』(一九二二年)も、ほぼ同様の語釈を掲載している。小峰大羽編『東京語辞典』(一九一七年)は「でばかめ」「でばる」の二語を採録。時代研究会編『現代新語辞典』(一九一九年)には「出歯亀」の語釈が掲載され、動詞形があることも示されている。社会ユーモア研究会『社会ユーモア・モダン語辞典』(一九三二年)は「でばかめ」を採録している。しかし、その頃になると、池田亀太郎という被疑者のことも、被害に遭った幸田ゑん子のことについても、多くは忘れられていた。

16 澤田は亀太郎の事件のあと、名垂の影響で軟文学の研究を手がけ、例外あるいは五猫庵と号して俳句をつくった。斎藤昌三や小倉清三郎とも交際があったという。一九二七（昭和二）年、四十四歳で没。澤田の生涯については、森長英三郎『日本弁護士列伝』に詳しい。また、懲戒裁判の弁護をした今村力三郎が、「例外追悼録」という小文を残している。そこには「出歯亀の有罪か無罪かは神と本人池田亀太郎のみ之を知る」とある。

17 『帝国法曹大観』（一九一五年）によれば、立石謙輔裁判長は、一八七六年（明治九）年、大阪の生まれ。亀太郎よりふたつ年下である。東京帝国大学法科大学卒業後、東京地方裁判所の判事となり、出歯亀事件を担当する直前に東京地方裁判所部長に昇進した。その後、海軍経理学校教授嘱託や判事検事試験、弁護士試験の委員などを務めている。

18 地裁での判決文を複数の新聞から再構成しておく〔時事、萬・一九〇八年八月十一日〕。なお、暴行殺人の経緯は予審の判断と同じなので、その部分については省略してある。

主文　被告人亀太郎を無期徒刑に処す但し前発罪の拘留十日は之を通算す公訴裁判費用は全部被告人の負担とす押収物件は総て之を所有者に還付す

理由　被告人亀太郎は予てより酒酔に乗じて女湯を覗き以て自ら之を楽しみ或は湯屋より出で来る婦女を追うて之に戯るゝの悪癖ある者なる処明治四十一年三月廿二日〔中略〕飲酒し帰途に就くや玆に被告人は例の悪癖を起し〔中略〕女湯を板塀の節穴より覗きしに〔中略〕幸田ゑん（二十八年）が方に入浴を終へ脱衣場に於て着衣しつゝありし姿を望見し心大に動き身を潜めて同女の帰途を要し之に尾行すること数十間遂に春情に堪ず突然背後より同女の頸部を扼しつゝ路傍なる同大字四十七番地の空地内に引き入れて仰位に倒し其抵抗を防ぐ為め同女の携へ居たりし手拭を其口中に押込み且手を以て同女の咽喉部を圧しつゝ強て之を姦淫し而して右咽喉扼塞の為め其場に於て同女を窒息死に致したるものなり〔以下略〕

なお、ここでいう「前発罪」は、覗きと尾行を処分する違警罪にかかるもので、「三日以上十日以下ノ拘留ニ処ス」べき対象であった。後発の暴行殺人についての定めは、旧刑法第三百五十一条の但書後段で、「強姦ニ因テ〔中略〕死ニ致シタル者ハ無期徒刑ニ処ス」とある。また、旧刑法百二条によって、前発罪による罰と後発罪による罰とは合計されると決められていた。

19 大杉栄は、「自叙伝」のなかで獄中の亀太郎と出会ったことを書きとめている〔『大杉栄全集 第三巻』二七三―二七四頁〕。

出歯亀にもやはりここで会つた。大して目立つた程の出歯でもなかつたやうだ。いつもみすぼらしい風をして背中を丸くして、にこにこ笑いながら、ちよこちよこ走りに歩いてゐた。そして皆んなから、

『やい、出歯亀。』

なぞとからかはれながら、やはりにこにこ笑つてゐた。刑の決まつた時にも、

『やい、出歯亀、何年食つた？』

と看守に聞かれて、

『へえ、無期で。えへゝゝ。』

と笑つてゐた。

20 第一審に際して亀太郎が澤田薫宛てに出したハガキが『時事新報』一九〇八年六月十四日付け紙面に掲載されている。澤田に対して礼を述べるとともに、井本によろしく伝えてほしいという内容だが、マイクロ版で正しく判読することはできなかった。亀太郎のハガキはほかにもあり、第二審の判決が出た翌日、四月三十日に亀太郎が花井に宛てたハガキが『弁護士百年』および『新編史談裁判』に掲載されている。文面には「拝啓引続色々御世話様ニ相成有難御礼申上候／今日上告申立仕候付此上トモ御スクイ被下度此ダ〔ン〕ネガイアゲ候／直御一同様ヨロシク御ツタュ被下候」とある（補足は森長）。

21 野口男三郎事件の弁護に関しては、大木源二『花井卓蔵全伝 上巻』など。花井の弁論速記「空前絶後之疑獄」（一九〇六年）は非売品として刊行され、のち著作集『訟庭論草』に収められた。

22 この時期、花井・井本の両弁護士は、「赤旗事件」においても坂崎裁判長とわたりあっていた。

23 柳本は、亀太郎の控訴審弁護で示した実力をもって将来を嘱望されたが、夭折したと伝えられる〔「私眼抄」〕。数少ない生前のエピソードが、山崎今朝弥の「弁護士大安売」に書き残されている〔『地震・憲兵・火事・巡査』〕。

24 いくつかの資料に恩赦を受けて出獄とあるが、当時の恩赦では暴行殺人などの凶悪犯は対象とされなかったようで、疑わしい。また、一九二〇年（大正九）年ごろ亀太郎が芸人として上野鈴本に出演したとする文献もあるが、『都新聞』の演芸欄などにそれらしい広告は見当たらない。

25 『アサヒグラフ』一九三三年五月十七日号にも「亀さん達者」と題する記事があり、「幾多の怨罪《ママ》を蒙つてゐるであらうかのソツ歯紳士」という記述が見られる〔二五頁〕。

26 亀五郎は、逮捕の翌年、すなわち出歯亀事件の起こった一九〇八年（明治四十一）年に大審院で死刑が確定し、八月二十四日広島監獄署内で執行された。当時の新聞は、こう伝えている。京都医科大学は、「同人を解剖して其兇猛獰悪なる脳の組織が普通の人と相違せる点を発見するあらば学術界を資益する所尠からずとて死刑執行前典獄を通じて此旨申聞かせた」。亀五郎は、「身の解剖に依りて毫厘たりとも世を益するあらば本懐なり」と解剖を承諾したという〔日本・一九〇九年八月二十九日〕。解剖は、遺言どおり実施された。

27 『図鑑 日本の監獄史』も同様。そのためにこれらの本にならったと思われる誤りが最近でも見受けられる。たとえば、『日録20世紀』一九九八年十二月一日号が同様の誤りをおかしている。

28 明治初期の「湯屋の二階」には、碁や将棋を楽しむスペースが設けられることがあり、近隣の男たちの倶楽部として機能するばあいがあった。また、湯茶の接待をする少女をおくほか、男性客に性的サービスを提供するところもみられたという。これは、のち「揚弓店」「銘酒屋」「新聞縦覧所」を経てカフェーやバーにつながっていく、と

『明治事物起原』に書かれている。篠田鉱造『明治百話』には「ソレからこんな工夫をした湯屋もあったンです。二階へあげてお茶菓子を出して女湯の方へ穴を開けて置いて、覗かしたものですが、銭湯へ入る女客は、身に寸分の隙はないが、ソレでも穴から覗いていようともまさかに思いませんから、だらしないものもあって、大繁盛をしたものですが、ソレも差止どころか科料に処せられました」とある〔二六四―二六五頁〕。

29 具体的には、浴場を間口五間、奥行八間以上の石造りあるいは煉瓦造りの構造にすること、男女の入口を区分して、男湯と女湯のあいだに高さ六尺以上の障壁を設けること、浴場の内部が「外部ヨリ透見セサル」ようにすることなどのほか、衛生・防火を考慮した規制が加えられた〔『警視庁史稿』六三五―六三七頁〕。

第二章　変態性欲と犯罪〔窃視症という病〕

1 『性的精神病質』の翻訳は、『変態性欲心理』が二度目にあたる。これより前の一八九四（明治二十七）年に翻訳・出版された『色情狂篇』は、ひろく受け容れられなかった。いっぽう一九一三（大正二）年の『変態性欲心理』は、大隈重信が会長を務める大日本文明協会編輯の第二期刊行図書として会員に頒布されたものである。初訳で「色情狂」、二度目が「変態性欲」という訳語の変化にも注意したい。なお、クラフト＝エビングの原著は、彼じしんの手によって十二回の改訂がなされ、没後も別の人物によって修正を受けた。『色情狂篇』は、このうちの第四版の訳出であることが斎藤の研究によって明らかにされている。また文明協会版『変態性欲心理』は、一九〇三年発行の第十四版を底本としたと推定されている〔「クラフト＝エビングの『性的精神病質』とその内容の移入初期史」〕ほか。

2 クラフト＝エビングの「色欲倒錯」は、本来不快なはずの行為が快感になるような「顚倒」を問題にしていた。「覗き」行為は、必ず「不快」を伴うというわけでもないので、概念化から落ちてしまった可能性はある。

3 事件の直後、『日本』の取材に対して帝国大学法医学教室の片山国嘉は亀太郎が「色情倒錯症」であるという見立てを示している〔一九〇八年四月七日〕。おそらくはクラフト＝エビングの影響であろう。片山は、色情倒錯症と純粋な色情狂とはちがうというが、記事からは両者の区別は判然としない。また、亀太郎の「覗き」と「強姦」のいずれを念頭においていたのかも明確ではない。そのような事情もあってか、この見解は一般に受け容れられなかった。

4　ちなみに、フロイト学説の紹介は一九一二（明治四十五）年創刊の雑誌『心理研究』でなされたのが早く、一九一四（大正三）年に上野陽一が同誌に掲載した「フロイドの夢の説」あたりから本格的な研究があらわれた（『精神分析概論』）。その後、単行本としてまとまったかたちのものが刊行されるようになったが、そのなかの一冊が『性欲研究と精神分析学』である。

5　榊の『性欲研究と精神分析学』をはじめ当時の研究書では、学説紹介に際して人名こそ注記するものの参照した文献を逐一示さないのが一般的だった。したがって、記述内容と、その典拠とを対照特定する作業は困難である。ここでは、フロイトが榊に影響を与えた点を重視したが、クラフト＝エビングが『性的精神病質』原著の改訂で「窃視」について記述を追加し、かつ榊がそれを原典から採り入れた可能性まで否定されたわけではない。現段階では、クラフト＝エビングの原著のすべての版が確認できないため、判断を留保する。

6　十年後の一九二九（昭和四）年に発行された本と比べてみよう。同じくフロイトの理論を紹介した杉田直樹の「病的性欲心理」（健康増進叢書『性篇』に所収）では、「陰部暴露症と窃視症」という一節が設けられている。近代になって女性が薄物をまといボディラインを強調したデザインの衣服に身を包むようになったのは暴露症の現われであり、それは男性の窃視症に迎合するものだという解釈が紹介されている。昭和の初めくらいになると、世相風俗をからめつつ「窃視症」をフロイト流に解説するしかたも珍しくなくなったようだ。

7　羽太鋭治は、大正時代に性に関する文献を多数出版したことで知られる医師。性欲学の普及に果たした力は大きい。一九二〇年に『教育資料　一般性欲学』を著わし、榊の『性欲研究と精神分析学』と同じ実業之日本社から刊行している。しかしここでも、「陰部露出症」についての短い記載が見られるのみである。

8 澤田順次郎は、もともと博物学の教員だったが、のちに進化論や性に関する文章を書いて明治末から大正期にかけて活躍した。早くから性欲の異常と犯罪とを結びつけて論じていた人物でもある。

9 ただし、澤田が「変態性欲」という言葉を採用するまでには曲折があった。クラフト＝エビングの二度目の邦訳『変態性欲心理』が出たのと同じ一九一三（大正二）年に、彼は、河合廉一とともに『色情の犯罪』を書いている。この時期は、「変態性欲」という言葉よりも「色情狂」あるいは「色欲異常」という言葉のほうがむしろ一般的に使われていた。だからこそ、その当時は「変態性欲」という言葉に強いインパクトがあったのだろう。『色情の犯罪』は、関東大震災後の一九二三（大正十二）年、タイトルを『色情犯罪 性欲より生ずる罪悪史』と変えて新生社から再刊されている。興味深いことに、このときになって「色欲」「色情」といった言葉が「性欲」「性的」などに改められている。かといって、すべてが置き換えられたわけではなく、一部には「色情狂」も残された。この点については古川の論考を参照されたい〔古川誠「恋愛と性欲の第三帝国」〕。澤田には一九一二（大正元）年に『性欲論講話』という著書もあるが、こちらは性欲についての包括的な説明が主で、犯罪との関連は花柳病を除いてあまり書かれていない。また、一九一九（大正八）年に、澤田の単著として出された『法医学上より観たる色情犯罪』では、「背徳性痴呆」のなかに湯屋覗きの事例が紹介されているが、亀太郎の事件は除外されている。また、「強姦致死」についても分類が示されるだけで具体例はあげられていない。なお、『色情の犯罪』『色情犯罪』のいずれも序文は花井卓蔵。『法医学上より観たる色情犯罪』には大場茂馬が序文を寄せている。

10 この本は、のち一九二八（昭和三）年に文明書院から寺田の著書として刊行され、敗戦後の一九四八（昭和二十三）年にも版を重ねている。なお、寺田精一の略歴・業績については、永井良和「文学士・寺田精一と大正期の青少年」を参照されたい。

11 露出が犯罪として処罰される際の法的根拠について簡単にふれておく。依拠される法令はふたつあって、まず一八八〇（明治十三）年の旧刑法では「風俗ヲ害スル罪」として第二百五十八条に「公然猥褻ノ所行ヲ為シタル者ハ三円以上三十円以下ノ罰金ニ処ス」と定められた。この条項は、一九〇七（明治四十）年の新刑法でも第百七十四条「公然猥褻ノ行為ヲ為シタル者ハ科料ニ処ス」に継承されている。また警察犯処罰令が「科料」に相当する罪として規定したなかに、第三条第二号「公衆ノ目ニ触ルベキ場所ニ於テ袒裼、裸程シ又臀部、股部ヲ露ハシ其ノ他醜態ヲ為シタル者」があげられている。

12　ウルフェンの『性犯罪者 *Der Sexualverbrecher*』初版は、一九一〇年、ベルリンで出版されている。今回参照したのは一九二〇年発行の第七版だが、扉の版表示には siebente unveranderte auflage とあり、内容は初版から変更されていないとみなした。寺田に「引用」されたのは五二六頁から五三〇頁にかけてで、シャンゼリゼのカフェの事例とともに、voyeur の語を初めて記述した人物としてコフィニョンの名が書きとめられている。なお、この本の邦訳は河出書房新社の「世界性学全集」第十八巻として一九五八年に刊行された。訳者は井上泰宏と内藤文質で、邦題は『犯罪と性』である。なお、ウィーン性科学研究所編（高橋鐵訳）の『性学事典』によれば、voyeur（覗き・窃視者）の語はコフィニョンが使い、後に学術用語になったとされている。これもウルフェンに依拠したものであろう。

13　voyeur については三一九頁以下で説明され、シャンゼリゼのカフェの事例は三二一頁から記載されている。なお、発行年の推定は英国図書館の目録による。

14　タキシルが voyeur について論じたのは、一六七頁から一六八頁にかけてである。この本の発行年の推定は、アメリカ議会図書館の目録による。

15　たとえば、「それ吹け」あるいは「やれ吹け」などと呼ばれる見世物があった。裸体の女性に向かって男性客が火吹き竹を使い息をかける興行で、棒状のもので性器を突かせることもあったという（このばあいは「やれ突け」と呼ばれる）。これらの見世物は再三の取締にもかかわらず、江戸時代から明治・大正にかけて存続した。

16　露出と窃視のどちらを基準にするかという問題は、のちの研究者によっても言及されている。一九四一（昭和十六）年発行の金子準二『文化と犯罪の性格』では、「異性の××《ママ》器を窺視する」ことによって性的満足を充たす性欲異常、すなわち「窃視症」に相当するものを、「受動的陰部曝露症（Passive Exhibitionismus）」と呼んでいる。「見る」という行為を基準にするのではなく、「見せる」を基準において、「陰部曝露症（Exhibitionismus）」の対概念としている。

17　ただし、「女湯を覗きつゝ手淫を為し」および「女湯を板塀の節穴より覗きしに」という箇所、さらに「春情に堪へず突然後方よりゐん子の頸部を扼みつゝ路傍なる同大字四十七番地空地に引摺込み同人を仰位に倒し其抵抗を凌ぐ為め同人の携へ居る手拭を口の中に押込み且つ手にて同人の咽喉を扼みつゝ暴力を以て姦淫を遂げ」の部分は伏字の処理が施されている。

18　高田の『法医学』は医学専門学校での講義テキストとして執筆され、一九一七（大正六）年に出版された。法医学的知識の紹介にとどまらず、約五十ページを性の問題に割いており、図版も多い。その後も版を重ね、一九三四（昭和九）年には増補改訂第七版を数えた。

19　なお、この本で高田は、「窃視症にデバカミスムス（Debakamismus）の称呼を附したのは私」と書く。また、「窃視症は欧米には存在を許されない」と言い切っており、コフィニョンやタキシルのことを忘れている〔二一四頁〕。

20　寺田精一が日本の犯罪心理学研究に残した影響は大きい。寺田の犯罪学を集大成した『犯罪心理学講話』は、彼の死後、岩波書店から『犯罪心理学』として刊行された。この本は、敗戦後も長くスタンダードな文献とされてきた。内容は『婦人と犯罪』を縮約したもので、事例などが割愛されている。ただし、男女カップルを追うケースの説明では、「附けて行つて」という表現が「尾行」という言葉に改められている〔二八五―二八六頁〕。『婦人と犯罪』および『犯罪心理学』は、多くの研究書で引用されており、断りなく孫引きされることもしばしばだった。たとえば、一九五七（昭和三十二）年に日本探偵協会の児玉道尚が出した『探偵捜査法各論』も、松岡や井上を経由した寺田の文章の重引とみなすことができる。ただし、敗戦後の出来事として「戦友の未亡人を訪ねた男が、折から彼女が入浴中であつた為に、浴場を窃覗する中、浴《マ》情《マ》に駆られ、之を強姦致死せしめた事件」が事例として追加されている。敗戦後もこの時期くらいになると、強姦致死の事例として出歯亀事件があげられることは少なくなり、しだいに新しいものに差しかえられていった。上野正吉の『犯罪捜査のための法医学』は一九五九（昭和三十四）年に初版が出され、一九七五（昭和四十）年に改訂第二刷が出ているが、「出歯亀的性格異常」(Mixoscopia)という用語が登場する。この時期まで「出歯亀」という言葉が法医学のなかで生きていた証左になろう。

21 なおこれより前の一九五三（昭和二十八）年、井上は『犯罪と性』を上梓しており、「ヴォアイエール（窃視症）」というフランス語の見出し項目を立てているのが目を引く。このときはまだ、出歯亀事件の例示が保持されていて、Debakamismus という用語の記載もある。

22 項目執筆者の加藤は、解説のなかに DSM-Ⅲ-R を引いている。DSM とは、Diagnostic and Statistical Manual of Mental Disorders の略で、アメリカ精神医学会が刊行している精神障害の診断と統計のためのマニュアルのことだ。最初のものが一九五二年に出され、以後、改訂がつづいている。Ⅱが一九六八年、Ⅲが一九八七年の刊行である。DSM-Ⅲ-R は「窃視症」の特徴を次のように示している。

A. 少なくとも六カ月間にわたり、警戒していない人の裸、衣服を脱ぐ行為、または性行為を行っているのを見るという行為に関する強烈な性的衝動や、性的に興奮する空想が反復する。

B. 本人はこういう衝動により行為に及んだり、著しくそれに苦しんでいる。

同じような標準として参照できるものに、ICD-10 がある。こちらは、The International Classification of Diseases の略で、末尾の数字はその第十版であることを示す。統計の国際比較のためにＷＨＯが発行しているものだ。この ICD-10 で「窃視症」は、「人が性行動や脱衣のような私的な行動をしているところを見たいという反復または持続する傾向」とされ、「見られている人が気づかないように遂行され、通常は性的興奮と自慰に発展する」と書かれている。

さらにムーアとファインの『アメリカ精神分析医学会 精神分析事典』のように、窃視症を他者の性交を見るケースのみに狭く限定するものさえある。

第三章 カンから科学へ［犯罪捜査の近代化］

1 わが国の指紋法の歴史や問題点について知るには、金英達の『日本の指紋制度』がよい導きとなる。現在の外国人登録制度までを射程に入れた議論をするならば、この著作がまず読まれるべきだろう。ここでも若干の重複を承知で近代指紋法が成立した経緯について整理する。ただし、金の著作を参考にしつつも、指紋制度成立時の資料にまでおもむいて記述をすすめる。

2 フォールズは一八八六年に帰国し、一九〇五年には『指紋による個人識別の手引き *Guide to Finger-Print Identification*』を出版している。

3 近代以前の指紋についての研究ももちろん蓄積されている。たとえば、民俗学的・宗教学的な観点から指紋のもつ呪術的意味を問うような種類のものだが、本書では記述を略した。日本では、南方熊楠が中国の事例などを研究して一八九四年の『ネイチャー』に投稿したことが知られている。日本には手形や拇印を個人の表象として用いる伝統があった。亀太郎が離婚届に印章ではなく拇印を捺した事実も、文書での利用が普及していたことを示唆するものだ。フォールズも、このような日本の慣習に想を得て指紋研究に着手したと伝えられる。ただ、日本では、これを犯罪者の特定に応用する術は知られていなかった。

4 『個人識別法』の初版は一九〇八年に忠文舎から発行された。大場は内容を充実させ一九一〇年に増補第二版を、また一九一二年に増補第三版を、いずれも中央大学から出している。

5　のちの話になるが、大場はこの留学が縁となり、中央大学にビルクマイヤー文庫を創設するときの媒介役となっている。ビルクマイヤーの引退に際して、その蔵書を実価格の十分の一で譲り受けた。一九一二（大正元）年、八千三百冊に及ぶコレクションが日本に到着して中央大学に収められたが、五年後の火災で図書館ごと焼失している。

6　これが、現在もつづく「犯罪人名簿」の原型である。詳しくは、成毛鐵二編著『犯罪人名簿と身分証明』。なお司法省で調製した「全国犯罪人名簿」は、一八九二（明治二十五）年八月に完成した〔朝野・一八九二年九月二日〕。

7　『明治事物起原』には、一八七二（明治五）に司法省が囚人の写真を撮影したという記録がとどめられている。写真によって個人が特定された早い例は一八七四（明治七）年の「佐賀の乱」に際して江藤新平が逮捕されたケースである。江藤は、日本の警察制度の創設にもかかわり、司法卿時代に重罪人の写真撮影を命じたと伝えられるから、皮肉なことであった。また、さきの「強盗亀」こと池田亀五郎の捜査に際しては、松山監獄署が保管していた写真を四百枚焼き増して県内外の警察署に送ったという。

8　しかし、ベルチョン法が当時の刑事政策に与えたインパクトを過小評価してはならない。たとえば牧野英一は『刑法と社会思潮』に収められた追悼文のなかで、犯罪現象の科学的研究を創始した点でベルチョンにはロンブローゾに並ぶべき貢献があったとみなしている。ところで、一九二三（大正十二）年、滞在先のパリで警視庁に呼び出された大杉栄は「日本脱出記」に次のような記述を残している〔『大杉栄全集 第三巻』四七一―四七二頁〕。

　本名をあかしたあとの取調べはごく簡単に済んだ。そして僕は一人の私服に連れられて、ほかの建物の中の五階か六階かの上の方へ連れて行かれた。そこで裸になつて、身体検査を受けて、写真をとられるのだ。

　日本の警視庁では身長や体重を計つて指紋をとる位の事だが、フランスではさすがもつと科学的に、頭蓋の大きさや長さを人類学的に調べた。そして指を延ばした手と前腕の長さまでも計つた。写真も、横向きになつて椅子に坐ると其の椅子が自然に廻転して、正面に向くまでの間の全瞬間を活動式にとる仕掛になつてゐた。

指紋法に比べて人身測定法をより「科学的」だと見なしている点がおもしろい。ある種のフランスびいきといえようか。

9　ヘンリーの『指紋の分類と用法 *Classification and Uses of Finger Prints*』は、ハーシェルの著書『指紋の起源 *The Origine of Finger-Printing*』(一九一六年)とともに復刻版が出されている。

10　指紋制度は、日本の植民地支配が及んだ地域でも実施されていった。ことに「満洲国」では、犯罪捜査のみならず、出入国管理や思想警察などの分野で広く応用された。最終的には、戸籍と関連づける研究も進められたが、制度化にはいたらなかったという(『満洲国警察外史』)。

11　「一指指紋法」は、戦前期には全国的な採用にいたらず、新潟や愛知など一部の県のみで実施されたに過ぎなかった。「一指指紋法」が全国で統一実施されたのは、ようやく一九五三(昭和二十八)年四月のことである。詳しくは、『統一日本指紋法』および『警察指紋制度のあゆみ』を参照。

12　一九二六(大正十五)年から一九二九(昭和四)年まで帝都を恐怖に陥れた「説教強盗」は、警視庁が総力をあげて捜査したにもかかわらず犯人の捕縛に長い時間を要した。が、最後は現場指紋から逮捕の端緒が得られている。この事件は指紋による犯人逮捕で最も有名な事例であり、一般市民に指紋法の効果をわかりやすく伝える事例となった。犯人・妻木松吉を割り出すために対照された保管データは五十万人分であったといわれている。

13　恒岡には、『科学と経験を基礎とせる探偵術』のほかにも『犯罪捜査実話』(一九三七年)などの著書がある。もともとは軍人志願の若者だったが、法律を学ぶかたわら警視庁の事務員として働きながら指紋法を研究、一九一七(大正六)年、警視庁警部補に任ぜられ第一線で犯罪捜査にあたった。警視庁捜査係長を経て、新場橋署長をつとめて退職。

14　ただし、会員の醵金による運営だったため、練習所には専任教員が配置されていなかった。内務省関係の専門家を無給で嘱託としたようである。したがって講義が欠けることも少なくなかったという。

15　南波は一九三〇（昭和五）年に『犯罪手口制度』と『常習犯手口分類考』という二冊の本を出している。手口パターンによって犯人を特定していくという発想で書かれた体系だった書物としては早いものであり、かつ学者として南波の名前を高らかしめたのもこの領域の研究だが、実用には向かなかったといわれている。日本では「MO法」と呼ばれるイギリスの手口分類が大正年間から紹介され、一九三六（昭和十一）年の内務省訓第五五五号「犯罪手口票取扱規程」の制定によって全国で統一実施された。全国を十のブロックに分け、それぞれに手口庁が設置されている。したがって、犯罪捜査のための情報検索システムを実用化の順番に並べると、十指指紋法、手口制度、一指指紋法ということになる。

16　治罪法に関する注釈書をみると、法的な「捜査」に一定の制限を設けているのがわかる。たとえば、「捜査トハ犯罪ノ有無ヲ穿鑿スル為メ日時場所ノ如何ヲ問ワス隠密ナル探索ヲ為スノ謂ヒニ非ス」といった記述がある〔『治罪法注釈再版巻三』一丁〕。権力の濫用を戒めるもので、法的に認められる「捜査」は、「隠密ナル探索」とはちがうものだという認識が表明されている。ほかにも、「捜査は罪状を糾治し証明するの意」であって「探索と異なり」という解説する論者もある〔『刑法対照治罪法釈義』三二丁〕。

17　たとえば京都府では、明治十年代をとおして各警察署に「密偵係」を配置し、国事犯の探偵にあたらせた。その国事探偵と、刑事探偵とは、特に区別されていない。また後述するように、探偵活動のための予算の詳細も明らかでない〔『京都府警察史 第二巻』〕。

18　諜者規則の具体的な条文は以下のとおり。

諜者規則

一、内命ヲ奉スル者ハ親戚故旧ト雖モ其事ヲ漏洩スルヲ禁ス又他ノ為ニ諜者タルコトテ《ママ》〔＝ヲ〕悟識セラレサルヲ要ス若漏洩又ハ悟識セラル、ノ失アレハ軽量ニヨリ之ヲ罰ス

一、畑作ノ探索者ハ詐偽ナキ証スル為メ探索セシ者自ラ調印シテ呈スヘシ若妄中造意アラハ過誤誣告軽量之ヲ罰

ス
一、在留行走ヲ論セス毎月両度必ス探索ノ事情ヲ記シ本局ニ達スヘシ
但シ切要ノ事機アリテ別ニ急報ヲ致ス時ハ相当ノ脚銭ヲ計算シテ差出スヘシ
一、他方行走ヲ命スル時ハ発程ヨリ復命マテ都テ一日永七百五十文宛ノ旅費ヲ給ス但往返ノ路程ハ海陸ヲ論セス十里ヲ以テ一日程トス〔尾佐竹猛『明治大正政治史講話』二五九頁〕

19　戸口調査は住民の異動や素行、思想、経済・衛生状態などを把握するために行なわれた。昭和初期になると、一般的調査では本籍・住所・職業・氏名・生年月日などの基本項目のほか、転居をはじめとする籍面異動の届出状況、資産や所得の状態、素行や経歴、思想傾向、世間の風評、種痘を受けたかどうかまでが調査された。伝染病の流行や犯罪者の追跡など特に必要と認められたばあいは臨時調査も実施されている。だが、警察署や警察官によって、調査の頻度や情報量には精粗がみられた。また、戸口調査が強制力をもつかどうかについては、常に議論の余地があった〔上柳延太郎『警察叢話』〕。

20　たとえば一九一九（大正八）年には大杉栄が尾行係をなぐるという事件が起きている。このときの弁護を担当した山崎今朝弥が、「尾行事件の保釈願」という文章を書いており、そこには大杉についていた尾行係の動向も記されている。また、大杉じしんも「日本脱出記」のなかで日常的に尾行される生活のようすを描いている〔『地震・憲兵・火事・巡査』『大杉栄全集　第三巻』〕。

21　たとえば大阪では、一八八二（明治十五）年に「探偵掛ト詐称スル者注意方ノ件」という文書を市内の戸長あてに発し、警察が雇用する者は「手帖」を携帯しているはずだ、と注意を促している。これは高等警察に関するものというより、一般的な意味での「探偵」を詐称するケースである。
探偵掛ト詐称スル者注意方ノ件
宮番組月番戸長

近来訴訟関係人等其証拠徴集等ニ起因シ探偵掛ト詐称シ戸長役場若クハ戸長自宅ニ罷越シ人民ヲ喚徴スル等ノ行為有之趣相聞エ候ニ付即今探偵中ノ由就テハ戸長ニ於テ右辺能ク注意シ若シ怪敷所為有之者アラハ官給ノ手帖及ヒ警察署印鑑閲見ヲ求メ果シテ所持セサルニ於テハ最寄警察根分署ニ急報スル等便宜処分可致本府照会ノ次第モ有之候ニ付別紙参考書相添此段内達候事

但組内各役場ヘ至急内示方便宜可取計事

明治十五年十二月廿六日

南／日根／郡長　熊沢友雄（印）

〈別紙〉

参考書

官給手帖ニハ必ス警察本署ノ印ヲ押捺シ有之又印鑑ハ左ノ雛形ノ通

『第何号』

何署　警察本署又ハ何警察署詰

□□　特務巡査　何某

年　月　日

用紙大奉書十六切

〔『大阪府警察史　資料編I』二四三頁〕

22 警察巡査が手帳を携行するようになったのは、一八八二（明治十五）年十一月のことである。

23 この条項は、一八七六（明治九）年「貸座敷規則」と「娼妓規則」でも受け継がれ「罪犯其他不良不審ノ徒ヲ見ルトキハ速カニ警視官ニ密告セシム」と規定された〔『警視庁史稿 巻之一』一一八頁〕。

24 『警視庁史』をはじめ警察関係者の著作にさえ銀次らを捜査に利用していたことが明記されている。警視庁では

（内務省警察統計報告より作成）

電話機			全国窃盗犯（T14までは被害件数）			東京窃盗犯		大阪窃盗犯	
全国	東京	大阪	発生件数	検挙件数	検挙率	発生件数	検挙件数	発生件数	検挙件数
16256	1876	1130	270193	159870	0.59	60864	20289	30339	16381
16017	1723	1152	295928	187190	0.63	53933	24239	41005	17673
17842	2134	1231	334451	268391	0.80	60113	39190	51286	26997
19666	2375	1342	344347	282483	0.82	64484	42733	53586	27562
20740	2552	1485	368156	299738	0.81	69584	39778	52936	28745
19335		1516	411058	347878	0.85	88470	48836	55198	28791
23253	2823	1545	483644	402863	0.83	106500	61502	70902	34335
24113	3044	1615	500315	455904	0.91	105925	66342	69071	35932
25695	3588	1713	584856	514202	0.88	119704	68589	81602	40450
26941	3799	1757	601664	546472	0.91	127128	73271	82235	43845
28103	4062	1785	617452	571295	0.93	117794	77041	80353	42596
29230	4081	1836	575576	498465	0.87	111770	67091	85113	41346
30352	4338	1899	559107	469388	0.84	98584	58789	90934	41964
31634	4471	1927	549588	436409	0.79	98068	51479	89658	39451
33261	4611	1930	545884	455187	0.83	95572	52640	86019	45065
34422	4686	1998	469677	370341	0.79	86575	47880	70976	35420
36152	4728	2026	506393	382014	0.75	93489	45502	71389	37211
39136	5138	2536	459380	358389	0.78	87783	46626	65565	33874

一般の巡査については厳格な基準で採用していたが、「刑事巡査」に関しては旧来の手下をそのまま任用することができた。「刑事巡査」の任用基準が厳格になったのは大正年間のことである。なお、富田銀蔵も過去に「刑事」として働いた経歴があり、「吾々警察官の同僚であり、先輩」である、という記述もみられる〔『スリを追って二十年』〕。

25 銀次は懲役十年罰金二百円、吉と勝は懲役十三年罰金三百円に処せられた。東京の大検挙につづいて、静岡・大阪・名古屋・岡山・広島の各都市でもスリの摘発が行なわれている〔『犯罪手口の研究』〕。

26 『警視庁史 大正編』は大正期の犯罪捜査の特徴を三点にまとめている。すなわち、「従来刑事がスパイとして使用していた博徒等と絶縁させたこと」、「見込捜査から科学的な捜査に移行したこと」、「指紋、写真、理化学、法医学等を利用しての犯罪捜査を行なうようになったこと」である〔一四九頁〕。組織の変革も全国的にすすめられ、

	警察官吏現在員			写真機			指紋採取器		
	全国	東京	大阪	全国	東京	大阪	全国	東京	大阪
1924(T13)	56419	12089	4868	429	29	15			
1925(T14)	57761	12297	5346	425	26	10			
1926(T15＝S1)	58851	12434	5993	530	31	10	31		
1927(S2)	60624	12719	5639	643	48	16			
1972(S3)	61955	12908	5576	762	67	16			
1929(S4)	62010	12847	5632	778		31			
1930(S5)	62346	12880	5736	873	61	31			
1931(S6)	62205	12821	5756	972	66	29			
1932(S7)	63200	13077	6018	1006	109	29			
1933(S8)	62378	13239	5898	1095	99	29			
1934(S9)	65007	13942	6138	1140	101	29	160	85	63
1935(S10)	64991	13851	6079	1188	120	44	1597	120	81
1936(S11)	66528	14394	6205	1284	148	58	1708	132	93
1937(S12)	69852	15143	7196	1413	158	45	1724	139	102
1938(S13)	73595	15856	7496	1367	157	45	1843	147	103
1939(S14)	75443	15986	7581	1390	178	44	1887	144	111
1940(S15)	78703	17079	7766	1392	161	53	1822	117	89
1941(S16)	82235	17976	7982	1448	170	56	1917	146	91

* T＝大正，S＝昭和を示す。

刑事課の設置を例にとると、警視庁（一九〇六年）につづいて、大阪府（一九一二年）、愛知県・兵庫県（一九一四年）、福岡県（一九二二年）となる。大正末から昭和戦前期にかけての警察組織の規模、科学的備品の数、犯罪の発生・検挙件数の概要は上の表のとおりである。

また、警察協会が継続して刊行していた『警察協会雑誌』の目次に「捜査」と「探偵」の語がどれくらい出現するかを比較してみると、時代が下がるにしたがって「捜査」の語が優勢になっていることがわかる。

	探偵	捜査	科学
一九〇一―一九〇五年	三	三	〇
一九〇六―一九一〇年	四	五	〇
一九一一―一九一五年	三	四	〇
一九一六―一九二〇年	〇	二〇	九
一九二一―一九二五年	二	八	〇
一九二六―一九三〇年	二	五	一
一九三一―一九四三年	〇	六	一

27 記事には「あらかわ」と「しんかわ」のふたと

おりのルビが振られており正しい読みは定かでない。しかし、「荒川」の字をもって充てるものがあるため、「あらかわ」と読むのが妥当であろう。

28 具体的に条文を対照すると、たとえば違式詿違条例五十三条に処罰対象として規定された「喧嘩口論及ヒ人ノ自由ヲ妨ケ且驚愕スヘキ噪闘ヲ為シ出セル者」は、旧刑法の違警罪目では四百二十九条第十一号に定める「道路ニ於テ放歌高声ヲ発シテ制止ヲ肯セサル者」および「酩酊シテ路上ニ喧噪シ又ハ酔臥シタル者」に相当し、警察犯処罰令では第二条第十一号の「公衆ノ自由ニ交通シ得ル場所ニ於テ喧噪シ、横臥シ、又ハ泥酔シテ徘徊シタル者」となる。敗戦後の軽犯罪法では第一条第十四号に「公務員の制止をきかずに、人声、楽器、ラジオなどの音を異常に大きく出して静穏を害し近隣に迷惑をかけた者」との表現に改められた。この例のように明治から今日までの歴史をたどれるものもあるが、全体的には各改正の段階で相互に共通部分をもちつつかなり大きな編制がえが行なわれている。また、改正の段階で独立していった取締規制群は、昭和初期までに多くの風俗警察法令群に膨張する。

29 尾行には、すでに起こった犯罪について容疑者を尾行するばあいのほか、警邏中の巡査が不審者について行なうばあいがある。警察官が挙動不審者を見かけたときは、不審尋問をするか、尾行して様子をみるか、いずれかが選択される。ところが、不審者が「思想上の容疑人物」だと、警察官の尾行に気づいたときに、警察犯処罰令の定めにある「濫りに追随」に該当するのだから違法だと主張するケースがあったという〔『実例本位警察実務講話』〕。

30 一九四八(昭和二十三)年公布・施行された軽犯罪法では第一条第二三号で「窃視の罪」が定められている。「正当な理由がなくて人の住居、浴場、更衣場、便所その他人が通常衣服をつけないでいるような場所をひそかにのぞき見た者」は、拘留または科料に処せられる。

第四章　探偵学の時代［捜査技術の通俗化］

1 邦訳は一九一二(明治四十五)年に桑野桃華が出しているが、映画の筋をも加味したものだったという。浅草の大勝館では一九一一年九月末から桑野の脚本による日本製の『新ジゴマ』を上映している。このブームに乗じ、江見水蔭や押川春浪らも探偵ものを書いた。小説『ジゴマ』はその後、昭和になってから久生十蘭によって訳出されたものが『新青年』に掲載された。

2 「ジゴマ」の名は、南波杢三郎の『犯罪捜査法続編』にも登場する。恐喝罪について解説する項で、恐喝にはさまざまな形態があるが、そのなかに「ジゴマ」的恐喝というものがあると書かれている。具体的には、犯人がいついつまでに金を用意せよ、応じないときは一家を皆殺しにするという趣旨の脅迫状を送りつけ、誘拐や強盗を行なうタイプのものである〔三七六―三七七頁〕。

3 フィルムの検閲を定めたのは活動写真「フィルム」検閲規則であるが、どのような内容のものが不許可になるかについては、演劇などの脚本も同じ扱いであるため、「興行場及興行取締規則」（大正十年七月庁令第一五号）に規定された。その第六十七条は、以下のとおり。

第六十七条　脚本ニシテ左ノ各号ノ一ニ該当スルトキハ前条ノ認可ヲ為サス
一　勧善懲悪ノ趣旨ニ背戻スルノ虞アリト認ムトキ
二　嫌悪、卑猥又ハ残酷ニ渉ルノ虞アリト認ムトキ
三　犯罪ノ手段方法ヲ誘致助成スルノ虞アリト認ムルトキ
四　濫ニ時事ヲ諷シ又ハ政談ニ紛シキモノト認ムルトキ
五　国交親善ヲ阻害スルノ虞アリト認ムルトキ
六　教育上悪影響ヲ及ホス虞アリト認ムルトキ
七　前各号ノ外公安ヲ害シ又ハ風俗ヲ紊ス虞アリト認ムルトキ

4 たとえば岡山市のばあい、じっさいに問題が大きくなった時期は東京・大阪などよりやや遅れている。「スコブル非常」博士の異名をもつ弁士・駒田好洋による口演とともに『ヂゴマの末路』が封切られたのは、一九一二（大

正元）年九月二十五日。翌一九一三（大正二）年、赤手団、幻会などの不良少年団、八人組少女団、紅組など不良少女団の活動が知られるようになる。岡山県下では、一九一五（大正四）年ごろが、不良少年問題とジゴマとを関連づける新聞記事の頻出期だった。名門・岡山中学の生徒が事件を起こしたこともあり、新聞報道も過熱していく。一九一七（大正六）年には、岡山市教育長の名前で児童の活動写真観覧禁止措置がとられ、岡山では敗戦まで少年少女の映画鑑賞が禁じられた（『岡山市史 美術映画編』）。このように、警察ではなく教育者たちの関与によって映画が規制されるケースもある。

5　『都新聞』のシリーズはその後「探偵実話」「近世実話」「新講話」と変遷し、しだいに探偵ものとしての色合いを薄くした。

6　大正末から昭和にかけては、警察・捜査関係者が『新青年』に寄稿することも目立った。たとえば警視庁の技官・乙葉辰三や淀橋警察署警視・中村義正、元大阪府警視の赤垣慶三、東京区裁判所検事の浜尾四郎らが書いている。浅田一や小酒井不木ら法医学者の名も見える。

7　佐藤春夫「指紋」は『中央公論』一九一八年定期増刊「秘密と開放」号に、また谷崎潤一郎の「途上」は『改造』の一九二〇年一月号に掲載された。谷崎「途上」には身元調査をする私立探偵が登場している。作品中には、「日本には珍しい此の職業が、東京にも五六軒出来たことは知つて居たけれど、実際に会ふのは今日が始め《ママ》てゞある。それにしても日本の私立探偵は西洋のよりも風采が立派なやうだ、と、彼は思つた。」とある（『谷崎潤一郎全集 第七巻』四頁）。いっぽう佐藤「指紋」には、活動写真の一シーンで指紋が大写しになるとか、丸善で指紋の研究書を買い求めるとかいった描写がある。作品のなかでカギとなるのは、「世の中に全く相等しい指紋がどうしても二つ以上はない」という経験則である（『定本佐藤春夫全集 第三巻』一一五頁）。

8　南波の『最新犯罪捜査法』より前にも、犯罪捜査について一般向けに書かれた本が出版されている。山田一隆が一九一五（大正四）年に上梓した『犯罪科学ノ研究』がそれで、本文は四百五十九ページに及ぶ大著であった。文章は、カタカナ書きである点をのぞけば、口語体に近く平易で読みやすい。著者の山田は、警察講習所で教えた経験もあるが、じっさいには警視庁検閲係長であって、執筆・出版の時点までには犯罪捜査の現場経験がなかった。序文でも、「著者ハ刑事デハナイ」と断り書きしている。だが、警察官練習所で大場の指紋学を受講したことがあり、以来「刑事科学ノ趣味アルコトヲ感ジ」、個人的に研究を積み重ねたらしい。そして、その成果を一般書として世に問うたのが『犯罪科学ノ研究』であった。内容は、あまり体系だっているとはいえず、当時の犯罪捜査に関する科学的知識を総花的に概説した文献といえるだろう。山田によれば、「犯罪科学」を応用したものが「科学的探偵術」である。本文中には「探偵」あるいは「探索」などの用語が用いられており、「捜査」という語は少ない。

9 たとえば、東京では警視庁の警察官を養成する警視庁警察練習所が設置され、新任採用者に三か月ていどの教養科目を履修させていた。しかし、このなかに犯罪捜査に関する知識技術を講じる授業はほとんどなかった。優秀な練習生のうち、巡査部長をめざす者が受講する専科教養のコースにのみ、法医学や鑑識などの時間がもうけられていたようだ〔『警視庁警察学校百年の歩み』〕。

10 石森の本より前にも、探偵法について論じた書物はある。『日本名探偵手記 附実際探偵術』がそれで、高橋貞啓(雨情)が執筆し、一九一七(大正六)年に刊行されている。ただし、テキストという形態ではなく、「名探偵」すなわち優れた手腕を発揮した刑事の手記と、実際的な探偵術の解説とが組み合わされた構成になっている。「実際探偵術」の部分は、

　殺人篇　(イ)怨恨に基く殺人とその捜査法
　　　　　(ロ)痴情に基く殺人とその捜査法

……

というかたちをとり、

強盗篇　(イ)押込強盗とその捜査法

（ロ）強盗強姦とその捜査法

……

というようにつづく。手口によって事例が分類されている点が特徴的だ。また、ごく簡単だが指紋や警察犬の応用も紹介されている。巻頭には大場茂馬の書が掲載され、著者の序文には「威嚇し、拷問し、自白を強要し、罪人を無理に作り上げて能事足るとする悪探偵の事也。筋路を誤り、不合理に走り、事相を明かならしめずして却つて曖昧たらしむるは凡探偵の事也。名探偵に至りては即ち然らず、真実発見に全努力と全注意とを施すが故に、得る所は真犯人にして〔後略〕」とある。

11　高等警察の尾行については、『要視察人尾行内視』などのマニュアルがある。くわしくは、荻野富士夫の『増補特高警察体制史』および荻野の編集・解題による『特高警察関係資料集成』などを参照のこと。要視察人に対する尾行は、「大逆事件」前後から強化され、戦前期警察の主要部門になっていった。大正期の事情を伝える記事に次のようなものがある。

社会運動の取締に／一大改革行はれん〔中略〕／一二を除き尾行も廃止／いはゆる正力式の／やり方を全廃する正力前官房主事（現警務部長）時代には氏自身は勿論係長級から視察係の大部分は一昨年秋正力氏が刑事課長から官房主事の椅子につくと同時に地下室から引張り上げたいはゆる刑事畑育ちの連中で其やり口は総て正力式で少しでも過激な言辞を弄する者があれば直ぐ罪人視し早速所轄署に命じて本人の身元調査を行ひ要視察もしくは要注意者として黒表に記入し甚だしきに至つては何でもない者に尾行を附して其行動を妨害しメーデー演説会其他の運動の際には必ず事前検挙を行ふ等の行動に出で尾行の如きも一時は四五名以上を使役し震災前でさへ三四十名当尾行を附して居た外多額のスパイ料を支払つてしきりに罪人の製造のみにつとめて居たが白上新主事は主義思想を異にするからといつて直ちに其者を罪人扱にしたり危険分子として尾行を附し其行動を妨げる如きは穏かならぬやり方だとあつて、今後其方針を全然一変し別項の如く管下各署長にも充分主義思想を研究理解せしめ尾行の如きも最も危険と認むべき山川均、岩佐作太郎外二三の特別要視察人を除く他は悉く廃止し成るべく寛大にあくまで温情的態度を以て危険分子に接近し彼等の導化につとむる方針で進むといふ〔報知・一九二三年十二月十八日〕

12 当時はまだ十丁《じってい》をもつ者がいたらしい。石森は、こんな道具をもっているから「人民から誤解され」るのだ〔三九頁〕、「大正の今日、殊に公然捕縄があるのに、斯る道具は使用してはならぬ。こんな物を持つから問題を起こす事になる」〔四一頁〕、と嘆いている。

13 この本の原著は、Emereson, W. Manning, *Practical Instruction for Detectives: a complete course in secret service study.* であると推定される。アメリカ議会図書館の書誌データベースによれば、一九二一年ごろにシカゴで刊行された。発行年は特定されていない。邦訳書は、扉のタイトルが『実用探偵読本』で、ほかの箇所には『実用探偵教本』という表記もある。原著者名も「イー・ダブリユ・マンニング」とするべきところが「エム・ダブリユ・マンニング」となっている。

14 京都帝大で法医学を教えていた小南又一郎は『実例法医学と犯罪捜査実話』（一九三一年）の序で、「本書が犯罪隠匿等に悪用さるゝことなきにしもあらずと信ぜらるゝが、蓋し之は止むを得ない事であつて、丁度種々の文明の利器が、犯罪にも又その防止、乃至捜査にも、何れにも利用せらるゝと同じ意味」であり、「功・罪相償ふて余りあると信ずる」と述べている。

15 山田の『犯罪科学ノ研究』にも変装術に関する記述がある。「通常探偵者ハ即チ俗ニ謂フ刑事眼ヲ光《かがや》カシ輝カシテ一見探偵者ナリト認メラルルモノ多ク」、見破られるケースがあったらしい。そこで「犯罪人ニ油断ヲナラサシテ置イテ其要領ヲ探偵スルニハ是非共変装ヲ要スルノデアル」〔三五五頁〕。山田は、「乞食」に変装して歳末の「乞食狩」をした経験や、女装をしていたところ挙動不審で部下に取り押さえられた失敗談などを書き残している。

16 江口は、一九一五（大正四）年に警察監獄学会から『探偵学』という本を匿名で出している。大場の『個人識別法』しかなかった時代だったので大いに読まれ、七版九千部が出たという。「些か感ずる処があり」自ら絶版にしたうえ、内容を改めるべく想を練っていたが、震災で収集した資料を失い計画は頓挫する。しかし、一九二七（昭和二）年に警察を退職したのを機に再度執筆にとりかかった。約半年で書き上げた原稿は、千二百ページにも及ぶものだったため、これを九百ページに切りつめ、六号活字を多用して紙数を抑えたという。『探偵学大系』は、著者じしんの回顧によれば八版を重ねた〔『警察指紋制度のあゆみ』四三四頁〕。版元は、警察関係の書籍を数多く出版していた松華堂書店で、価格は三円。手もとにあるものをみると、扉の前のページに蔵書印が押され、奥付の後のページに「於警察講習所全国刑事講習開催ノ際講入《ママ》ス　昭和四年六月十九日」とある。当時は、年に何度か開催される警察講習所の講習会に地方の警察官が参加しており、この本もそういった警察官によって買われたものであろう。些事ではあるが、読者層を推測する手がかりとして書きとめておく。

17　日本の陪審制度は、一九二八（昭和三）年から一九四三（昭和十八）年まで実施されていた。制度そのものは廃止されておらず、戦時下の一時停止が現在もつづいていると解釈される。処理件数をみると、実施翌年の一九二九年には百四十三件に及んでいる。しかし、しだいに減少して一九三八年以降は全国でも一桁となった。陪審の答申には拘束力がなく、裁判官によって「更新」が可能だったことなど、さまざまな問題点もあったが、国民が司法に参加するという点では一定の評価を与えられている。また、一般刑事事件の無罪率が約一～四パーセントだった時期に、陪審裁判の無罪率が一五・四パーセントだったという試算データもある〔『陪審裁判』〕。

18　自序には「本書に探偵家とあるは凡て検察の職に在る人を指し、探偵官とあるは司法警察官、探偵吏とあるは司法警察吏を意味する」と書かれており、人を指すばあいでも互換的に用いられる。

19　「科学的」捜査と「合理的」捜査とを別個のものとする江口の用語法は、一般的なものであったとはいいがたい。たとえば、『実験犯罪捜査』（一九二八年）には「科学的捜査トハ合理的捜査ヲ進行セシムル方法ヲ、斯ク名称サレタルモノ」とあり、両者はほぼ同義である〔五一六頁〕。ちなみに『実験犯罪捜査』は大阪府警視の清水歓平が大阪府の警察練習生に対して行なった講義をまとめたものである。また、江口の著書に大きな影響を受けて執筆されたとみられる宝来正芳の『犯罪捜査技術論』（一九四〇年）では、常識と科学との双方を用いた捜査を「実感捜査法」と呼んでいる。また樫田忠美『犯罪捜査論』（一九三一年）は、「見込捜査」の時代の次に「合法的捜査」の時代をおき、さらにその後を「科学的捜査」の時代としている。樫田は「常識を基礎として有ゆる科学を応用しつゝ」行なわれるものを「科学的捜査」と呼ぶ〔一二頁〕。

20　一九三〇（昭和五）年に『警察常識』という本が刊行されている。警察官の知識が法律に偏重していることなどが問題となり、内務大臣が「常識に富める実務的警察官」の養成を号令したことを受け、ひろく「常識」を涵養する目的で執筆されたものである。著者は『特高教科書』などで知られる城南隠士。『警察常識』では、常識の重要性について論じられているほか、勉強のしかた、社会問題と社会事業、政党や社会主義思想の概要、産業経済のしくみ、日常生活と科学の応用、法律と道徳、宗教などについて解説されている。

また敗戦後の刊行物だが、国家地方警察本部刑事部捜査課が『捜査参考図』（一九五三年）という捜査活動や報告書作成のためのハンドブックを編んでいる。内容は、銃砲刀剣、衣類、家具、建具、履物、メガネ、時計、宝飾品、機械、工具類、乗物などについて、多くの図版を用いて解説し、その種類や部分の名称などを示している。また、地図の見かたや書きかた、電気や気象に関する基礎知識、人体の部位名称など犯罪事実の解読や記述に必要なありとあらゆることに説明が及ぶ。捜査員は、たとえば街頭でみかけた自動車のエンブレムの形状を記憶しておけば、この本によってメーカーを知ることができるし、焼け残った筒のマークから爆発物の種類を特定できる。阿片や大麻の害から、活字の書体や大きさ、紐の結びかたまでが細かく書かれているが、犯罪捜査にのみ利用できる情報というわけではない。いわば「常識」の集大成であり、日常生活の百科全書といえるような内容に仕上がっている。

21　たとえば恒岡恒・司馬将价の『非常の警笛』（一九三三年）などは、恒岡が書いたというより、彼の友人で「アマチュアー探偵研究家」だった司馬が関与した部分が多いと推定される。

22　中央公論社から「防犯科学全集」が刊行されたのは、一九三五（昭和十）年から一九三七（昭和十二）年にかけてである。そのラインナップは、第一巻『犯罪手口篇』（池田克・毛利基）、第二巻『犯罪鑑識篇』（浅田一・菊地甚一）、第三巻『犯罪捜査篇』（樫田忠美・有松清治）、第四巻『強力犯篇』（長谷川瀏・中村勇・浜尾四郎）、第五巻『智能犯篇』（飯澤高・村上常太郎）、第六巻『思想犯篇』（池田克・毛利基）、第七巻『少年少女犯篇・女性犯篇』（鈴木賀一郎・尾後貫荘太郎）、第八巻『特異犯篇』（尾佐竹猛・大森洪太）である。

23　「淫獣」の初出は一九二八（昭和三）年で、『新青年』に連載された。

24　樫田は大審院はじめ各地で検事を歴任し、敗戦後は中央大学教授となって犯罪捜査に関する著作を残した。東京裁判で被告となった平沼騏一郎のために嘆願書を書いたのも、この樫田である。回顧録に『検事物語』（一九五六年）、『犯罪と捜査』（一九六〇年）などがある。

25　弁護士によっても一般向けの犯罪ものが出版されている。古島義英『有罪か無罪か内証の鑑定』（一九一四年）、山田武雄『犯罪と弁護』（一九二七年）、大澤一六『裁判実話 貞操の法律』（一九三四年）、上田保『趣味の法律犯罪捜査より死刑まで』（一九三七年）などである。退職した刑事の体験談をもとに、プロの文筆家が書き下ろしたものも出された。たとえば、報知新聞記者の山下芳允が、警視庁の刑事たちに聞いた話をもとに綴った『探偵実話罪の扉』（一九二七年）がある。『桃色猟奇探偵実話集』（一九三七年）は、兵庫県刑事課で捜査主任・刑事課長を歴任した「平田課長」の経験を、大阪毎日新聞の記者が聞き書きしたものだ。いったん紙上で連載し、のちに単行本化された。ほかにも、大日本雄弁会講談社が出版した高橋定敬の『怪奇探偵実話』（一九三三年）など、一般書を含めるとかなりの数にのぼる。伊藤の『昭和の探偵小説』にはより詳しいリストが紹介されている。

26　ポケット講談臨時増刊『最新の科学的犯罪・探偵法』（一九三五年四月）のような雑誌による企画も数多くあった。また、明治中期の新聞にはじまる「犯人探し・宝探し懸賞小説」企画も、昭和戦前期を迎えて多くの新聞雑誌で試みられている〔『昭和の探偵小説』〕。メディアにとっては読者の獲得につながる経営的な戦略だが、フィクションのなかで〈探偵〉を擬似体験できることが読み手にとっての魅力であった。

27 昭和戦前期には、やはり多くの「防諜もの」が出版されている。本書では、スパイや防諜に関する社会の動向、警察による防犯の啓蒙といった側面については省略する。これら諸現象の記述・分析は他日を期したい。

第五章 興信所と探偵事務所［街角の調査員たち］

1 ほぼ同内容の記事が『郵便報知』一八八九年十二月十八日付け紙面に掲載されている。

2 彼女たちの仕事ぶりについてはいくつかの記録がある。露木は天野、芹沢の両人に取材を果たしている。天野光子は一八九六（明治二十九）年生まれで、山梨の女子師範を卒業後、教員や会社員として働いた。一九三〇（昭和五）年、家庭の事情から収入の道を探るなかで岩井事務所に就職。巧みな話術と変装で、結婚にかかわる身元調査などに才能を発揮した。敗戦後は、帝国秘密探偵社に移籍、一九六三（昭和三十八）年に退職した。芹沢雅子については、林えり子が書いた『女探偵物語』がある。芹沢は一九一一（明治四十四）年生まれ。上海で育ち、外国語に堪能だった。夫に先立たれた一九四一（昭和十六）年、岩井事務所の横浜出張所に採用される。尾行や張り込みをふくむ「変則調査」を得意とし、敗戦後も岩井事務所を支えた。一九六〇（昭和三十五）年に退職。

3 岩井の著作として出版されたのは『探偵実話 魔鏡』で、一九二一（大正十）年十二月の発行である。序文は以下のとおり。

予民間探偵として事に従ふこと玆に参拾年、此間取扱ひたる事件は数千を以て数ふべし。而も其の多くは個人の秘密にかゝり、之を世間に発表するは予の職務の性質上絶対に為し能はざることに属す。

秘密は予の標語にして又予の生命なり。故に之を公刊するに当りては、其の差支なしと思惟したるものすら躊躇逡巡したり。博文館主の切なる勧説斥け難く玆に責任上差支無きもの拾件を選び出版することゝしたり。勿論関係者の住所氏名等は悉く変名を用ひたれども、事件の内容と探偵の経路とは毫末も加減し案配せず、事実有りの儘を記述せり。固より此書内容極めて卑近なるものなれど、社会の裏面の一端を披瀝し、探偵応用の必要を世に紹介し尚は幾分の参考ともならば望外の幸いなり。一言陳してこれを序とす。

大正拾年仲秋　鎌倉の山荘にて

「S生」が京橋の岩井探偵事務所を訪れ、何かおもしろい話はないかと聞き出す。岩井は、秘密厳守だと渋り、Sは仮名にするからと条件を出して話を引き出す。――そういうスタイルをとっている。この年、博文館は「探偵傑作叢書」の刊行を開始している。同社はさらに一九二二（大正十一）年探偵小説雑誌『新趣味』を創刊、シリーズ「少年探偵冒険叢書」も刊行して、先行する『新青年』とともに探偵ものの出版において中心的な役割を果たした。一九二九（昭和四）年には「世界探偵小説全集」を刊行、一九三一（昭和六）年からは雑誌『探偵小説』がつづいた。

4　創立を伝える新聞記事に、発起人たちが決議した条項が掲げられている。このうち第三条「本所は有志を以て組織し営利を以て目的とせざる事」や第十二条「本所は専ら商業者の為めに設けたるものに付商業に関係なき一己人の私事に渉ることは一切通信せざる事」などの文言が目を引く〔大朝・四月六日〕。

5　興信所各社の開業年は、社史、新聞広告などから特定した。ただし、広告のばあいは後代のものもふくまれており、推定の域を出ないものもある。

6　一九一三（大正二）年に内務省警保局長から庁府県長宛てに発せられた通牒（興信所ニ関スル取締ノ件依命通牒）がある。増加する興信所のなかには、加入の強要、企業に対する中傷、虚偽の通報といった不正行為がみられる。取締規則がある府県ではいっそうの注意をすること、また規則のない府県では状況に応じて制定するか、適当な取締方法を講じるように求めている〔『行政警察例規集』四五三―四五四頁〕。

7　大正になると、「興信所」という名称もかなりひろく用いられるようになった。たとえば、「芸妓のゴタゴタ、身受、住替、貸金取立、外何事」の相談にも応じるという触れ込みで「東京花柳興信所」が設立されている〔都・一九一六年七月二十一日広告〕。

8 後藤は、『時事新報』や『中外』の一九〇〇年三月三日付け紙面に広告を掲出したと書いているが、現在復刻されている版では確認できない。

9 後藤の強引な経営ぶりや他社との競争の熾烈さは、次のような記事からうかがうことができる。

○帝国興信所長訴へらる　京橋区三十間堀三丁目七番地帝国興信所長後藤武夫は嘗て脅迫取財《ママ》にて入獄したることある人物なるが其発行に係る内報紙上にて毒筆を揮ひ経済社界《ママ》に荼毒を流しつゝあり現に去月廿五日夜の如きは満韓塩業株式会社に脱税塩あるが如き虚妄の事実を掲載せんとしせるに某通信社員の仲裁にて記事掲載を見合せたる報酬として待合緑屋にて同会社重役阿部柴原両氏と某通信社員と会飲し底抜け騒ぎを演じたる外去る三日の内報にて同業者たる神田佐久間町一丁目十八番地東京商業興信所主幹小林敏信氏が発行する内報の記事の為め奇禍に罹りたるを幸ひに讒謗中傷の記事を掲載せる為め小林氏は大に憤慨し信用毀損並に予戒令違犯として再昨五日附にて神田警察署に告訴状を提起したる由〔二六・一九〇九年七月八日〕

なお一九三〇（昭和五）年には池田三郎の『不正極まる帝国興信所の内幕』という本も出版されている。

10 帝国興信所はその後も海外拠点を次々とつくっていった。敗戦時までに支所がおかれたのは、天津・奉天・北京・新京・済南・青島・哈爾濱・牡丹江・清津・張家口・太原・徐州・咸興・安東・南京・漢口・大邱・錦縣である。一九四三（昭和十八）年には、新京に株式会社帝国興信所を設立した〔『帝国興信所の八十年』〕。このように、興信所は日本の植民地支配の及ぶ地域にも展開した。さきに紹介した「信用告知業取締規則」が朝鮮で一九一一（明治四十四）年、台湾で一九二三（大正十二）年に施行されていることからも、かなり早い時期に進出したと推定できる。一九三〇年代から四〇年代の『満洲日報』あるいは『満洲日日新聞』には、帝国興信所の支店をはじめ、満洲興信所、新京興信公所などの広告が見られる。また、私立探偵でも海外に活動拠点をおくものが現われる。たとえば、一九二七（昭和二）年には、小林蕉郎事務所が、東京・大阪のほかに京城、釜山、大連の各都市に事務所を開いていたようである〔小林蕉郎『探偵』〕。

11　この挿話は『大阪府方面委員民生委員制度五十年史』などにも紹介された記念碑的なものである。大阪府知事の林市蔵は「民生委員の父」といわれるが、警察監獄学校の教授として行政法・民法を講じた経歴をもつ。

12　さまざまな主体による「社会測量」は、救済の公正を期すことだけを目的にしていたわけではない。たとえば、「細民調査」を推進した内務省と、秩序安寧のための調査を行なっていた警保局との関連を見落とすわけにはいかない。社会不安を測定するという目的意識をもった内務省は、全国的に展開された交番や駐在所をつうじて「戸口調査」を行ない、貧民層に潜伏する「不良民」の監視を続けてきた〔『日本近代国家の成立と警察』〕。しかしながら、大正期以降に行なわれた各都市の社会調査のなかに秩序維持を目的とする警察力の直接介入を嗅ぎとることはむずかしい。自治体など、それぞれの調査主体は独自の調査機関を備え、独立の予算のもとで任務を遂行していたからである。

13　藤林は、身元調査を行なう興信所や探偵が増加した背景として、一八九八（明治三十一）年に民法が制定され、家柄がより重視された点を指摘している。

14　たとえば『報知新聞』では結婚相談を受ける「安信所」を設立している。まず一九九七（明治三十）年に、事件などの取材力を高めるために、元刑事を「探訪」として編輯部に雇い入れた。これが現在の社会部の「元祖をなす」探偵部である。活動が軌道に乗ったため、一九〇〇（明治三十三）年には探偵部を拡充して「安信所」を設置。のち「安信部」となり、結婚調、信用調、身許調、学生調のほか「一般家庭に起る面倒なる問題の処置解決」について読者からの相談に応じた〔『報知七十年』〕。また『萬朝報』では一八九九（明治三十二）年創設の「萬弁社」が、読者からのさまざまな依頼を受けていた。一九〇九（明治四十二）年、ここから秘密調査部を独立させ「入念舎」という会社を設立、結婚調査や信用調査のほか、父兄に代わって学生を監督することなどを業務とした。当時の広告には「秘密調査引受／結婚ハ幸福なる家庭の基礎なり／先づ相手方の内情を調べよ／信用は一般取引の基礎なり／先づ相手方の信用程度を調べよ／証拠ハ勝訟勝敗の基礎なり／先づ証拠を集めて裁判に勝てよ／其他万般の秘密内情並に弁護士特許業者の無料紹介とも依頼に応ず／規則書入用の向は郵券二銭を送られよ／人事百般／秘密調査／朝報社入念舎」とある〔一九一二年二月二十九日〕。

15 本に添付されていた内容見本のパンフレットによると、結婚浄化補導協会の所在地は一ッ橋の帝国教育会館のなかにおかれている。また、協会の事業は、「結婚悲劇から派生する諸種の弊害の重大なるに鑑み、結婚道浄化及び結婚生活の明朗化を達成する」ことで、具体的には「必要なる図書の出版」、「必要なる講演会及び講習会の開催」などの事業を行なうとある。なお、パンフレットには、「本書は書店に出てゐません」と書かれていて、直接講入の申し込みをするか、書店に取り寄せを依頼するかのどちらかで入手が可能だったようだ。

16 伊吹は、探偵の服装に関して「余談」と断わったうえで次のように書いている。「調査員の素質の変遷を裏書するものに、和服から洋服へといふ変遷があることも見逃せない面白い事実であります。といふ話は、警察官殊に刑事出身から調査機関の探偵に転職されたやうな人々は、元来和服で通して来た人々が多かつた為めと、また調査機関に於ける仕事も和服の方が都合がいゝし、洋服でなければならないといふ規則も、無かつた訳でありますから、そうした人々はズット和服で押し通したものであります。鳥打帽子に麻裏草履で無腰――袴なし――眼のギロリと凄く光る人々が、調査機関の何々興信所といふ名刺を持ち廻つてゐたのでありますから、世間の人々が調査と探偵とを混同して考へるやうになつたも無理からぬことかも知れません」〔四五―四六頁〕。同様に、新聞雑誌の記者は立派な髭をたくわえ、羽織袴で調査をしたため、強面で威圧的というイメージをふりまいた。しかし、時代傾向が変化して、調査員たちは髭を剃り洋服を着てスマートになっていったという。

17 「無調査結婚の悲劇」を予防するために利用された私立探偵や興信所だが、いっぽうで家庭をこわし「破婚」にいたらしめる契機を与えることもあった。基本的な業務のなかに、浮気調査が含まれていたからである。そういった仕事に頼らざるをえない経営の零細性や、違法行為すれすれの調査にみられるきわどさは、現在の中小興信所についてもいえる。けっきょく企業として生き残れるのは、信用調査を主要業務とする興信所であった。それとて個人的経営から脱却して合理化に成功する例は少ない。

18　戸田貞三の『社会調査』は一九三三年、時潮社の発行。一九九三年に復刻された。なお、引用部分は敗戦後の一九四九（昭和二十四）年に甲田和衛との共著で出版された『社会調査の方法』（学生書房）においてもほぼそのままの文章で採録されている。

19　荷風がこの時期に執筆していたのは「浮沈《うきしづみ》」という作品である。バーや待合に身をおいて運命にもてあそばれる主人公・さだ子と、彼女を暮らしの伴侶と定める旧家生まれの男・越智の物語で、設定は荷風じしんの境遇を彷彿させる。なお、この小説には結婚・離婚に際して興信所が利用されていたようすを伝える記述がある。

文献一覧

序

江戸川乱歩「化人幻戯」（一九五四―一九五五）『江戸川乱歩全集　第十四巻』講談社、一九七九
樫田忠美『犯罪捜査論』警眼社、一九三一
夏目金之助「彼岸過迄」（一九一二）『漱石全集　第七巻』岩波書店、一九九四
宝来正芳『探偵常識』良栄堂、一九三一

第一章

赤塚行雄「都市の犯罪」小木新造・陣内秀信・竹内誠・芳賀徹・前田愛・宮田登・吉原健一郎編『江戸東京学事典』三省堂、一九八七
石井研堂『増訂明治事物起原』春陽堂、一九二六
今村力三郎「例外追悼録」『法曹公論』一九二八年十月号
岩本磐門・山根真治郎編『菊あはせ　法曹の片影』無射会、一九〇九（復刻＝『日本法曹界人物事典　第9巻〔弁護士時代Ⅲ〕』ゆまに書房、一九九六）
上田景二編『模範新語通語大辞典』松本商会出版部、一九一九

馬屋原成男『日本文芸発禁史』創元社、一九五二
梅棹忠夫・金田一春彦・阪倉篤義・日野原重明監修『日本語大辞典』講談社、一九八九
愛媛県警察史編さん委員会編『愛媛県警察史 第1巻』愛媛県警察本部、一九七三
大木源二編『花井卓蔵全伝 上巻』花井草蔵全伝編纂所、一九三五
大杉栄「自叙伝」(一九二一―一九二三)『大杉栄全集 第三巻』大杉栄全集刊行会、一九二五
奥須磨子「淀橋・大久保における戦前期の住民構成」『地図で見る新宿区の移り変わり――淀橋・大久保編――』東京都新宿区教育委員会、一九八四
小沢信男『定本 犯罪紳士録』ちくま文庫、一九九〇
小沢信男「八十三年ぶりの『出歯亀』」『新潮45』一九九一年二月号
小沢信男『あの人と歩く東京』筑摩書房、一九九三
加太こうじ『東京事件史〈明治・大正編〉』一声社、一九八〇
加太こうじ「出歯亀事件」事件・犯罪研究会『明治・大正・昭和 事件・犯罪大事典』東京法経学院出版、一九八六
勝屋英造編『通人語辞典』二松書店、一九二二
角川日本地名大辞典編纂委員会編『角川日本地名大辞典 13 東京都』角川書店、一九七八
客野澄博『明治警察の秘録』愛媛新聞サービスセンター、一九七六
警視庁創立100年記念行事運営委員会編『警視庁百年の歩み』警視庁創立100年記念行事運営委員会、一九七四
小峰大羽編『東京語辞典』新潮社、一九一七
斎藤光「人々の世間的気分・出歯亀前夜」『京都精華大学紀要』第一四号、一九九八
重松一義『図鑑 日本の監獄史』雄山閣出版、一九八五
時代研究会編『現代新語辞典』耕文社、一九一九

篠田鉱造『明治百話』（一九三一）岩波文庫、一九九六
社会ユーモア研究会『社会ユーモア・モダン語辞典』鈴響社、一九三二
新宿区役所編『新宿区史』新宿区役所、一九五五
新村出編『広辞苑　第五版』岩波書店、一九九五
全国公衆浴場業環境衛生同業組合連合会『公衆浴場史』編纂委員会編『公衆浴場史』全国公衆浴場業環境衛生同業組合連合会、一九七二
添田知道『演歌の明治大正史』岩波新書、一九六三
大審院蔵版『大審院刑事判決録　第十五輯第十六巻』中央大学
槌田満文『明治大正風俗語典』角川選書、一九七九
帝国法曹大観編纂会編『帝国法曹大観』帝国法曹大観編纂会、一九一五（復刻＝一九九五『日本法曹界人物事典　第1巻』ゆまに書房、一九九五）
東京都新宿区教育委員会編『新宿区町名誌』東京都新宿区教育委員会、一九七六
内務省警保局『警視庁史稿　上巻』一九二七（復刻＝『明治百年史叢書　第二一七巻　庁府県警察沿革史（1）』原書房、一九七三）
内務省警保局『警視庁史稿　下巻』一九二七（復刻＝『明治百年史叢書　第二一八巻　庁府県警察沿革史（2）』原書房、一九七三）
西仲間警視・城南隠士編『警察講演訓示集』松華堂書店、一九二六
日本大辞典刊行会編『日本国語大辞典　第十四巻』小学館、一九七五
日本弁護士連合会編『弁護士百年』日本弁護士連合会、一九七六
根本仙三郎・小野村幸二編『旧新新旧刑法対照』有斐閣書房、一九〇九

長谷川伸「遺稿私眼抄30 小原節起源」(「出歯亀冤罪」をふくむ)『大衆文芸』第二七巻二号、一九六七
古畑種基編『東京帝国大学医学部法医学教室五十三年史』東京帝国大学医学部法医学教室、一九四三
法声散史「どようぼ誌」『瀘曹記事』第一八巻第七号、一九〇八
松本清張「亀五郎犯罪誌」『特集文芸春秋 涼風読本』一九五七年八月
三角寛『三角寛全集⑨ 名刑事列伝(その3) 捜査から捕縛まで』母念寺出版、一九七〇
明治文化研究会編『明治文化全集 別巻 明治事物起原』日本評論社、一九六九
森林太郎「ウィタ・セクスアリス」(一九〇九)『鷗外全集 第五巻』岩波書店、一九七二
森長英三郎『新編史談裁判 第1巻』日本評論社、一九八四
森長英三郎『日本弁護士列伝』社会思想社、一九八四
山崎今朝弥「弁護士大安売」(一九二一)森長英三郎編『地震・憲兵・火事・巡査』岩波文庫、一九八二
山野金蔵編『新旧刑法対照』有斐閣書房、一九〇七
山本華萩『実録 警視庁秘史』東洋政経調査会、一九八二
「女湯覗きの強姦罪事件」『滑稽新聞』一六三号、一九〇八年五月二十日
「出歯亀再出を望む者あり」『滑稽界』一八号、一九〇九年二月十日
『日録20世紀』一九九八年十二月一日号

第二章

浅田一『性的犯罪者』東洋書館、一九四七
井上泰宏『性の誘惑と犯罪』あまとりあ社、一九五一
井上泰宏『犯罪と性』同光社磯部書店、一九五三

井上泰宏『性犯罪鑑識』（全書　捜査・鑑識の科学　第4巻）日本評論新社、一九六〇
ウィーン性科学研究所編／高橋鐵訳『性学事典』河出書房新社、一九九四
上野正吉『犯罪捜査のための法医学』弘文堂、一九五九
上野陽一『精神分析概論』岩崎書店、一九五〇
ウルフェン／井上泰宏・内藤文質訳『犯罪と性』（世界性学全集18）河出書房新社、一九五八
大槻憲二『精神分析学概論』岩崎書店、一九五〇
加藤正明・宮本忠雄・保崎秀夫・小此木啓吾・笠原嘉編『増補版　精神医学事典』弘文堂、一九八五
加藤正明編『新版　精神医学事典』弘文堂、一九九三
金子準二『文化と犯罪の性格』畝傍書房、一九四一
河合廉一・澤田順次郎『色情の犯罪』島田書店、一九一三
河合廉一・澤田順次郎『色情犯罪　性欲より生ずる罪悪史』新生社、一九二三
北野博美述／中村蓊編『変態性欲講義』日本変態心理学会、一九二三
クラフト＝エビング／黒澤良臣訳『変態性欲心理』大日本文明協会事務所、一九一三
黒澤長登『風俗犯捜査要領』（犯罪捜査全書10）東洋書館、一九四八
警視庁史編さん委員会編『警視庁史　明治編』警視庁史編さん委員会、一九五九
児玉道尚『探偵捜査法各論　風俗犯罪種々相の研究』（日本探偵講座　第一講）日本探偵協会、一九五七
斎藤光「クラフト＝エビングの『性的精神病質』とその内容の移入初期史」『京都精華大学紀要』第一〇号、一九九六
斎藤光「性の研究」鹿野政直・鶴見俊輔・中山茂編『民間学事典　事項編』三省堂、一九九七
榊保三郎『性欲研究と精神分析学』実業之日本社、一九一九

佐藤達哉・溝口元『通史 日本の心理学』北大路書房、一九九七
澤田順次郎『性欲論講話』賀集文楽堂・若月書店、一九一二
澤田順次郎『法医学上より観たる色情犯罪』小西書店、一九一九
沢登佳人・沢登俊雄『性倒錯の世界 異常性犯罪の研究』荒地出版社、一九六七
杉田直樹「病的性欲心理」永井潜・杉田直樹・松浦有志太郎・片山國嘉・土肥慶蔵『性篇』（健康増進叢書）大阪毎日新聞社・東京日日新聞社、一九二九
大日本文明協会編〔寺田精一著〕『婦人と犯罪』大日本文明協会、一九一六
高田義一郎『法医学』克誠堂書店、一九一七
高田義一郎『法医学』〔第七版〕克誠堂書店、一九二四
高田義一郎「闘性術 序論」『新青年』一九二七年五月号
高田義一郎「闘性術 変態性欲篇（承前）」『新青年』一九二七年九月号
高田義一郎『闘性術』〔三月刊行版〕博文館、一九二八
高田義一郎『統性術』〔八月刊行版〕博文館、一九二八
高田義一郎『変態性欲と犯罪 犯罪と人生』（近代犯罪科学全集1）武俠社、一九二九
高田義一郎『改訂増補 闘性術』博文館、一九三五
高田義一郎『変態医話』千代田書院、一九三六
田中香涯「猥褻行為に関する研究（四）」『変態心理』第七巻第三号、一九二一
坪谷善四郎『博文館五十年史』博文館、一九三七
デビソン・ニール／村瀬孝雄監訳『異常心理学』誠信書房、一九九八
寺田精一『ロンブローゾ犯罪人論』巌松堂書店、一九一七

寺田精一『犯罪心理講話』心理学研究会、一九一八
寺田精一『犯罪心理学』岩波書店、一九二六
寺田精一『婦人と犯罪』文明書院、一九二八
寺田精一『婦人と犯罪』文明協会、一九四八
永井良和「文学士・寺田精一と大正期の青少年——都市化のなかの犯罪心理学——」『青少年問題研究』（大阪府）第四四号、一九九五
羽太鋭治『教育資料 一般性欲学』実業之日本社、一九二〇
羽太鋭治・澤田順次郎『変態性欲論』春陽堂、一九一五
羽太鋭治・澤田順次郎『最近犯罪の研究』芳文堂書店、一九一六
古川誠「恋愛と性欲の第三帝国」『現代思想』第二一巻第七号、一九九三
フロイト／中山元訳『エロス論集』ちくま学芸文庫、一九九七
松岡貞治『性的犯罪雑考』文藝資料研究会、一九二八
ムーア・ファイン編／福島章監訳『アメリカ精神分析学会 精神分析事典』新曜社、一九九五
Coffignon, Ali. 1889? *La Corruption à Paris.* Librarie Illustreé, Paris.
Freud, Sigmund. 1905 (translated by James Strachery 1962). *Three Essays on the Theory of Sexuality.* The Hogarth Press, London.
Taxil, Leo. 1884? *La Prostitution Contemporaine.* Libr. Populaire, Paris.
Wulffen, Erich. 1920. *Der Sexualverbrecher : Ein Handbuch für Juristen, Verwaltungsbeamte und Äerzte.* (siebente unverandert auflage) Dr. P. Langenscheidt, Berlin.

第三章

赤松治郎編『中央大学五十年史』中央大学、一九三五
浅田好三編『日本弁護士総覧』東京法曹会、一九一五（復刻＝『日本法曹界人物事典 第8巻〔弁護士時代Ⅱ〕』ゆまに書房、一九九六）
井上操講述『治罪法講義』知新社、一八八六（復刻＝『日本立法資料全集 別巻 一〇八』信山社、一九九八）
井上操・高木豊蔵・大島三四郎・木下哲三郎訳『ボアソナード氏起案治罪法草案直訳』
上柳延太郎『警察叢話』大学書房、一九二七
大阪府警察史編集委員会編『大阪府警察史 資料編Ⅰ』大阪府警察本部、一九八三
大杉栄「自叙伝・日本脱出記」（前掲）
大西輝一『犯罪手口の研究』新光閣、一九三三
大場茂馬『個人識別法〔指紋法〕』忠文舍、一九〇八
大場茂馬『個人識別法』（増補第二版）中央大学、一九一〇
荻野富士夫『特高警察体制史』（増補新装版）せきた書房、一九八八
荻野富士夫編『特高警察関係資料集成 第二十四巻』不二出版、一九九三
尾佐竹猛『明治大正政治史講話』一元社、一九四三
京都府警察史編集委員会編『京都府警察史 第二巻』京都府警察本部、一九七五
金英達『日本の指紋制度』社会評論社、一九八七
警察監獄学会編『探偵術問答』松華堂、一九一八
警察大学校史編さん委員会編『警察大学校史』財団法人警察大学校学友会、一九八五
警察庁刑事局鑑識課編『警察指紋制度のあゆみ』警察庁刑事局鑑識課、一九六一

警視庁史編さん委員会編『警視庁史 大正編』警視庁史編さん委員会、一九六〇
警視庁総監官房文書課記録係編『初期の警察制度 其二』警視庁、一九三六
関誠太郎『実例本位 警察実務講話』大学書房、一九二八
ゾエデルマン・オコンネル／瀧川幸辰・板木郁郎訳『現代犯罪捜査の科学』岩谷書店、一九五〇
中央大学七十年史編纂編『中央大学七十年史』中央大学、一九五五
恒岡恒『指紋法』警眼社、一九二〇
恒岡恒『科学と体験を基礎とせる探偵術』松華堂書店、一九三二
恒岡恒『犯罪捜査実話』大日本雄弁会講談社、一九三七
内務省警保局『警視庁史稿 上巻』『警視庁史稿 下巻』(前掲)
中原英典「警察機密費の前身」『警察研究』第五〇巻第七号―一一号、一九七九
成毛鐵二編『犯罪人名簿と身分証明』帝国地方行政学会、一九六七
南波杢三郎『殺人科学的捜査法』警眼社、一九一八
南波杢三郎『最新犯罪捜査法』松華堂、一九一九
南波杢三郎『捜査学大要』松華堂書店、一九三四
南波杢三郎『最新犯罪捜査法続編』松華堂、一九二二
南波杢三郎『犯罪手口制度』松華堂書店、一九三〇
南波杢三郎『防犯読本』南郊社、一九四〇
仁科正次『統一日本指紋法』警眼社、一九三三
根本顕太郎『指紋法解説』監獄協会、一九一四
長谷川濁『掏模の検挙』松華堂書店、一九三三

長谷川義道『刑法対照治罪法釈義』正宝堂、一八八二
林順二・曽根正人・重見俊三『スリを追って二十年』恵文社、一九五八
平沼騏一郎「犯罪人異同識別法」『灋曹記事』第一八巻第八号、一九〇八
平沼騏一郎回顧録編纂委員会編『平沼騏一郎回顧録』平沼騏一郎回顧録編纂委員会、一九五五
堀田正忠『治罪法要論』(二版)博聞社、一八八七
牧野英一『刑法と社会思潮』有斐閣、一九一六
幕内満雄『満州国警察外史』三一書房、一九九六
〔宮武〕外骨『明治密偵史』(再版)成光館出版部、一九二九
村上又一『警察犯処罰令研究』帝国講学会、一九二七
村田保『治罪法註釈再版巻三』内田正栄堂、一八八〇
「雑報」『法学新報』第一八巻第七号、一九〇八年七月
Faulds, Henry. 1905. *Guide to Finger-Print Identification*. Wood, Mitchell & Co. Hanley.
Henry, Edward R. 1900. *Classification and Uses of Finger Prints*. George Routledge and Sons Ltd. London.
Herschel, Willium J. 1916. *The Origine of Finger-Printing*. Oxford University Press. London.

第四章

安東禾村『犯罪と科学の闘争』巌松堂書店、一九二七
安東源治郎(禾村)『最近驚異 科学探偵術物語』磯部甲陽堂、一九三〇
石森勲夫『実際の探偵』日本警察新聞社、一九二二
伊藤清蔵『昭和探偵秘帖』好文館書店、一九四二

伊藤秀雄『明治の探偵小説』晶文社、一九八六
伊藤秀雄『大正の探偵小説』三一書房、一九九一
伊藤秀雄『昭和の探偵小説』三一書房、一九九三
伊藤秀雄『近代の探偵小説』三一書房、一九九四
上田保『趣味の法律 犯罪捜査より死刑まで』帝国書籍協会、一九三七
江口治『探偵学』警察監獄学会、一九一五
江口治『探偵学大系』松華堂書店、一九二九
江戸川乱歩「淫獣」（一九二八）『江戸川乱歩全集 第三巻』講談社、一九七八
江戸川乱歩「探偵小説四十年」（一九四九—一九六一）『江戸川乱歩全集 第二十巻』講談社、一九七八
大澤一六『裁判実話 貞操の法律』大京社、一九三四
岡山市史編集委員会編『岡山市史（美術映画編）』岡山市役所、一九六二
荻野富士夫『特高警察体制史』（前掲）
荻野富士夫編・解題『特高警察関係資料集成 第二十四巻』（前掲）
大日方純夫『警察の社会史』岩波新書、一九九三
樫田忠美『犯罪捜査論』警眼社、一九三一
樫田忠美『検事物語』雄渾社、一九五六
樫田忠美『犯罪と捜査 続検事物語』石崎書店、一九六〇
警察思潮社編輯部編『捜査資料 犯罪実話集』松華堂書店、一九三二
警視庁警察学校創立100年記念史料編さん委員会編『警視庁警察学校100年の歩み』警視庁警察学校、一九八〇
警察庁刑事局鑑識課編『警察指紋制度のあゆみ』（前掲）

小泉摠之助『探偵秘密 眼』忠誠堂、一九二六
小泉摠之助『探偵秘録 腕』忠誠堂、一九二六
小泉摠之助『探偵秘録 梟』忠誠堂、一九二六
国家地方警察本部刑事部捜査課編『捜査参考図』一九五三
小南又一郎『実例〈通俗〉法医学と犯罪捜査実話』人文書院、一九三一
サジイ／久生十蘭訳『ジゴマ』中公文庫、一九九三
佐藤春夫「指紋」(一九一八)『定本 佐藤春夫全集 第三巻』臨川書店、一九九八
重田忠保『風俗警察の理論と実際』南郊社、一九三四
清水歓平『実験犯罪捜査』松華堂書店、一九二八
城南隠士『警察常識』松華堂書店、一九三〇
高田義一郎『探偵科学の話』(十銭文庫) 誠文堂、一九三〇
高橋貞啓(雨情)『日本名探偵手記 附実際探偵術』四方堂、一九一七
高橋定敬『怪奇探偵実話』大日本雄弁会講談社、一九三三
田島太郎『検閲室の闇に呟く』大日本活動写真協会、一九二八
田中純一郎『日本映画発達史I』中公文庫、一九七五
谷崎潤一郎「途上」(一九二〇)『谷崎潤一郎全集 第七巻』中央公論、一九六七
恒岡恒『科学と体験を基礎とせる探偵術』『犯罪捜査実話』(前掲)
恒岡恒・司馬将价『非常の警笛』河出書房、一九三三
東京弁護士会編『陪審裁判』ぎょうせい、一九九二
中村義正『第六感の妙機 犯罪実話と探偵術』興文閣書房、一九三八

南波杢三郎『最新犯罪捜査法』『最新犯罪捜査法続編』（前掲）
博潮社編輯部『桃色猟奇探偵実話集』博潮社書店、一九三七
土方正巳『都新聞史』日本図書センター、一九九一
兵庫県防犯研究会編『明治大正昭和探偵秘話　捜査と防犯』兵庫県防犯研究会、一九三七
平田潤雄・秋間保郎『現代式探偵科学』日本書院出版部、一九二八
古島義英『有罪か無罪か　内証の鑑定』中央書院、一九一四
宝来正芳『犯罪捜査技術論』創造社、一九四〇
保科久義『探偵実話　捜査秘帖』玉文社、一九二八
松井茂『警察の根本問題』松華堂、一九二四
松井茂『警察読本』日本評論社、一九三三
マンニング／連修訳『実用探偵読本』（警察教養資料第二十篇）警察講習所学友会、一九二七
安井栄三『捜査の栞』『捜査の栞姉妹編　実例集』大阪府刑事課、一九三三
安井栄三『新捜査の栞』松華堂書店、一九三五
山下芳允『探偵実話　罪の扉』実業之日本社、一九二七
山田一隆『犯罪科学ノ研究』清水書店、一九一五
山田武雄『犯罪と弁護』酒井書店、一九二七
『犯罪科学』創刊号、一九三〇年六月
『犯罪公論』創刊号、一九三一年十月
『ポケット講談　臨時増刊　最新の科学的犯罪・探偵法』一九三五年四月

第五章

青木武雄『報知七十年』報知新聞社、一九四一
阿部直躬『三十年之回顧』商業興信所、一九二二
伊吹笛秋「素人で出来る結婚調査」『婦人公論』一九三三年六月号
伊吹笛秋『良縁読本 誰にも出来る結婚調査の秘訣』結婚浄化補導協会、一九三七
岩井三郎『探偵実話 魔鏡』鐘美堂書店、一九二一
上田尚『興信所利害の研究』警醒社書店、一九二二
大阪府編『大阪府方面委員民生委員制度五十年史』大阪府民生部民生総務課、一九六九
丘満子「結婚媒介所の悲劇」『婦人画報』一九二八年十月号
大日方純夫『日本近代国家の成立と警察』校倉書房、一九九二
樫田忠美『犯罪捜査論』(前掲)
加藤碧瑠璃「私立探偵界」『新小説』一九〇九年七月号
後藤武夫『後藤武夫伝』日本魂社、一九二八
小林蕉郎『探偵』小林蕉郎探偵事務所(京城)、一九二七
小柳道男『帝国興信所の八十年』株式会社帝国データバンク、一九八一
今和次郎・吉田謙吉『モデルノロヂオ「考現学」』春陽堂、一九三〇(復刻=『モデルノロヂオ(考現学)』学陽書房、一九八六)
今和次郎・吉田謙吉編著『考現学採集』建設社、一九三一(復刻=『考現学採集(モデルノロヂオ)』学陽書房、一九八六)
佐藤健二「『考現学』の考古学」今和次郎・吉田謙吉編著『考現学採集』〔復刻版〕学陽書房、一九八六

佐藤俊雄編『東奔西走　百年の歩み』株式会社東亜興信所（サン・トーア）、一九九二
高田止戈夫（伊吹笛秋）『良縁読本　結婚調査の秘訣』帝国秘密探偵社、一九三九
露木まさひろ『興信所』朝日文庫、一九八六
帝国興信所『帝国興信所調査網一覧』帝国興信所、一九三六
戸田貞三『社会調査』時潮社、一九三三（復刻＝『戸田貞三著作集　第10巻』大空社、一九九三）
戸田貞三・甲田和衞『社会調査の方法』学生書房、一九四九
内務省警保局『行政警察例規集』一九二六
永井荷風「浮沈」（一九四六）『荷風全集　第十八巻』岩波書店、一九九四
永井荷風「断腸亭日乗」『荷風全集　第二十五巻』岩波書店、一九九四
林えり子『女探偵物語』六興出版、一九九〇
平山蘆江「結婚媒介所と私立探偵局」『新小説』一九二一年十二月号
藤林晋一郎『身元調査』解放出版社、一九八五
藤本喜一郎編『東亜興信所六十五年史』株式会社東亜興信所、一九五六
藤森照信「考現学」鹿野政直・鶴見俊輔・中山茂編『民間学事典　事項編』三省堂、一九九七
松崎天民『探偵ロマンス』銀座書房、一九一五
村島歸之『善き隣人』大阪府方面委員後援会、一九二九
柳田國男「明治大正史世相篇」（一九三一）『柳田國男全集26』ちくま文庫、一九九〇
『新時代縁談と婚礼一式並結婚生活』（『婦人倶楽部』一九三〇年一月号別冊附録）

終章

江戸川乱歩「屋根裏の散歩者」(一九二五)『江戸川乱歩全集 第一巻』講談社、一九七八
夏目金之助「吾輩は猫である」(一九〇五―一九〇六)『漱石全集 第一巻』岩波書店、一九九三

あとがき

いままでにさまざまな「調査」を経験した。モノを観察するのではなく、人を知り、人を理解するために、「調査」をしてきたつもりだった。

人が人を知るためには、調査だけが唯一の道ではない。――自分はいったい何を知りたいのか。そのことを知るために他の方法はないのかと思い悩んだ。だが、たいていは、立ちどまるいとまもなく現場を走っていたように思う。

本書では、人が人を知るための方法について考えてみた。そのさまざまなかたちを、探ってみたいと思ったからである。

探偵についての本を書いてみませんかというお誘いの電話を受けたのは、もう八年も前のことである。この本をまとめること以外の仕事に多くの時間を奪われたため、完成が遅れた。機会を与えてくださった世織書房の伊藤晶宣さんには、なんとも申し訳が立たない。「探偵の社会史」と銘打つからには、一冊だけで終わるわけにはいきませんよ、とも釘を刺されている。ご期待に添えるよう精進したい。

かつて探偵というテーマで調べものをして短いエッセイを書いたことがあり、それを読んだ人におもしろいといわれたのが長期戦のはじまりだった。多田道太郎さんが、その人である。また素材が集まりはじめたころ、話の組み立てについて相談に乗ってもらった人がいる。佐藤健二さんだ。新宿の高野フルーツパーラーでずいぶんと話しこんだのも、かなり昔のことになる。おふたりに、感謝します。

ふだんの仕事は聞き取りや現地調査を基本にしているのだが、今回にかぎって古本・古新聞・古雑誌の山に埋もれる時間がほとんどだった。フィールドワークらしきことをしたのは、四谷から大久保まで、亀太郎の歩いた道をたどったときぐらいだろうか。しかし、その経験が執筆の支えになった。小沢信男さんの導きがあったからこそ、迷わずに歩けたという感じである。資料の扱いに関しては、井上章一さん、斎藤光さん、古川誠さん、赤川学さんはじめ研究会のみなさんに鍛えていただいた。なお、こんにち「出歯亀」研究の第一人者は斎藤さんであるということを申し添えておく。原稿の整理や点検に際しては、川井ゆうさんに手伝っていただいた。みなさん、ありがとうございました。

ホークスが優勝した秋の日に

著者

付記1　本書には、既に発表した左の論文の内容の一部が含まれている。それ以外の部分については、すべて書き下ろした。
「文学士・寺田精一と大正期の青少年——都市化のなかの犯罪心理学——」『青少年問題研究』（大阪府）第四四号、一九九五年。
「『尾行』術の足跡——『個人』を把握するテクノロジー」佐藤健二編『都市の解読力』（21世紀の都市社会学3）勁草書房、一九九六年。
付記2　本書は、科学研究費による研究成果の一部である（一九九六年度奨励研究A・課題番号08710151および一九九九年度萌芽的研究・課題番号11871034）。

〈著者紹介〉

永井良和（ながい・よしかず）

関西大学社会学部教授。専攻は都市社会学・大衆文化論。

1960年7月、兵庫県西宮市生まれ。京都大学文学部助手、大阪教育大学教育学部講師・助教授を経て、1993年4月から関西大学社会学部助教授。1999年4月より現職。

著書に『社交ダンスと日本人』（晶文社）、『にっぽんダンス物語「交際術」の輸入者たち』（リブロポート）、共著に『子どもというレトリック——無垢の誘惑』（青弓社）、『情報化と地域社会』（福村出版）など。

（連絡先）

e-mail HGB00342@nifty.ne.jp
URL http://member.nifty.ne.jp/y-nagai/

探偵の社会史1 尾行者たちの街角

2000年5月20日 第1刷発行©

著 者	永井良和
装幀者	間村俊一
発行者	伊藤晶宣
発行所	㈱世織書房
印刷所	飯島印刷㈱
製本所	協栄製本㈱

〒240-0003 神奈川県横浜市保土ケ谷区天王町1丁目12番地12
電話 045(334)5554 振替 横浜00250-2-18694

落丁本・乱丁本はお取替いたします Printed in Japan
ISBN4-906388-81-7